JN406991

물어보기 부끄러워 묻지 못한
비트코인

물어보기 부끄러워 묻지 못한
비트코인

초판 1쇄 인쇄 2025년 11월 26일
초판 1쇄 발행 2025년 12월 1일

지은이	신종현
펴낸이	이종두
펴낸곳	(주)새로운 제안
책임편집	엄진영
본문디자인	프롬디자인
표지디자인	프롬디자인
영업	문성빈, 김남권, 조용훈
경영지원	이정민, 김효선
주소	경기도 부천시 조마루로385번길 122 삼보테크노타워 2002호
홈페이지	www.jean.co.kr
쇼핑몰	www.baek2.kr(백두도서쇼핑몰)
SNS	인스타그램(@newjeanbook), 페이스북(@srwjean)
이메일	newjeanbook@naver.com
전화	032) 719-8041
팩스	032) 719-8042
등록	2005년 12월 22일 제386-3010000251002005000320호
ISBN	978-89-5533-673-3(13320)

- 이 책은 저작권법에 따라 보호를 받는 저작물이므로 무단 전재 및 복제를 금하며, 이 책의 전부 또는 일부 내용을 이용하려면 반드시 저작권자와 ㈜새로운 제안의 동의를 받아야 합니다.
- 잘못 만들어진 책은 구입하신 서점에서 바꾸어드립니다.
- 책값은 뒤표지에 있습니다.

암호화폐의 기초 개념부터 비트코인을 사고파는 방법까지
누구나 이해하기 쉬운 암호화폐 A to Z

물어보기 부끄러워 묻지 못한
비트코인

신종현 지음

새로운제안

> 들어가며

양자역학처럼 다가온
새로운 세상

　1920년대 후반에서 1930년대 초반까지 우리에게 너무나 친숙하고 유명한 과학자들을 중심으로 기존의 물리 법칙에 대비되는 양자역학(아인슈타인도 이해하기 어려웠던 새로운 물리 법칙)의 코펜하겐 해석이 과학계에 받아들여질 때를 생각해보자.

　1927년 10월 벨기에 브뤼셀에서 다섯 번째 솔베이 회의가 열렸다. 이 회의는 근대 과학사에서 가장 지적인 논쟁이 벌어졌던 장소로 기록되고 있다. 솔베이 회의는 1911년부터 3년 주기로 개최되고 있는 물리학계에서 큰 회의 중 하나로 손꼽히는 행사로 지금까지도 이어져 오고 있다. 당시 회의에 참석한 29명의 과학자 중 17명이 노벨상 수상자일 만큼 당대의 가장 뛰어난 과학자들이 참석했던 회의였다. 이 자리에서 덴마크 출신의 물리학자인 닐스 보어와 독일 출신의 베르너 하이젠베르크를 중심으로 한 소위 '코펜하겐 학파Copenhagen school'는 기존의 물리 법칙이 통용되던 시대에서 상식을 뒤흔드는 주장을 펼쳤다.

그 주장은 일상적인 물질을 이루는 가장 작은 단위인 원자보다 더 작은 미시적인 세계에서는 우리가 기존에 알고 있고, 이해하고 있는 상식과 물리 법칙이 통하지 않으며, 모든 것은 '확률'에 기반하여 존재한다는 것이었다. 어떤 입자의 위치를 정확히 알면 그 속도를 알 수 없고, 속도를 알면 위치를 알 수 없는 '불확정성 원리'는 '원인 A가 결과 B를 만든다'는 식의 명확한 인과율에 기반하고 있던 고전 물리학의 세계관을 뿌리부터 뒤흔들었다.

양자역학이 과학계에서 논의되었던 초기에는 너무나 기묘하고 직관에 반하는 개념들로 가득한 내용 때문에 많은 사람들이 쉽사리 양자역학을 받아들이지 못했다. 심지어 역사상 가장 위대한 과학자 중 한 명인 아인슈타인조차 "신은 주사위 놀이를 하지 않는다"는 유명한 말을 남겼고, 이 위대한 논쟁은 물리적인 법칙에 대한 것뿐 아니라 실재Reality란 무엇인지에 대한 철학적인 충돌로 바라보는 시각도 있을 정도로 들끓고 설키며 복잡하고 다양한 분야에서 논란의 중심에 서게 되었다.

이런 어렵고 복잡한 논쟁에 대해 우리가 꼭 과학적인 이해를 할 필요는 없다. 그러나 결과적으로 현재 우리가 살고 있는 지금 시대에서 양자역학은 우리가 인정하든 안 하든, 혹은 이해하거나 이해하지 못하는 것과는 무관하게 현실을 지배하는 물리 법칙이 되었다. 또한, 현대 과학·기술의 근간을 이루는 아주 중요한 과학적 사실로 자리를 잡았다. 물론 여전히 양자역학과 관련해서는 "양자역학을 이해했다고 말하는 것은 양자역학을 제대로 이해하지 못한 것이다"라는 말이 있을 정도로 여전히 난해하고 어려운 영역임에는 틀림이 없다.

오늘날 우리가 일상적으로 사용하는 스마트폰, 반도체, 병원의 자기공명영상 MRI 장치, 레이저, 태양광 패널, 양자 컴퓨터와 같은 첨단 기술들은 양자역학의 원리를 토대로 하고 있다는 것은 부정할 수 없는 사실이다.

이와 비슷하게, 지금 우리가 살고 있는 시대에도 이와 유사한 패러다임의 변화가 일어나고 있는 영역이 있다. 그것은 바로 비트코인과 블록체인으로 대표되는 디지털 자산 Digital Asset 분야이다.

처음 이러한 개념을 접한 사람들에게는 비트코인과 블록체인이 마치 1930년대의 양자역학처럼 생소하여 받아들이기 어려운 개념일 수 있다. "눈에 보이지도 않는 디지털로 된 돈(자산)이라니, 이걸 어떻게 믿고, 어떻게 받아들일 수 있지?"하고 고개를 갸웃할지도 모른다. 하지만 우리는 이미 많은 돈(자산)을 디지털 형태로 소유하고 교환하고 있다. 현금을 아예 가지고 다니지 않는 사람의 숫자도 주위에서 점점 더 늘어나고 있고 이미 우리가 의식하지 못하는 동안에도 변화는 곳곳에서 일어나고 있다.

디지털로 되어 있다는 개념과 블록체인이 같은 것을 의미하지 않는다는 것을 앞으로의 논의를 통해 이해할 수 있게 되기를 바란다. 아울러 궁극적으로는 본문을 통해 블록체인 Blockchain과 비트코인 Bitcoin에 대해서도 조금 더 친숙하게 다가설 수 있는 과정에 작은 보탬이 되기를 바라본다.

우리의 생각이나 신념, 의지와는 무관하게 세상은 이미 변화를 시작했다. 전 세계 수많은 사람과 기업 그리고 정부까지도 비트코인으로 대변되는 크립토, 블록체인 기술에 주목하고 있고, 실제로 일부 전문가들은 '비트코인을 이 시대의 가장 중요한 지적 현상'이라고까지 말하기도 한다. 블록체인 기술과 디지털 자산의 세계관은 점점 확장되는 중이며 그 속도는 점점 빨라지고 있다.

측정하는 시기에 따라 다를 수는 있지만, 이미 비트코인의 전체 가치는 2조 달러를 넘었고, 이것은 금^{Gold}의 약 1/14 수준에 이르고 있다. 비트코인 이외에도 다양한 알트코인, 스테이블코인, DeFi, NFT 등 이미 블록체인 위에 형성된 다양한 크립토 생태계는 빠르게 그 규모를 확장해 가고 있다. 이제는 하나의 엄연한 산업의 섹터를 형성했고 그 범위 역시 확대되고 있는 현상을 우리는 이미 마주하고 있다.

대략 100여 년 전, 양자역학 개념의 태동기에 그랬듯이 우리의 의지와는 무관하게 또는 우리가 이해하고 믿는지 여부와는 관계없이 생활 속으로 점차 들어오고 있음은 부정할 수 없는 현실이다.

사토시 나카모토가 2008년 비트코인 백서를 발표한 지 16년 만에 미국의 트럼프 행정부는 비트코인을 국가 전략 자산으로 편입하려는 움직임을 보이고 있다. 세계에서 가장 힘이 강한 달러를 가지고 있는 제국이 비트코인을 대하는 관점이 과거와는 많이 달라지고 있다. 이러한 흐름이 미국 이외의 지역에서도 나타날 개연성이 높다고 생각하는 것이 자연스럽게 다가오는 시대를 우리는 살고 있다.

따라서 이제 비트코인, 블록체인과 같은 개념들에 대해 이것이 옳은지 그른지를 생각하기 이전에 이미 진행 중인 변화를 하나의 큰 현상으로 이해하고, 이에 현명하게 대응하는 것이 보다 중요한 문제가 아닐까 하는 관점에서 접근해보고자 한다.

이 책은 독자를 설득하려 하기보다는 아빠가 아이에게, 중년의 아들이 노년의 아버지에게 친근하게 이야기하듯, 함께 고민하고 같은 눈높이에서 변화하는 세상을 이해해 보고자 하는 노력이라는 작은 목표를 가지고 시작되었다. 전문적인 용어나 수식은 최대한 배제하고, 많은 사람들이 비트코인이나 블록체인 등과 같은 개념에 대한 보다 직관적인 이해를 함께 할 수 있기를 바란다.

함께 한 걸음씩 크립토^{Crypto}의 세계관 속으로 들어가보자.

신종현

차례

들어가며. 양자역학처럼 다가온 새로운 세상 004

코인이 뭐길래?   기본 개념 이해하기

01 디지털 자산(Digital Asset) : 암호화폐, 가상 자산, 코인, 토큰, NFT, 웹 3(Web 3) 기본 개념과 용어 017
- 디지털화된 자산(Digitalized Asset) vs 디지털 자산(Digital Asset) 018
- 암호화폐(Crypto Currency) 019
- 블록체인(Blockchain) 019
- 비슷하지만 다른 개념 코인(Coin)과 토큰(Token) 020
- NFT 022
- 웹3(Web 3) 024

02 블록체인(Blockchain)이란 무엇인가요? 028
- 블록체인(Blockchain) 개념 이해하기 : 아파트 단지의 공동 장부 시스템 028

03 비트코인(BTC)이란 무엇인가요? 034
- 비트코인의 탄생 배경 035

04 블록체인과 비트코인은 어떤 관계인가요? 043
- 블록체인 시대의 시작 '비트코인' 044
- 비트코인과 에너지 045

2 CHAPTER 직접 암호화폐 거래해 보기

05 계좌 개설부터 첫 거래까지 051
- 거래소 가입 및 계정 생성 052
- 거래소 계좌에 입금하기 060
- 비트코인(BTC) 거래해보기 070
- 거래소 스테이킹(Staking) 개념 및 방법 083
- 적립식으로 코인 모으기 - 티끌모아 태산 087

06 해외거래소(바이낸스, Binance) 계좌 개설 및 암호화폐 이동 089
- 해외 거래소 가입 090
- 거래소 간 디지털 자산 이동(국내 거래소 → 해외 거래소) 095
- 거래소 간 디지털 자산 이동(해외 거래소 → 국내 거래소) 102

07 이론에서 실전으로 107
- 암호화폐 지갑(Wallet)이란 무엇인가? 108
- 거래소 선택하기 112
- 트래블룰(Travel Rule)이란? 115
- 디지털 자산의 처음과 끝 : 보안, 보안, 보안!!! 117

CHAPTER 3 코인 세상으로 한 걸음 더 — 주요 암호화폐와 생태계

08 비트코인 이외의 다른 크립토 … 121
- 비트코인(BTC)과 알트코인(Alt Coin)의 차이점은 무엇인가? … 122
- 비트코인 도미넌스(BTC.D) … 123
- 알트코인 자세히 살펴보기 … 124
- 이더리움(Ethereum) : 스마트 계약의 플랫폼 … 128
- 엑스알피(리플, XRP): 국제 송금에 특화된 코인 … 135
- 솔라나(SOL): 빠른 거래 속도가 특징 … 137
- 기타 암호화폐들 … 139
- 레이어2(Layer 2, L2) 솔루션 : 더 빠르고 효율적인 블록체인 … 142

09 블록체인 생태계의 금융 심장이라 불리는 디파이(DeFi) … 166
- 디파이(DeFi)의 개념 … 167
- 디파이(DeFi) 주요 서비스들 … 169

10 토큰화 경제(Tokenization Era) … 171
- RWA(Real World Asset) : 현실세계가 블록체인 속으로 … 171
- STO(Security Token Offering) : 주식이 토큰으로 … 173

CHAPTER 4 현실 세계로 들어온 크립토 — 스테이블코인(StableCoin)

11 스테이블코인(Stable Coin)이 뭔가요? … 177
- 법정화폐 담보 스테이블코인 … 178
- 실물 자산 담보 스테이블코인 … 180
- 암호화폐 담보 스테이블코인 … 181
- 알고리즘 기반 스테이블코인 … 182

12 스테이블코인 시대의 시작 … 189
- 스테이블코인 활용/응용 사례 … 190
- 스테이블코인의 미래 … 193

CHAPTER 5

변화하는 미국의 비트코인 생태계 — 법률과 사회의 수용

- ⑬ 비트코인을 전략 비축자산으로 : 새로운 법안들 … 199
- ⑭ 다양한 국가들의 BTC를 축적하기 위한 전략 … 202
- ⑮ 비트코인 현물 ETF 승인의 의미 … 204
  - 비트코인 현물 ETF 승인의 역사 … 205
  - 알트코인 ETF의 서막 … 208
- ⑯ 새로운 기회를 만들어가는 월스트리트 … 211
  - 월스트리트 대형 자산운용사의 참여 … 211
  - 새로운 비즈니스 모델 : 스트래티지(MSTR) 등 기업들의 비트코인 보유 … 213
  - 금융기관들의 디지털 자산 관련 서비스 확대 … 216

CHAPTER 6

크립토 관련 미국주식 — 코인물은 미국주식 따라잡기

- ⑰ 순수 디지털 자산 기업 … 223
  - 마라톤 디지털 홀딩스(Marathon Digital Holdings, MARA) : 비트코인 채굴의 선두 기업 … 225
  - 라이엇 플랫폼즈(Riot Platforms, RIOT) : 비트코인 인프라의 선구자 … 227
  - 사이퍼 마이닝(Cipher Mining, CIFR) : 월가의 지원을 받는 지속 가능 채굴 기업 … 229
  - 클린스파크(CleanSpark, CLSK) : 에너지 기술과 채굴을 접목한 혁신 기업 … 230
  - 코어 사이언티픽(Core Scientific, CORZ) : 재기의 아이콘이자 디지털 인프라의 리더 … 231
  - 헛 8(Hut 8, HUT) : AI와 비트코인의 조화를 추구하는 기업 … 233
  - 아이리스 에너지(Iris Energy, IREN) : 호주의 친환경 비트코인 채굴 기업 … 234
  - 코인베이스(Coinbase, COIN) : 미국 최대 암호화폐 거래소이자 웹3의 강자 … 236
  - 로빈후드(Robinhood, HOOD) : 슈퍼앱을 꿈꾸는 거래소 … 238

18 DAT(Digital Asset Treasury) 전략으로 디지털 자산의 고래를 꿈꾸는 기업 — 240

- 스트러티지(Strategy, MSTR):
  DAT 전략의 끝판왕 비트코인 보유 1위 회사 스트래티지 — 241
- 셈러 사이언티픽(Semler Scientific, SMLR):
  의료기기 기업에서 비트코인 기업으로의 전환 — 242
- 샤프링크 게이밍(SharLink Gaming, SBET):
  스포츠 베팅 기업과 이더리움의 만남 — 243
- 비트마인 이머전 테크놀로지(BitMine Immersion Technologies, BMNR):
  이더리움의 스트래티지를 꿈꾸는 기업 — 245
- 디파이 디벨롭먼트(DeFi Development Corp, DFDV):
  솔라나 생태계 투자 선봉 회사 — 247
- 트론 Inc.(Tron Inc., TRON):
  엔터테인먼트 회사에서 트론 재무기업으로 — 248

19 크립토 섹터의 이노베이터 기업 — 250

- 갤럭시 디지털 홀딩스(Galaxy Digital Holdings, GLXY):
  암호화폐의 '골드만삭스' — 251
- 어플라이드 디지털(Applied Digital, APLD):
  AI 데이터센터 혁신 기업 — 252
- 백트 홀딩스(Bakkt Holdings, BKKT):
  강력한 모기업을 가진 B2B 크립토 인프라 제공업체 — 254
- 써클(Circle, CRCL):
  스테이블코인의 왕을 꿈꾸는 USDC 발행사 — 255
- 엑소더스 무브먼트(Exodus Movement, EXOD):
  크립토 세계의 자기 주권을 지키기 위한 지갑 솔루션 기업 — 257

마치며. 새로운 세상을 살아가야하는 지혜로운 대응 — 260

CHAPTER
1

코인이 뭐길래?

기본 개념 이해하기

새로운 디지털 시대의 문을 열다

　어느 날부터인가 우리 대화 속에 비트코인, NFT, 웹3와 같은 낯선 용어들이 자연스럽게 스며들기 시작했다. 누군가는 이 새로운 흐름 속에서 엄청난 부의 기회를 이야기하고, 다른 누군가는 실체 없는 거품이라며 회의적인 시선을 보내기도 한다. 뉴스에서는 연일 암호화폐의 가격 등락 소식이 헤드라인을 장식하고 이제는 기술과 금융을 넘어 예술, 게임, 심지어 우리가 매일 사용하는 인터넷의 미래까지 그 영향력을 넓혀가고 있다.

　이처럼 디지털 자산은 더 이상 일부 기술 전문가나 투자자들만의 전유물이 아닌, 우리 모두가 알아야 할 시대의 중요한 화두가 되었다. 이는 단순히 새로운 투자처가 등장한 것을 넘어, 자산의 형태와 소유의 방식, 나아가 사회와 경제가 작동하는 방식을 근본적으로 바꾸는 거대한 패러다임의 전환을 예고하고 있기 때문이다. 마치 20년 전 인터넷이 그랬던 것처럼, 블록체인이라는 기술은 지금 우리 앞에 또 한 번 거대한 변화의 물결을 만들어내고 있다.

　하지만 암호학, 분산원장, 스마트 컨트랙트 등 생소한 기술 용어의 장벽은 여전히 높게만 느껴지고, 뜬구름 잡는 이야기처럼 들리기도 한다. 넘쳐나는 정보 속에서 무엇부터 시작해야 할지 막막함을 느끼는 것도 당연하다.

　이 장은 바로 그 첫걸음을 떼고자 하는 분들을 위한 친절한 안내서 역할을 하고자 한다. 복잡하고 어렵게만 느껴졌던 디지털 자산의 세계를 가장 기본적인 개념부터 차근차근 풀어내려 한다. 추상적인 기술 설명보다, 우리에게 익숙한 일상의 비유를 통해 블록체인이 무엇인지, 코인과 토큰은 어떻게 다른지 그리고 이 기술이 만들어갈 웹3의 미래는 어떤 모습일지 함께 그려보고자 한다.

01

디지털 자산(Digital Asset) :
암호화폐, 가상 자산, 코인, 토큰, NFT, 웹3(Web 3)
기본 개념과 용어

기존에 없던, 익숙하지 않은 기술이나 문화에 익숙해지려면 보통 두 가지 방법이 우리에게 주어진다. 첫 번째는 시간의 흐름에 따라 자연스럽게 받아들이는 부류가 되거나, 이를 받아들이지 않는 부류가 되는 것이다. 두 번째는 새로운 흐름을 적극적으로 탐색하고 고민하고 수용해 보는 방법일 것이다. 블록체인 위토 인류의 많은 자산이 이미 빠른 속도로 변환되고 있는 중이다. 조금 더 적극적으로 두 번째 방법을 선택해 남보다 먼저 받아들이는 쪽으로 디지털 자산의 세계를 이해해 보도록 하자.

디지털화된 자산(Digitalized Asset) VS 디지털 자산(Digital Asset)

우리는 이미 디지털화된 자산과 익숙한 동거를 시작한 지 오래되었다. 일반적으로 이해하는 디지털 자산이라는 것은 이름 그대로 디지털 형태로 존재하지만, 우리가 가지고 있는 돈(실물 화폐)이나 부동산과 같이 가치를 지니는 모든 것을 의미한다. 단순히 사람들이 가지고 있는 돈이 은행의 계좌에서 숫자로 된 형태로 보관되어 있는 것을 디지털화된 자산이라 비유할 수 있다. 반면, 디지털 자산이라고 하면 블록체인이라는 기술이 기반이 되어 있는 자산의 성격을 띤다고 볼 수 있다.

디지털 자산에 대한 정의나 개념은 아직도 완벽히 정립되었다기보다는 점차 정립되어 가는 과정에 있다고 보면 될 것이고, 우리가 접근해야 하는 블록체인Blockchain, 코인Coin, 크립토Crypto 등의 개념 중에서 가장 상위에 있는 개념으로 받아들이면 보다 이해하기가 쉬울 것 같다. 블록체인 기술과 비트코인이 언급되기 시작하고 이슈화가 되던 초반에는 가상자산 또는 가상화폐Virtual Currency라는 용어들도 쓰이기는 했다. 하지만 가상이라는 단어가 주는 개념이 본질을 설명하기에는 적합하지 않다는 의견이 많아 이러한 용어는 점차 쓰이지 않게 되었다. 암호화폐, 블록체인 또는 블록체인화된 코인이나 토큰, 웹3, NFT 등의 개념을 통칭하여 '크립토Crypto'라는 개념으로 이야기해 보려고 한다.

💰 암호화폐(Crypto Currency)

먼저 암호화폐의 개념을 살펴보면 이는 디지털 자산 중에서도 '암호학^{Cryptography}'이라는 특별한 기술로 안전하게 보호되는 자산을 통칭하여 이르는 말이다. 앞으로 우리가 이야기할 블록체인의 보안 기술이 바로 이 암호학에 기반하고 있기 때문에 크립토^{Crypto}라는 단어도 이 암호학이라는 말에 그 어원을 둔다고 할 수 있다.

암호화폐는 은행에 보관되어 있는(우리가 숫자를 통해 확인할 수 있는) 기존에 디지털화된 화폐와는 무엇이 다를까? 우리가 은행앱에서 보여지는 숫자를 믿는 이유는 정부 및 정부 기관에 의해 관리 감독을 받고 있는 은행이라는 기관을 '신뢰'하기 때문이다. 금융이라는 것은 바로 이 신뢰로부터 출발한다. 은행을 신뢰하지 않는다면 오늘날의 금융 시스템은 애초에 성립조차 할 수 없었을 것이다. 그럼 암호화폐는 이러한 절대적인 신뢰를 바탕에 둔 은행이 없는데, 어떻게 지금과 같은 형태로 발전할 수 있었을까? 그것은 바로 블록체인이라는 기술이 있기 때문이다. 한마디로, 비트코인과 같은 디지털 자산은 블록체인 기술 위에 구축된 새로운 형태의 화폐 또는 교환의 매개체라고 볼 수 있다.

💰 블록체인(Blockchain)

크립토 시장의 근간을 이루는 핵심 기술로 거래내역을 기록한 디지털 장부라고 할 수 있다. 블록체인은 조금 더 풀어서 이야기하면 네트워크에 참여한 모든 사람이 공유하는 데이터베이스라고 할 수 있다. 그리고 이 데이터베이스는 소수의 사람만이 접근할 수 있는 폐쇄적인 시스템이 아니라 투명성과 보안성을 갖춘 모든 참여자가 볼 수 있는 데이터베이스인 셈이다.

블록체인의 기본 원리는 각 거래가 디지털 공간인 '블록Block'에 저장되고, 이 블록들이 줄줄이 연결되어 체인Chain의 형태를 이루는 구조다. 이때 거래 내역이 모든 사람에게 공개되기 때문에 누구도 데이터를 조작하거나 속일 수 없고, 그래서 블록체인은 매우 안전한 시스템이라고 정의할 수 있다. 아이러니하게도 모두에게 투명하게 공개되기 때문에 가장 안전한 시스템인 것이다.

비슷하지만 다른 개념 코인(Coin)과 토큰(Token)

● 코인(Coin) : 한 국가 내에서 쓰이는 법정 화폐

코인은 비트코인이나 이더리움처럼 자신만의 독립적인 블록체인 네트워크, 즉 '메인넷Mainnet'(암호화폐 프로젝트가 독립적으로 운영되는 블록체인 네트워크)을 가진 암호화폐를 의미한다. 코인은 국가에 비유할 수 있다. 각 국가는 국가의 시스템과 국민의 삶이 안정적으로 유지되기 위한 다양한 시스템을 만들어 적용한다. 그중에 가장 중요한 시스템 중 하나가 바로 화폐 시스템이다. 대한민국의 법정통화는 원화(KRW)이고, 원화를 통해 우리나라의 국민들은 자유롭게 경제활동을 할 수 있다. 물건을 사고팔 때 대가를 지불하고 저축, 주식 투자 등의 금융 활동을 하는 데에도 사용할 수 있다. 또한 국가 재원의 원천인 세금도 납부할 수 있다. 국가를 블록체인 네트워크로 생각한다면 한 네트워크 안에서 활동을 하는데 쓰이는 암호화폐가 바로 코인이라고 생각할 수 있다.

● 토큰(Token) : 국가 내에서 경제 활동을 하는 다양한 경제 주체

토큰은 기술적으로는 코인이라는 블록체인 플랫폼 위에서 특정한 규칙(스마트 컨트랙트)에 따라 만들어진 디지털 자산이다. 한 국가 내에서 활동하는 각 경제 주체들이 발급하는 다양한 화폐에 준하는 교환 수단에 비유할 수 있다. 정부나

지자체의 주도로 발급하는 전통시장 활성화를 위한 온누리상품권, 특정 지역 내 소상공인 지원을 위한 지역사랑상품권, 도서 구매나 문화활동에 사용할 수 있는 문화상품권, 마트나 특정 업장에서 쓸 수 있도록 각 기업들이 발급하는 상품권 등이 토큰에 해당한다고 볼 수 있다. 대한민국에서 쓰이는 법정화폐인 원화 인프라를 기반으로 하여 이러한 상품권들이 자유롭게 거래될 수 있다.

블록체인을 유지하는 근간이 코인이고 그 위에서 다양한 아이디어와 용도를 가지고 있는 것이 토큰인 셈이다. 마치 안드로이드 스마트폰에서 쓰이는 구글 앱스토어라는 플랫폼이나 애플 스마트폰에서 활용하는 애플 앱스토어를 생각해 볼 수 있다. 구글 앱스토어나 애플 앱스토어가 코인이라고 본다면, 그 생태계 안에 있는 무수히 많은 수많은 앱들은 각 스토어의 기반 위에서 동작하고 있다. 이러한 앱들을 토큰이라 생각해 본다면 조금 더 쉽게 개념을 이해하는데 도움이 될 것 같다.

구분	코인(Coin)	토큰(Token)
기반	독립적인 자체 블록체인(메인넷) 보유	다른 코인의 블록체인 위에서 생성
역할	블록체인 네트워크의 유지 및 보안, 거래 수수료 분배 등	특정 서비스 이용, 투표권 행사, 자산 소유권 증명 등 다양한 목적
비유	앱스토어	앱
예시	비트코인(BTC), 이더리움(ETH), 솔라나(SOL), 리플(XRP) 등	유니스왑(UNI), 체인링크(LINK), 시바이누(SHIB), 토큰오디널스(ORDI) 각종 게임/NFT 등

표 1-1 · 블록체인 구성 예시

💰 NFT

2020년~2021년은 인류 역사상 큰 이슈가 있었던 해다. 바로 코로나19가 발생하여 전 세계를 팬데믹의 공포로 몰고 갔으며, 이동은 제약받았고 사람들 간의 교류 역시 어려운 상황이 계속되었다. 팬데믹은 사람들의 생활 습관을 바꾸며, 예상하지 못한 다양한 분야에 큰 영향을 미치기 시작했다. 또한 2020년~2021년은 NFT^{Non-Fungible Token}의 광풍이 불었던 시기이기도 하다. 비플^{Beeple}의 디지털 작품 'Everydays: The First 5000 Days'가 크리스티 경매에서 약 6,900만 달러에 판매되면서 NFT 시장의 큰 화제를 일으키기 시작했다. 이 작품은 NFT 역사상 가장 높은 가격으로 거래된 작품 중 하나로 기록되고 있다. 그리고 이 작품은 '물리적인 공간에 존재하지 않고 디지털로 존재하는 미술 작품의 가치가 이렇게까지 크게 인정받을 수 있구나'라는 것을 사람들에게 알리는 데 큰 영향을 주었다.

그렇다면, NFT는 무엇일까? 사전적인 정의를 충실히 따르자면 '대체 불가능한 디지털 자산(토큰)'이라는 뜻이다. 쉽게 말해, '세상에 하나뿐인 디지털 작품, 아이템, 사물 그리고 심지어 디지털 파일이나 사진'까지도 블록체인 위에 기록해 소유권을 입증하는 기술이다. NFT에서 F는 Fungible(대체 가능한)을 뜻하며, 사전적인 의미는 대체 가능한 또는 동일한 가치를 지닌 것으로 교환 가능한 정도의 의미로 이해할 수 있다. Non-Fungible은 곧, 다른 것으로는 대체할 수 없고 고유한 특성을 가진다는 의미다. 일반적으로 우리가 알고 있는 코인들처럼 똑같은 동질성을 지닌 것이 아니라 각각의 토큰이 고유한 특징을 지닌 토큰이라는 의미다.

예를 들어 여러분들이 가지고 있는 1만 원짜리 지폐는 다른 사람이 가지고 있는 1만 원짜리 지폐와 동일한 가치를 지니며 아무도 이것에 대해서 의문을 제기하거나 의심을 가지지 않는다. 또 다른 Fungible의 예는 주식이라고 할 수 있다.

여러분들이 가지고 있는 삼성전자 주식 1주에 추가로 주식 1주를 더 사게 되면 삼성전자 2주의 주식이 되고, 이것은 처음 샀던 1주와 나중에 산 1주가 전혀 다르지 않고 완전한 동질성을 지닌 자산이 된다. 이러한 특징이 Fungible한 자산이 가지고 있는 특징이라고 할 수 있다.

반면, 가수의 친필 사인이 들어간 앨범과 그렇지 않은 앨범은 비슷한 특성을 가졌지만, 친필 사인이라는 독특한 특성에 따라 전혀 다른 가치를 부여받게 되고, 그러면 친필 싸인이 들어간 앨범은 전혀 다른, 대체 가능하지 않고 고유한 특징을 가진 앨범이 된다. 이처럼 NFT는 블록체인이라는 기술 위에 대체 불가능하고 고유한 특성을 지닌 디지털 자산의 한 부류로 자리 잡게 되었다. NFT는 출발 초기 많은 버블이 형성되고 사기성 프로젝트들의 난립 등으로 인해 피해자가 발생하는 등의 문제를 일으키기도 했다. 하지만 NFT는 단순한 예술품이 아니라, 디지털 자산으로서의 의미와 실사용이 가능한 토큰화된 세계의 문이 되었고, 그 활용 분야는 점차 넓어지고 있는 중이다.

필자도 2021년 NFT의 열풍이 불던 당시 그 트렌드에 열심히 동참한 적이 있다. 민팅Minting(NFT를 신규로 얻기 위해 블록체인에 가스비(129쪽 참고, 수수료비용)와 NFT 구입 비용을 내고 지갑으로 이전하여 소유권을 확보하는 것)을 위해 여러 가지 스터디를 꽤나 열심히 했었다. 아이들과 함께 가족회의를 열어서 가장 높은 지지를 얻은 한국 작가의 미술 작품을 구매해보기도 했고, 신규 프로젝트의 민팅을 위한 자격조건을 의미하는 화이트 리스트White List 자격을 득하기 위해 밤잠을 설쳐 보기도 했었다. 아쉽게도 참여했던 프로젝트들은 큰 성공을 거두지 못했다. 그러나 현재도 과거의 실패 위에 수많은 프로젝트들이 계속 도전을 통한 실패와 성공을 이어가고 있다.

웹3(Web 3)

1989년 즈음 전화 모뎀을 통해 전 세계를 연결하는 시초가 되었던 월드와이드웹(WWW) 이후 지금까지 웹을 통한 우리의 연결성은 더욱더 확장되고 복잡해지고 있다. 우리가 경험한 인터넷의 역사를 세 단계로 나누어 보면 Web 3가 왜 등장했는지 쉽게 이해할 수 있다.

Web 1.0 시대의 인터넷은 거대한 디지털 도서관이나 박물관과 같았다. 원하는 정보를 제공하고 있는 홈페이지에 접속해서 운영자가 올려놓은 글이나 사진 같은 정보를 일방적으로 '읽기'만 할 수 있었다. 마치 도서관에서 책을 꺼내 보거나, 박물관의 전시품을 눈으로 감상만 할 뿐, 우리가 직접 웹페이지의 내용을 바꾸거나 새로운 내용을 추가하는 것은 상당히 제한적인 인터넷 환경이었다. 정보의 흐름이 한 방향으로만 흐르는, '읽기 전용'의 시대였다.

Web 2.0 시대에 들어서면서 우리가 지금 알고 있는 인터넷의 형태를 갖추기 시작했다. 홈페이지, 블로그, 게시판 및 인터넷 뱅킹, 쇼핑몰 등이 모두 이 시기에 본격적으로 꽃을 피기 시작했다. 스마트폰의 등장으로 이 시대는 빅뱅과 같이 폭발적 성장을 가져왔다. 페이스북, 유튜브, 인스타그램 같은 거대 기업들이 플랫폼을 만들었고 사용자들은 동영상, 이미지 또는 텍스트 등을 통해 친구들 또는 전 세계의 불특정 다수의 사람들과 교류할 수 있는 사이버 공간의 확장을 통해 초연결 사회로 점차 가속화되고 있는 사회를 경험하고 있다. 하지만 여기서 중요한 문제가 있다. 우리가 아무리 멋지게 자기만의 공간을 꾸미고 교류를 하더라도 그 안의 모든 것(데이터, 콘텐츠 등)의 주인은 내가 아닌 플랫폼 기업이라는 사실이다. 플랫폼 기업들은 우리가 남긴 모든 데이터Digital Footprint을 축적하고 분석해서 마케팅 활동에 활용하고 맞춤형 광고를 제공하는 등의 영리 활동을 적극적으로 하고 있지만 그 안의 데이터들을 가득 채운 사용자들에게 돌아오는 것은 거의 없다. 따라서 Web 2.0은 '읽고-쓰는' 웹의 시대다.

Web 3는 탈중앙화된 인터넷으로 정의할 수 있으며 블록체인, 스마트계약, 암호화폐 등의 기술을 기반으로 하고 있다. '탈중앙화Decentralization'되어 있기 때문에 이 안에서 만들어진 데이터와 콘텐츠들은 플랫폼의 소유가 아니라 사용자 개인의 것이다. 사용자들이 자신들의 데이터 통제권을 되찾는 평등한 인터넷 세상을 그 목적으로 한다고 생각할 수 있다. 따라서 Web 3는 '읽고-쓰고-소유하는' 웹을 근간으로 한다고 할 수 있다.

구분	Web 1.0	Web 2.0	Web 3
핵심	정보의 '읽기'	정보의 '읽기'와 '쓰기'	정보의 '읽기', '쓰기' 그리고 '소유'
데이터 소유권	정보 제공자 (기업)	플랫폼 (거대 기업)	사용자 (개인)
구조	중앙화	중앙화	탈중앙화
개인의 역할	정보 소비자	콘텐츠 생산자, 플랫폼의 사용자	데이터 소유자, 네트워크 참여자, 주주

표 1-2 · 웹1.0 vs 웹2.0 vs 웹3

Web 3의 구성요소는 첫 번째 블록체인으로 웹에서 발생한 활동 내용과 데이터들의 기록, 거래 내역 등을 블록체인 기술을 통해 장부에 기록하며, 이 장부는 참여자들 누구에게나 투명하게 공개되며 몰래 내용을 위변조하는 것이 불가능하게 만드는 가장 근간이 되는 기술이다.

두 번째는 암호화폐 지갑으로 이것은 중앙화된 기관이나 은행이 발급해 주는 것이 아니라, 나만이 접속하고 열 수 있는 개인 금고이자 신분증의 역할을 하게 된다. 이 지갑을 통해 나의 디지털 자산과 데이터를 안전하게 보관하고 거래할 수 있다.

세 번째는 Web 3에서의 앱에 해당하는 DApp(탈중앙화 앱)이며 유튜브나 인스타그램처럼 거대 플랫폼 기업이 운용하는 것이 아니라 참여자들이 자율적으로 규칙을 만들고 수정해 나가며 서비스를 제공하고 참여자들이 함께 운영하며 수익을 나누는 개념이다.

네 번째는 DAO^{Decentralized Autonomous Organization}(탈중앙화 자율 조직)이며, 자치 거버넌스 조직으로서 플랫폼의 규칙을 수정하거나, 정책을 결정하거나 운영 규칙을 민주적인 절차를 통해 결정하는 조직이다. 이처럼 Web 3는 단순히 새로운 기술을 넘어, 인터넷의 권력을 소수의 거대 플랫폼 기업의 소유에서 다수의 개인으로 이전하려는 거대한 움직임이다.

그러나 아직은 초기 단계이고 우리가 접하지 못 해 본 개념과 예제들이라 Web 3가 우리에게 더 친숙하게 다가오기까지는 조금은 시간이 더 걸릴 것이다. 개념상 모호한 부분도 많고 해결해야 할 과제도 적지 않지만 속도의 문제일 뿐 변화의 흐름은 이미 시작되었다는 것은 거부할 수 없는 사실이다.

NFT 조금 더 자세히 들여다보기

● **NFT의 시작**

NFT는 2017년 이더리움(Ethereum) 기반 ERC-721 표준이 제정되면서 가능하게 되었다. Web 2.0 시대의 인터넷 환경에서는 디지털 파일(사진, 영상, 음악 등)이 너무나 쉽게 무한히 복제될 수 있었고, 원본과 복사본의 진위를 가릴 수 없었을 뿐 아니라, 원본에 대한 존중과 소유권도 인정되지 않았다. ERC-721 표준은 이더리움 블록체인에서 고유한 NFT를 생성하고 관리하기 위한 규칙과 인터페이스를 정의한 기술 표준이다. 이 블록체인 기술을 통해 디지털 원본에 대한 식별이 가능해졌고, 이를 통해 희소성과 가치를 부여할 수 있는 토대가 마련되었다. 블록체인은 공개적으로 거래 기록을 공유하는 디지털 장부라는 특성을 십분 활용해 NFT의 발행, 거래, 소유 등에 대한 기록을 손쉽게 할 수 있는 NFT의 근간이라 할 수 있다.

2021년은 전 세계적으로 NFT의 열풍에 휩싸이며 시장의 급격한 성장을 이룬 시기다. Beeple 작품 'Everydays' 6,900만 달러 판매 사건이 일어나며 NFT가 단숨에 모든 이목을 집중시켰다. OpenSea 같은 NFT 플랫폼은 한때 월 거래액 60억 달러를 기록하기도 했다. 스포츠, 음악, 게임 분야에서 디지털 수집품이 대중화되었고, CryptoPunks, BAYC, Art Blocks 등 브랜드 NFT가 성장했다. 유명한 가수이자 테슬라의 수장인 '일론머스크'의 여자친구였던 그라임스(Grimes)의 비디오 컬렉션 NFT가 600만 달러에 거래되기도 했다. Nonfungible.com의 보고서에 따르면 NFT 거래는 2021년 176억 달러로 2020년보다 21,000% 증가했다고 발표됐다.

● 버블의 부작용
하루아침에 적은 금액으로 산 NFT가 수억 원에 이르는 등 벼락부자의 전형과 같은 이야기들이 퍼지면서 수많은 사람들이 이 흐름에 동참하게 되는 계기를 제공하며, 끊임없는 상승을 이어가는 듯했지만 2022년 접어들면서 시세의 급등락이 발생했다. 사기와 불법이 난무하는 등의 이벤트들이 발생하며 NFT 시장의 거래가 급감하기 시작했고, 일부 프로젝트들은 버블의 폭발이라고 할 만큼의 큰 하락을 경험하기도 했다. 지금은 가치가 거의 없거나 크지 않지만, 웹상의 고유한 땅을 NFT화해서 몇만 원에서 몇억 원까지 거래하기도 하는 등의 과열이 여기저기에서 발생하기도 했다.

● 미래의 NFT
과거 2021년과 같은 NFT 시장의 과열이 다시 올지는 아무도 모를 일이다. 다만, NFT 시장의 과열과 버블의 부작용의 이면에는 기술 자체로서 NFT의 대단한 발전을 이룰 수 있는 계기가 되기도 했다. 가치의 측정 대상에서 지금은 게임, 예술 브랜드, 패션, 메타버스 등 다양한 분야에서 NFT가 도입되면서 디지털 공간에서 개인의 정체성을 나타내고, 간접적인 신분을 확인하는 등의 역할을 충실히 수행하고 있다. NFT 시장은 한때의 초기 시장의 부작용이 극대화되며 대박을 노리던 묻지마 시장에서, 현재는 보다 실질적으로 유용성이 있고 지속가능한 디지털 자산, 경제, 멤버십으로 진화하는 중이다.

블록체인(Blockchain)이란 무엇인가요?

블록체인(Blockchain) 개념 이해하기 : 아파트 단지의 공동 장부 시스템

한 대규모 아파트 단지에 1,000세대가 살고 있다. 주민들은 내부 커뮤니티에서 중고물품을 거래하고 생활용품을 빌려주며, 자신에겐 필요 없지만 다른 사람에게는 필요한 물건을 나누어 쓰기도 했다. 이러한 가운데, 새로운 아파트 입주자 대표가 선출이 되었고, 새로운 대표는 기존의 내부 커뮤니티에서 발생하는 다양한 거래를 보다 활성화하고 거기에 더해, 아파트 단지에서 지출되는 관리비 등의 지출 내역 등에 대해서도 보다 투명하게 관리될 수 있도록 새로운 관리 시스템의 도입을 주장했다. 사실 이전에 내부 커뮤니티 거래에서 빌려간 물건을 늦게 되돌려주거나, 제품에 문제가 있는 것들이 거래되거나 하는 등 간혹 불미스러운 사건들이 발생하는 경우가 없었던 것은 아니었다.

얼마 후, 입주자 대표회의에서 참여를 희망하는 모든 세대가 동일한 장부를 작성하고 관리하는 시스템을 도입하기로 결정했다. 그리고 다음과 같이 시스템의 원칙을 정했다. 첫째, 완전한 투명성의 확보다. 모든 거래는 아파트 단지 게시판 또는 단톡방에 게시되어야 한다. 둘째, 집단 검증을 통해 주민 다수가 거래 내용을 확인하고 승인해야 한다. 셋째, 검증이 완료되면 모든 참여자들이 동시에 자신의 장부에 기록을 추가해야 한다.

거래가 발생하면 모든 내용들은 체계적인 기록 절차에 따라서 다음과 같이 작성되었다. 1단계에서는 거래 당사자가 단지 단톡방에 거래 내용을 공개적으로 게시했다. "3월 2일 501동 1101호 김씨가 504동 702호 박씨에게 전기드릴을 7일간 대여했다." 2단계에서는 검증 과정을 통해 주민들이 거래의 유효성을 검증했다. 이 과정에서는 거래 날짜, 세대주소, 물품 정보, 복잡한 연산을 통해 생성된 이전 기록의 고유 번호를 활용하도록 했다. 3단계는 합의 및 기록 검증이 완료되면 모든 참여 세대가 동시에 자신의 거래 장부에 해당 내용을 기록하도록 했다. 이 시스템의 가장 중요한 특징 중 하나는 각 날짜의 기록이 이전 날짜와 독특한 수학적 규칙에 의해 생성되는 고유번호로 연결되어 있다는 점이었다.

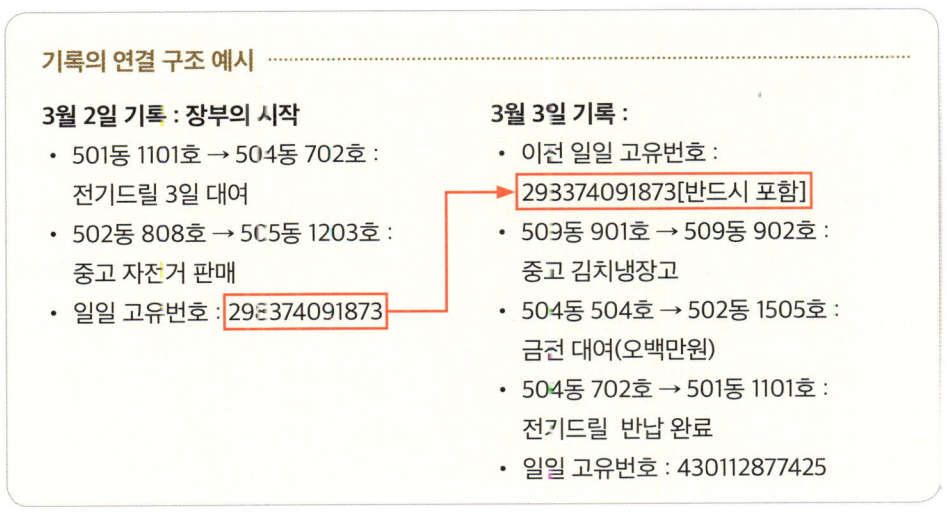

이러한 구조로 작성된 장부는 일부 기록을 고치기 위해서는 그 이후의 모든 기록을 다시 계산해야 하고, 장부 작성에 참여하고 있는 모든 세대의 장부에 이와 같은 일을 거의 동시에 해야만 하기 때문에 현실적으로 임의로 누군가가 장부를 조작하기란 불가능에 가까운 상황이었다.

장부의 운영이 시작되고 5개월 후, 한 주민이 자신의 빚을 없애기 위해 장부의 내용을 조작하려는 사건이 발생했다. 해당 주민은 자신의 금전대여 내용을 장부에서 삭제했다. 그러나 나머지 300여 세대에 가까운 장부 작성 참여 세대의 장부에서는 해당 내용이 삭제되지 않았다. 조작된 개별 기록보다 우선시되는 장부의 작성 원칙에 따라, 조작 시도는 즉시 발견되었고 무효화되었다. 이 장부 시스템의 정착을 통해 투명성이 확보되자 모든 거래가 공개되어 이웃 간의 분쟁이 거의 사라졌다.

집단 검증 시스템 덕분에 개별 조작은 사실상 불가능하게 되었다. 이로 인해 충분한 보안성이 확보되었다. 한 번 기록된 내용은 임의로 변경할 수 없는 영구적인 장부의 유지 특성이 생겼다. 관리사무소나 특정한 주체의 개입이 없이도 주민들 스스로 공정한 거래 환경을 유지할 수 있는 자율성도 확보할 수 있었다.

비록 가상의 이야기를 주제로 이번 장을 시작하였지만, 위의 이야기를 통해 우리는 블록체인에 대해 조금 더 친숙한 접근해 보고자 한다. 블록체인은 분산원장이라고 불리는 기존에 없었던 새로운 형태로 데이터를 저장하는 기술이다. 중앙에서 관리 및 컨트롤하는 특정한 주체가 없이 여러 참여자가 거래 내역을 기록하고 안전하게 공유할 수 있게 만들어진 시스템이며, 자주 비유를 드는 것은 여러 사람이 함께 작성하는 장부라고 생각하면 조금 더 이해하기가 쉽다.

참여자들Node은 모두가 동일한 장부의 복사본을 가지고 있고, 누군가가 기록을 조작하기 어렵게 되어있다. 거래가 발생하게 되면 모든 참여자가 해당 거래 내역을 자신의 장부에 동시에 써넣고 그것을 서로 비교, 대조하며 확인하는 형태로 만들어져 있다. 만약 특정한 사람이 장부의 내용을 임의적으로 바꾸게 되면 다른 모든 장부의 내용과 불일치하게 되어 곧바로 위변조의 사실이 드러나게 된다. 이런 구조적인 특징 덕분에 특정한 관리자가 없는 상황에서도 탈중앙화되어 있는 신뢰 네트워크를 구현할 수 있다.

블록체인은 말 그대로 블록Block과 체인Chain으로 구성되며, 블록은 일정 기간 동안 발생한 거래 내역이 담긴 상자이고, 체인은 이 상자들이 시간 순서대로 연결된 구조를 뜻한다. 새로운 거래가 쌓일수록 블록의 개수가 계속 생성되며 새롭게 생성된 블록은 기존의 블록과 체인으로 연결되면서 확장되는 구조다. 각 블록에는 암호화를 통해 만들어진 고유한 식별 ID가 포함되는데 이 식별 ID를 해시Hash라고 한다. 이전 블록의 해시값을 다음 블록에 반드시 포함시키게 되며 누군가가 연결된 블록의 내용을 변경하려고 하면 바로 이 해시값이 달라져서, 이후 연결된 모든 블록들의 해시가 연쇄적으로 불일치하게 된다. 이러한 특징으로 인해 장부의 기록을 누군가가 임의로 바꾸는 것은 불가능해지고 데이터의 신뢰가 확보되는 것이다.

아파트 주민들의 이야기를 대입해 보면, 장부 작성에 참여하는 사람들을 각각의 Node라고 할 수 있다. 매일의 거래 기록은 각각 하나의 블록으로 일일 고유번호는 암호화 해시값으로 이해할 수 있고, 다수결의 원칙에 의해 장부의 신뢰를 확보하는 과정을 블록체인의 합의 메커니즘으로 볼 수 있으며, 수학적인 검증을 작업증명Proof of Work이라 할 수 있다.

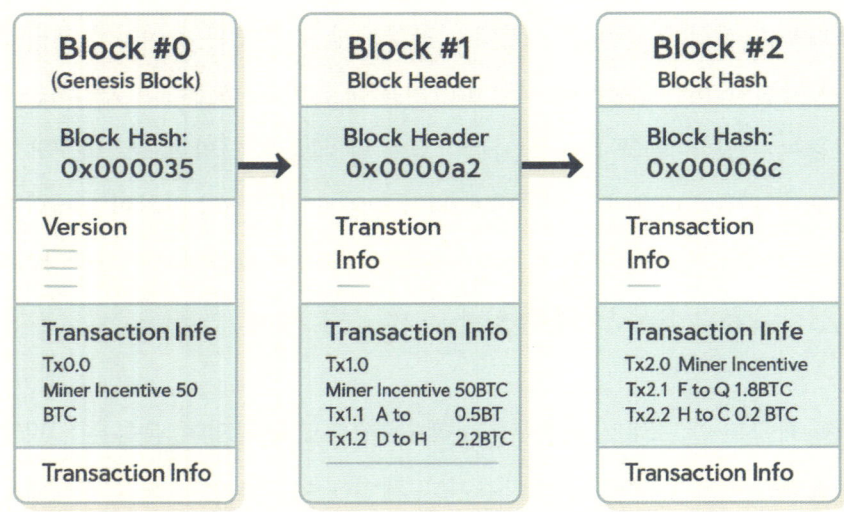

그림 1-1 · 블록체인 구성 예시

 해시(Hash)란?

해시(Hash)란 블록체인의 '봉인' 역할을 하는 암호화 기술을 말한다. 해시는 입력되는 데이터의 길이와 상관없이 항상 고정된 길이의 암호화된 값을 출력하는 암호학적 함수다. 블록체인에서는 이 해시값이 각 블록을 봉인하는 데 활용된다. 이를 통해 아주 작은 데이터 변화에도 전혀 다른 해시값이 생성되므로 해시값만 비교해도 원래의 데이터가 변경되었는지 쉽게 검증할 수 있다.

해시 함수는 단방향의 특징을 지녀, 해시값으로 원본 데이터를 역추적할 수 없다. 이러한 특징으로 인해 블록체인 네트워크는 해시를 통해 각 블록의 무결성을 확인할 수 있고, 의도적 위조나 변조가 발생하면 즉시 참여자가 알 수 있도록 설계되어 있다. 비트코인 블록체인은 SHA-256이라는 해시 함수를 사용하며 이는 256비트 길이의 출력을 생성한다. 비트코인 블록체인은 SHA-256 해시 함수를 두 번 연속 적용해 해시값을 생성하는 방식을 사용한다.

SHA-256 방식으로 '비트코인', 'bitcoin', 'BITCOIN'을 해시함수에 넣으면 각각

- '비트코인' : 20822c9233f262846f49e4d31485a552554e20967a8b3235b22b512a2298c471
- 'bitcoin' : f386c9a9432b1adcfccd9d7f1b18aa6c60a533e82fca35b59029f4bcc776649e
- 'BITCOIN' : b169c82b0321f4de52f9241019a224a28fb6504a5e3a985a7d79b63a92b0c102

이라는 결과를 얻을 수 있다. 이처럼 사소한 변화에도 전혀 다른 값이 생성되는 것을 확인할 수 있다. 해시는 블록체인의 디지털 보안 시스템과 같다. 중요한 서류에 도장을 찍거나 봉인을 해서 위조를 방지하듯이, 해시는 디지털 데이터에 변조 불가능한 도장이나 봉인의 역할을 한다. 해시 기술 덕분에 블록체인은 중앙화된(Centralized) 관리 주체가 없어도 모든 참여자가 데이터의 진위 여부를 쉽게 확인할 수 있는 신뢰 시스템을 구축할 수 있으며, 이 단순해 보이는 해시 기술이 현대 디지털 보안의 핵심 기술 중 하나로 꼽히는 이유다.

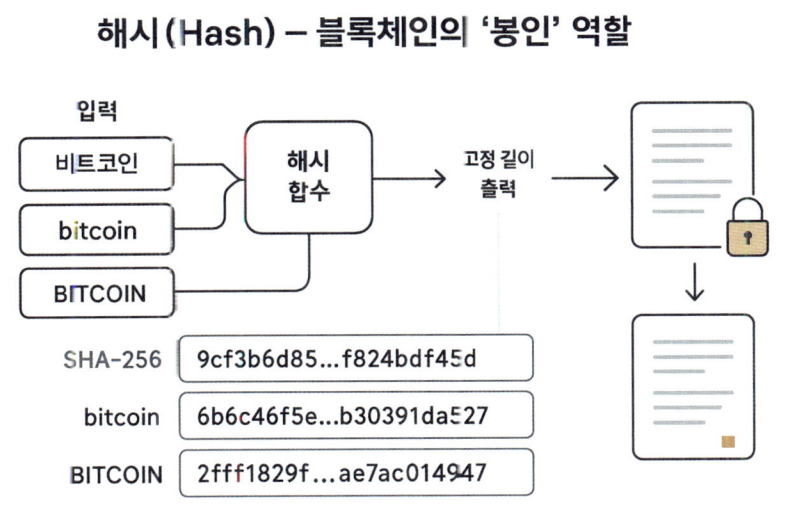

그림 1-2 · 해시(Hash)는 블록체인의 봉인 역할

비트코인(BTC)이란 무엇인가요?

　2009년 1월 3일 비트코인에서 제네시스 블록$^{Genesis\ Block}$(가장 첫 번째 블록)이 생성된 이후, 2025년 7월 초까지 약 905,100여 개의 블록이 생성되었다. 지금도 약 10분에 한 개씩 새로운 블록이 추가되고 있으며, 블록 생성에 참여하는 기여자들에게는 블록 채굴에 대한 보상으로 블록당 3.125 BTC가 지급되고 있다.

　비트코인의 시장 거래 가격에 우리의 관심이 쏠리는 것이 일반적이지만, 비트코인 네트워크에서는 위와 같은 일이 지금도 계속 발생하고 있다. 비트코인의 본질적인 내용을 다루고, 비트코인 자체에 대한 이해에 조금 더 포커스를 맞춰보도록 하자.

비트코인의 탄생 배경

2008년 사토시 나카모트라는 익명의 인물은 인터넷의 한 암호화 메일링 리스트에 등장하면서 "나는 신뢰할 수 있는 제3자 없이, 개인과 개인이 완전히 직접 거래할 수 있는 새로운 시스템을 개발해 왔습니다"라는 메시지와 함께 9쪽 분량의 짧은 논문 하나를 공유했다. 그 논문은 바로 '비트코인: P2P 전자화폐 시스템 Bitcoin: A Peer-to-Peer Electronic Cash System'이라는 제목의 비트코인 백서Whitepaper였다.

그리고 그로부터 몇 달이 지난 2009년 1월 3일, 비트코인 네트워크의 역사적인 첫 번째 블록이 생성되었다. 가장 처음 성성된 이 블록을 우리는 제네시스 블록Genesis Block이라 부르고, 그 블록 안에는 2009년 1월 3일자 영국의 언론인 더 타임스의 기사 제목 중 하나였던 "Chancellor on brink of second bailout for banks"라는 메시지를 숨겨 두었다. "은행들에 대한 2차 구제금융을 앞두고 있는 재무장관"이라는 의미로 인해 어떤 사람들은 사토시가 비트코인을 통해 통제 불가능한 집중화된 중앙 권력과 실패한 금융 시스템에 대한 반감이나 대안으로서 제시했다고 추정하는 의견도 있고, 단지 제네시스 블록이 만들어진 날짜의 신문 헤드라인을 메모함으로써 시간적인 확실성을 나타내기 위함이라는 의견도 있다. 그렇게 비트코인의 역사적인 출발은 시작되었다.

비트코인의 가장 큰 특징은 중앙에서 통제하는 주체가 없다는 것이다. 제네시스 블록 생성 이후의 블록체인 네트워크는 참여자들에 의해 현재까지 잘 작동하고 있으며 전 세계 특정한 정부나 금융기관, 기업들도 비트코인 네트워크를 좌지우지할 수 없으며 어떠한 참여자도 임의로 변경하거나 위조할 수 없다. 심지어 비트코인 네트워크를 만든 사토시 나카모토도 시스템안에서는 동일한 규칙에 적용받을 뿐이다.

이러한 완전 분산된 탈중앙화 시스템 덕분에 정부나 중앙은행이 원하는대로 돈을 찍어내듯 비트코인의 공급량을 늘릴 수 없고, 그 누구도 개인이 보관하고 있는 비트코인을 함부로 뺏을 수 없다. 또한 비트코인은 투명성과 익명성이 보장되는 시스템을 가지고 있다. 모든 거래 내역이 공개되어 블록안에 저장되어 기록되지만 그 거래에 관련되어 있는 개인의 신분은 익명성을 유지할 수 있다. 거래 내역은 모두가 공유하지만 그 거래에 사용된 지갑의 주인이 누군지는 모르는 상황이다.

예를 들어 A라는 지갑에서 B라는 주소(디지털 지갑)로 1BTC를 보낸 내역은 블록체인에 기록이 되지만, 그 지갑의 주인이 마이클인지 스미스인지는 드러나지 않는 것이다. 이처럼 프라이버시는 보호하면서도 거래 내역을 투명하게 공개하는 특징으로 인해, 비트코인은 본래의 탄생 의도와는 관계없이 디지털 시대의 가치 저장 수단 혹은 결제 수단(특정한 상황에서의)으로 그 가치를 점점 인정받고 있다.

● P2P(Peer-to-Peer)란?

사토시 나카모토가 작성한 비트코인 백서의 첫 문장의 시작은 다음과 같다.

"순수한 P2P(개인과 개인 간 거래) 버전의 전자화폐는 금융기관을 거치지 않고 한 쪽에서 다른 쪽으로 직접 온라인 결제를 가능하게 할 것이다."

사토시 나카모토는 비트코인의 정체성을 정의하는 첫 번째 개념으로 P2P$^{Peer\text{-}to\text{-}Peer}$를 언급하였고 그가 구상했던 새로운 금융시스템의 핵심이 바로 이 P2P 네트워크이기 때문일 것으로 추정해볼 수 있다. 그만큼 P2P라는 개념은 블록체인과 비트코인의 근간을 이루는 개념 중 하나이며 탈중앙화의 정신적인 근간이 되는 거래 방식이라고 할 수 있다.

P2P는 개인과 개인 간의 거래이며 중앙화된 기존의 금융시스템과는 대비되는 개념이다. 만약, 친구에게 1만 원을 은행 계좌로 보내야하는 상황을 가정해보자. 가장 먼저 스마트폰에서 은행앱을 열어서 여러 정보를 입력하고 친구의 계좌에 송금을 실행한다. 이체 버튼을 누르게 되면 은행으로 이 데이터가 전송된다. 은행 중앙 서버를 통해 내 계좌에 보관되어 있는 1만 원이 친구의 계좌로 전달된다. 이 과정은 은행에서 중앙화되어있는 시스템을 통해서 이루어지며 해당 거래의 기록 역시 은행이 관리하고 있는 장부에 기록된다.

그 기록의 결과를 숫자 형태로 계좌 잔액으로 확인할 수 있다. 우리는 은행의 이러한 기능에 대해 크게 의심하지 않으며 은행은 서버의 보안유지 책임과 보관되어 있는 사람들의 돈을 은행이 임의로 변경하지 않을 것이라는 신뢰를 기반으로 은행 거래 과정을 중앙화하여 통제하게된다. 이러한 신뢰는 대부분의 경우에 지켜지며 중앙화된 시스템에 대한 사람들의 믿음은 대부분의 경우에 잘 유지가 된다. 그렇지만 정치적인 이유나 천재지변, 예상치 못한 재해 등으로 은행이 계좌를 동결(내 계좌에 보관된 돈의 자유로운 이동이 불가능한 상황)하게 되면 금융시스템은 순식간에 마비될 것이며 중앙화된 시스템은 이 부분에 있어서는 치명적인 한계를 내포하고 있다고 할 수 있다.

사토시 나카모토의 아이디어는 은행과 고객들 간에 신뢰를 형성할 필요 없이 P2P 네트워크에 참여하는 모든 사람들이 장부의 사본을 하나씩 나누어 가지고 관리하게 되면 거래의 과정은 중앙화되어있는 시스템과는 많이 달라지게 된다. 나의 크립토 지갑Crypto Wallet에서 친구에게 0.1비트코인(BTC)을 보낸다고 가정해 보면 우선 나의 거래 내용을 네트워크상에 입력하게된다. 그러면 모든 장부 작성자들은 이 거래 데이터를 블록에 기록하게 되며 네트워크 전체로 이 사실이 전파된다. 네트워크의 참여자들은 각자 가진 장부를 통해 0.1BTC가 진짜로 친구에게로 전송되어 있는지 검증하게 되고, 이 검증이 완료되면 해당 거래는 블록에 추가되어 모든 장부 작성자들의 장부에 추가된다.

은행과 같은 중앙화된 주체가 없이도 네트워크에 참여한 불특정 다수의 참여자들이 서로를 검증함으로 인해서 신뢰가 자연스럽게 형성되는 과정이라고도 볼 수 있다. 이러한 P2P 방식은 탈중앙성, 투명성, 검열저항성(중앙 관리자가 없기 때문에 특정 권력이 마음대로 거래 내역을 조작하거나 방해할 수 없다) 등의 강력한 특징들을 확보하게 되어 사토시가 추구했던 새로운 돈의 철학을 실현해낼 수 있었다.

● **채굴(Mining), 반감기(Halving)**

새로운 비트코인이 생겨나고, 거래 기록을 검증하여 비트코인 네트워크에 신뢰를 확보하는 메커니즘이 바로 채굴^{Mining}이다. 그리고 중앙화된 기관이 따로 존재하지 않기 때문에 거래를 검증해주는 역할은 전 세계에 흩어져있는 네트워크의 참여자들이 맡게 된다. 우리는 이러한 참여자들을 채굴자라고 한다.

비트코인 채굴자들은 채굴에 특화된 빠르고 강력한 컴퓨터를 이용하여 수학적으로 어려운 문제를 푸는 방식을 통해 비트코인 네트워크의 거래를 검증하고, 그것에 대한 반대급부로 비트코인을 보상으로 받는 것이 비트코인 시스템의 작동 원리다. 컴퓨팅 파워를 이용해 수학적인 연산을 풀어, 새로운 블록을 형성하는 것을 의미하는 채굴은 단어의 뜻처럼 실제 존재하지 않는 비트코인을 생성시키는 과정을 채굴에 비유한 것이다. 채굴에 대한 보상은 대략 10분마다 하나씩 생성되는 하나의 블록을 가장 먼저 완성한 채굴자에게 주어진다.

정리하면,

비트코인 거래 → 10분간 모인 거래 기록을 하나의 블록체인 장부에 기록 → 이 블록을 생성하는 것을 '채굴'이라고 함 → 가장 먼저 블록을 생성한 사람이 해당 블록을 생성한 보상을 수령

이라고 요약할 수 있다.

가장 먼저 문제를 푼 사람(집단, 회사)이 보상을 가져가는 형태다. 하지만 현실적으로는 대부분의 채굴자들은 채굴 풀Mining Pool이라는 채굴자들의 연합 또는 공동체에 참여하여 보상을 서로의 기여도에 따라 나누는 방식을 많이 취하고 있다. 구성원들이 각각 연산에 기여한 정도를 '해시 파워Hash Power'라고 하는데 보통은 이 연산 기여도에 비례하여 비트코인을 분배하게 된다. 비트코인 블록을 생성하기 위한 문제의 난이도가 추세적으로 높아지고 있다.

2009년 1월 3일 제네시스 블록의 난이도가 1이라고 한다면 2024년에는 117조배 이상 수준까지 증가하였으며 과거 개인용 PC에서 가능했던 채굴은 현재 ASIC(전용 채굴 장비)라는 채굴 전용 컴퓨터를 그룹화하여야 가능하다. 개인이나 소수의 집단이 단독으로 채굴에 성공할 가능성은 아주 낮기 때문에 많은 채굴자들이 힘을 모아 채굴 풀Mining pool을 형성하는 방식이 보다 현실적인 방법이라 할 수 있다.

비트코인 보상의 정도를 이해하기 위해서는 반감기Halving의 개념을 이해해야 한다. 여러 가지 논쟁이 있었지만, 최근에는 비트코인을 '디지털 금'에 많이 비유한다. 총발행량은 2,100만 개로 한정되어 있는 특징을 가지고 있다. 발행량을 늘릴 수 없고, 시간이 지날수록 새롭게 공급되는 비트코인의 속도를 줄이기 위해

일정 주기마다 채굴에 대한 보상을 절반으로 줄이도록 최초에 설계되었다.

비트코인 채굴 보상이 절반으로 줄어드는 이 개념을 반감기라고 한다. 약 4년에 한 번씩 이 반감기가 찾아오게 되는데, 2009년 최초로 비트코인이 등장했을 당시에는 블록 채굴에 대한 보상이 블록당 50BTC였다. 이후 2012년, 2016년, 2020년, 2024년, 네 번의 반감기를 거치며 현재는 블록당 채굴 보상이 3.125BTC로 줄어들게 되었다.

이러한 스마트한 보상 방식은 비트코인의 희소성을 더욱 높이는 요인으로 작용하고 있으며 비트코인을 얻기 위한 난이도가 높아지고, 비트코인의 안정적인 가격 상승을 이끄는 중요한 메커니즘이다. 과거 사례를 보면 반감기 이후 비트코인의 가격은 상승하는 경향을 보였다. 새롭게 생성되는 비트코인의 수량이 이전보다 절반으로 감소하는 수급상의 이슈로 인해 비트코인 네트워크에서는 이 반감기는 큰 이벤트로 받아들여지고 있다.

비트코인의 생성 과정은 중앙화되어 있지 않은 방식으로도 기존의 화폐시스템과는 다르게 통화의 공급량을 효과적으로 관리할 수 있는 새로운 방식으로서, 화폐에 대한 새로운 철학으로서 점차 많은 사람들에게 받아들여지고 있다. 또한 이 과정에 동의하고 참여하는 사람들이 많아짐에 따라 디지털 시대에 새로운 가치 저장 수단으로 그 위치를 점점 더 확보해나가는 과정 중이다.

사람들의 믿음이 화폐를 비롯한 가치 저장 수단에 있어서는 가장 중요한 요소라는 점에서 비트코인에 대한 사람들의 믿음은 현재까지는 강화되는 방향으로 작동한다고 충분히 볼 수 있을 것이다. 그리고 언젠가는 지금의 금[Gold]이 가진 지위를 위협하게 될지도 모른다.

 **해시레이트(Hash Rate)란?**

● **채굴 장비의 연산 능력을 나타내는 단위**
채굴 장비의 연산 능력을 나타내는 단위이며, 채굴자의 컴퓨터에서 초당 얼마나 많은 해시값을 계산해낼 수 있는지를 의미한다. 해시레이트가 높다는 것은 채굴에 참여하는 컴퓨터의 연산능력이 높다는 것을 의미하며, 해시레이트가 높을수록 채굴에 더 유리하다고 할 수 있다.
또한, 블록체인 네트워크 내에서 해시레이트는 안정성과 보안을 나타내는 척도가 된다. 해시레이트가 높을수록 네트워크의 보안이 높아지고, 외부의 해킹공격으로부터 네트워크를 더 안전하게 지킬 수 있다.

● **비트코인 거래의 시작 : 역사상 가장 비싼 피자 2판**

발생 초기의 비트코인은 개발자 커뮤니티에서 일종의 게임 머니처럼 쓰이는 '그들만의 돈'에 불과했다. 그러나 이것이 현실 세계에서 가치를 갖게 된 사건이 있었는데, '비트코인 피자데이Bitcoin Pizza Day'라 부른다.

2010년 5월 18일 플로리다에 살고 있는 라즐로 한예츠Laszlo Hanyecz가 비트코인 포럼에 "나에게 피자 2판을 배달해주면 10,000비트코인을 지불하겠다."라그글을 올렸다. 며칠 뒤인 2010년 5월 22일 런던에 거주하는 Jercos라는 닉네임을 사용하는 다른 비트코인 유저가 플로리다에 있는 파파존스 라지 사이즈 피자 2판을 주문했고, 한예츠는 그에게 10,000비트코인을 전송했다. 당시 10,000비트코인의 가치는 약 41달러 정도로 알려져 있다.

이 거래 기록은 mempool.space에서 확인할 수 있으며 57043번째 블록에 남아 있다. 이 거래는 비트코인이 디지털 공간에서 현실 공간으로 나와 실물 상품과 교환된 역사적인 사건으로 평가되고 있다. 매년 5월 22일, 전 세계 크립토 씬

Scene에서는 이 날을 기념하는 다양한 이벤트를 벌이며 상징적인 날로 기념하고 있다. 굳이 계산을 해보지 않아도 10,000비트코인을 지금의 가치로 환산하면 엄청난 금액임을 짐작할 수 있다. 비트코인의 새로운 역사는 그렇게 시작되었다.

 **비트코인 피자데이(Bitcoin Pizza Day)의 기록은 57043 블록에...**

- 거래해시 : a1075db55d416d3ca199f55b6084e2115b9345e16c5cf302fc80e9d5fbf5d48d
- 블록번호 : 57043
- 거래날짜 : 2010년 5월 22일 오후6시 16분 31초(UTC)
- 라즐로 한예츠 주소 : 1XPTgDRhN8RFnzniWCddobD9iKZatrvH4
- Jercos 주소 : 17SkEw2md5avVNyYgj6RiXuQKNwkXaxFyQ

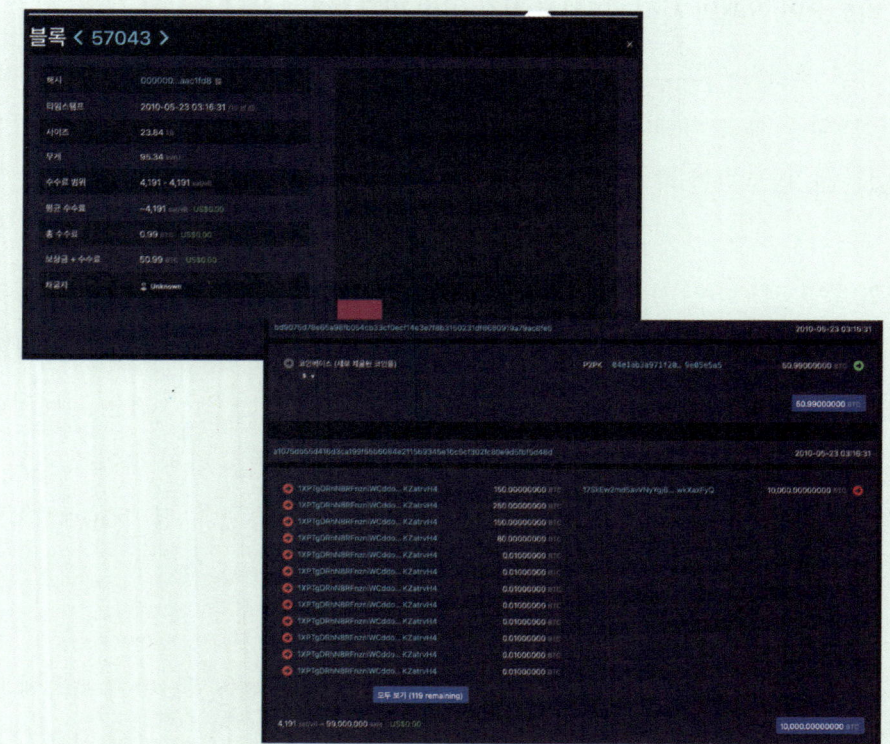

그림 1-3 · mempool.space 에 남아있는 비트코인 피자데이 거래 기록

04
블록체인과 비트코인은 어떤 관계인가요?

　비트코인과 블록체인은 혼용되어 사용되는 경우도 종종 있지만, 사실은 이 둘은 전혀 다르며 둘 간의 관계를 명확히 파악하는 것은 크립토 세상에 대한 이해의 폭을 넓힐 수 있는 중요한 과정이다. 비트코인은 블록체인이라는 기술 위에 구현된 첫 번째 암호화폐다. 블록체인은 전기와 같은 기반이 되는 기술이라고 본다면 비트코인은 전기를 이용해 만든 최초의 성공적인 전구라고 비유할 수도 있다. 전구의 발명 이후 선풍기, 냉장고, TV 등 다양한 전자제품들이 전기를 활용할 수 있게 개발되었다. 이와같이 비트코인 이후에 이더리움, 리플, 솔라나 등의 다양한 애플리케이션에 해당하는 암호화폐들이 각자의 목적을 가지고 만들어지게 되었다.

💰 블록체인 시대의 시작 '비트코인'

비트코인은 2009년 1월에 세상에 등장한 세계 최초의 암호화폐로, 블록체인 기술의 출발점을 마련한 사례다. '사토시 나카모토'라는 익명의 인물이 은행이나 금융기관 없이 사람들끼리 직접 돈을 주고받는 방법을 고안하여 논문으로 공개했고, 그 아이디어는 2009년 1월 3일 실행되었다. 그리고 이 블록체인 위의 기술은 적어도 지금까지는 꽤나 잘 작동하고 있는 것으로 보인다. 그 결과 중앙화되어 있는 관리·감독 기관이 없어도 거래 장부를 관리하고 신뢰를 확보할 수 있는 새로운 디지털 화폐 시스템이 탄생한 것이다.

비트코인 블록체인에는 모든 참여자들의 거래내역들이 블록^{Block} 단위로 차곡차곡 기록되고, 체인^{Chain}으로 연결된다. 이 기록을 네트워크 참여자들이 나누어 검증 및 보관한다. 누군가 의도를 가지고 거래 기록을 몰래 위조하거나 변경하려 해도 불가능하다. 다수 참여자의 장부와 대조되어 즉시 들통나기 때문에 거래의 정확성을 확인해 줄 중앙 기관이 필요 없으며 스스로 신뢰를 확보한 네트워크가 구축되었다. 비트코인은 블록체인 기술의 첫 애플리케이션이며, 탈중앙화된 디지털 화폐 시대를 연 혁신으로 평가받고 있으며 지금도 진화를 거듭하고 있다.

CHECK — 탈중앙화란?

● **레거시 체제 패러다임의 대전환**
탈중앙화란 중앙 집중형 통제에서 벗어나 네트워크 안의 참여자 모두가 권한을 나누어 가지는 구조를 의미한다. 블록체인과 같은 탈중앙화된 네트워크에서는 중앙 집중화된 기관을 신뢰할 필요 없이, 모든 참가자가 동일한 데이터를 공유하고 서로 기록하고 검증한다. 우리가 지금까지 경험하고 있는 기존 체제의 시스템은 은행이나 정부처럼 중앙 집중화된 기관이 거래를 관리하고 신뢰를 보증하는 형태를 가지고 있다.

탈중앙화 시스템에서는 중앙 집중화된 주체가 없어도 네트워크 참여자 다수의 합의 및 검증으로 거래의 신뢰가 확보된다. 이는 곧 신뢰와 권한의 중심이 한 곳에 모여 있던 기존 패러다임에서 벗어나 분산 네트워크 참여자들 간에 권력이 분산되는 방향으로 구조화된 것으로, 데이터 관리와 금융 거래 방식에 있어서 혁명적 전환으로 평가받을 수 있을 것이다.

비트코인과 에너지

비트코인 네트워크는 작업증명 Proof of Work, PoW이라는 합의 메커니즘을 통해 거래 기록의 정확성을 담보한다. 작업증명 방식에서는 네트워크에 참여하고 있는 채굴자들이 새로운 블록을 추가할 수 있는 기회를 사이에 두고 경쟁을 벌이고 있다. 아주 어려운 수학 문제를 가장 먼저 푸는 사람이 새로운 블록을 생성하고 그에 따라 정해진 보상을 받게 된다. 채굴 과정은 새로운 거래를 검증하고 추가하는 역할을 하며 비트코인이 가진 아주 고유한 특징이다.

이 과정에서 채굴자들 사이의 경쟁은 치열하게 벌어진다. 블록 생성을 위한 문제풀이의 난이도가 상승함에 따라 막대한 양의 계산 작업을 수행해야 하고, 그만큼 더 많은 컴퓨팅 파워가 필요하게 되고 이는 필연적으로 전체 비트코인 네트워크의 전력 소모량을 갈수록 커지게 만드는 원인이 된다. 비트코인 보상을 위한 블록 생성에 필요한 막대한 전기에너지는 비트코인 네트워크의 안전성을 유지하는 핵심적인 대가라는 측면에서의 불가피성이 존재한다.

2024년 기준으로 Digiconomist의 Bitcoin Energy Consumption Index 보고서에 의하여 추산된 비트코인 채굴에 사용된 전기의 양은 연간 170테라와트시^{TWh}가 넘는 것으로 추정하며 이는 전 세계 대부분의 국가들이 1년 동안 사용하는 전력량보다도 많은 수준으로, 한 보도에 따르면 비트코인의 연간 전력 소모량이 전 세계에서 상위 30번째 안에 들 정도라고 한다. 채굴 경쟁이 치열해질수록 전력 사용량은 늘어나고, 이렇게 막대한 전기에너지 소비 때문에 비트코인은 환경 문제와 에너지 소비라는 관점에서는 논란의 대상이 되기도 한다.

환경 단체와 여러 전문가들은 비트코인 채굴로 인한 탄소 배출과 기후 영향을 우려한다. 비트코인 채굴에 쓰이는 전기의 상당 부분이 화석연료에서 나오기 때문에 많은 이산화탄소 배출을 유발한다는 지적이며 이는 일리 있는 지적 일 수 있다. 2021년에는 세계 최대 전기차 업체인 테슬라가 비트코인 결제를 도입했다가 환경적 우려를 이유로 이를 중단하는 결정을 내렸는데, 이때 일론 머스크는 "암호화폐는 유망하지만, 환경에 큰 대가를 치르게 해서는 안 된다"라며 급증하는 화석연료의 사용을 그 이유로 지목하기도 했다. 이처럼 비트코인의 전력 소모와 탄소 배출 문제는 언론과 사회로부터 "비트코인이 지구 환경을 해친다"라는 비판을 받았고, 일부 국가들은 전력난 해소와 탄소 중립 목표를 위해 암호화폐 채굴을 규제하거나 금지하는 조치를 취하기도 했다.

한편으로는 이러한 전기에너지의 사용이 과연 꼭 낭비로만 비춰져야 하는지에 대한 반론과 논의도 존재한다. 비트코인에 우호적인 스탠스를 가지고 있는 지지자들은 작업증명 방식이 네트워크 보안을 지키는 필수 요소라고 주장한다. 막대한 수학적 계산 작업을 요구함으로써 오히려 블록 조작을 거의 불가능에 가깝도록 어렵게 만들기 때문이다. 실제로 비트코인과 같은 작업증명^{PoW} 방식의 블록체인 네트워크를 공격해 거래 장부의 내용을 조작하려면 현재의 기술로는 상상할 수 없는 양의 전력과 장비가 필요하므로 사실상 불가능에 가깝다.

또한 채굴 업계 내에서도 에너지 과사용에 대한 비판을 일정 부분 수용하면서 친환경 에너지로의 전환도 진행 중이다. 일부 연구자들은 잉여 전력이 존재할 가능성이 높은 풍력이나 태양광 발전 전력을 비트코인 채굴에 활용함으로써 오히려 재생에너지 개발을 지원할 수 있다고 주장하기도 한다. 실제로 많은 비트코인 채굴자들은 전기료를 절감하기 위해 수력발전이 풍부한 지역이나 사용 후 버려지는 여분의 에너지를 찾아 이동하고 있다. 나아가 업계 차원에서도 채굴 장비의 에너지 효율을 높이고, 재생에너지 사용 비중을 늘리는 방향으로 자체적인 개선 노력 또한 기울이고 있다.

이런 논란에서 상당히 자유로운 지분증명Proof of Stake, PoS 방식의 합의 알고리즘도 존재한다. 이더리움이 지분증명PoS 방식의 대표적인 블록체인이다. 이는 채굴 경쟁 대신 코인을 가진 지분을 바탕으로 거래 검증자를 선정하는 방법이다. 작업증명PoW보다 에너지 효율이 훨씬 높고 처리 속도도 빠르기 때문에 이더리움과 같은 많은 암호화폐들은 지분증명PoS 방식으로 전환하며 전력 소비를 극적으로 줄이고 있다. 구버Goover(AI 기술을 기반으로 다양한 주제의 심층적인 분석을 제공하는 리서치 기업)의 "이더리움, 지분증명으로 미래를 열다"의 리포트를 참고하면 실제로 이더리움은 2022년에 지분증명으로 전환한 후 에너지 소비를 99% 이상 감소시켰다고 보고되고 있다. 이를 통해 이더리움은 친환경적인 이미지를 강화할 수 있는 효과도 누리고 있다.

에너지 효율과 확장성 측면에서 지분증명PoS 방식이 주목받으며 향후 암호화폐 생태계에 큰 변화가 예상되는 상황에서 비트코인 블록체인은 아직 작업증명PoW 방식을 고수하고 있다. 앞으로도 이 방식이 변경될지는 현재로서는 아무도 알 수 없다. 다만 여러 가지 여건을 고려할 때 작업증명^{PoW} 방식이 변경될 가능성은 낮아 보인다.

작업증명(PoW) vs 지분증명(PoS)

● **작업증명(PoW)**

네트워크 참여자(채굴자)가 복잡한 수학적 연산 작업을 완료해 새로운 블록을 추가할 수 있는 권한을 얻는 방식이다. 비트코인 네트워크에서는 이에 대한 보상으로 비트코인(BTC)이 지급된다. 연산 능력이 뛰어난 참여자가 유리하기 때문에 컴퓨팅 파워가 많이 필요하게 되고, 이는 필연적으로 전기 에너지 소비를 높인다.

다만, 이러한 단점에도 불구하고 그만큼 보안성이 강화되고 탈중앙화의 특성을 높이는 효과가 있다. 또한 채굴의 경쟁이 치열해지자, 소규모 채굴자들은 경쟁에서 불리한 위치에 놓이게 되었고, 이에 따라 각자 가진 자원을 합해 마이닝풀(Pool)을 형성하게 되었다. 이를 통해 부족한 해시레이트를 확보하며 채굴의 효율을 높일 수는 있지만, 궁극적으로는 소수의 마이닝풀이 채굴을 과점할 수 있는 위험요인도 상존한다.

● **지분증명(PoS)**

참여자가 자신이 보유한 암호화폐 지분을 담보로 네트워크 검증자가 될 수 있는 방식이다. 보유한 코인의 양(지분)에 따라 블록 생성권이 주어지며, 선택된 검증자는 새로운 거래를 확인하고 보상을 받는다. 많은 연산을 필요로 하지 않아 에너지 소모가 매우 적고, 처리 속도가 빠른 것이 장점이다. 다만 더 많은 암호화폐를 가진 참여자가 블록체인 검증의 혜택도 더 많이 가져갈 확률이 높기 때문에 이는 중앙 집중화의 위험이 일부 존재한다고 할 수 있다.

두 방식은 각각 장단점이 존재하며, 이 두 가지 방식을 혼합하거나 다른 방식의 알고리즘을 활용하는 방안도 개발되고 있다. 에너지 효율성과 그에 따른 환경에 미치는 영향을 고려한다면 지분증명이 더 나은 선택이 될 수 있지만, 보안성과 기계적인 비트코인 공급의 추세를 유지하기에는 작업증명 방식이 더 적합할 수 있다.

CHAPTER
2

직접 암호화폐 거래해 보기

이론에서 실전으로, 크립토 세계의 문을 열다

1장에서 디지털 자산의 세계를 지탱하는 기본적인 개념과 철학을 살펴보았다. 블록체인의 투명성, 비트코인의 탈중앙화 정신 그리고 웹3가 그리는 미래까지, 이제 '무엇'과 '왜'에 대한 큰 그림을 어느 정도 갖추게 되었다. 하지만 아무리 멋진 이론이라도 직접 경험해보지 않으면 그저 막연한 이야기로 남기 쉽다. 진정한 이해는 이론을 넘어 실천의 영역으로 첫발을 내디딜 때 시작된다.

2장에서는 복잡하게만 보였던 암호화폐 거래의 세계로 직접 뛰어드는 구체적인 '방법'을 다루고 있다. 새로운 앱을 설치하고, 낯선 인증 절차를 거치고, 알 수 없는 용어들 사이에서 첫 주문을 넣는 과정이 처음에는 누구나 두렵고 막막하게 느껴질 수 있다.

이 장은 바로 그런 사람들을 위한 상세한 실전 가이드 역할을 한다. 국내에서 가장 많은 사용자가 이용하는 업비트 거래소를 기준으로, 계좌를 만들고 원화를 입금하여 생애 첫 비트코인을 구매하는 전 과정을 하나하나 따라 할 수 있도록 구성했다. 마치 옆에서 친구가 알려주듯, 스마트폰 화면을 캡처한 이미지와 함께 친절한 설명을 덧붙였다. 이 가이드를 끝까지 따라오면, 여러분은 더 이상 크립토 세계의 관찰자가 아닌, 직접 참여하고 경험하는 능동적인 플레이어가 되어 있을 것이다. 이제, 이론을 넘어 실전으로 들어갈 준비를 마치고 함께 첫 거래를 시작해보자.

05
계좌 개설부터
첫 거래까지

국내 암호화폐 거래를 기준으로 대략 70% 내외의 점유율을 가지고 있는 업비트UPbit를 기준으로 계좌 개설부터 거래까지 이어지는 과정을 시작해 보자. 거래는 PC, 스마트폰 등을 통해 가능하지만 스마트폰 거래가 더 익숙하고 편리하기 때문에 스마트폰 앱을 기준으로 살펴보겠다.

설치하기 전에 미리 준비해야 할 것들이 있다.

- 신분증 (주민등록증, 운전면허증, 여권 등)
- 본인 명의의 스마트폰
- 은행계좌(케이뱅크) : 미보유 시 신규 가설 필요. **참고로 업비트에서 원화 입출금 및 거래를 하려면 케이뱅크 계좌만 사용할 수 있다.**

구글 안드로이드 기반의 스마트폰에서는 구글 플레이스토어를 통해서 애플의 아이폰은 앱스토어에서 '업비트'를 검색하면 앱을 찾을 수 있다.

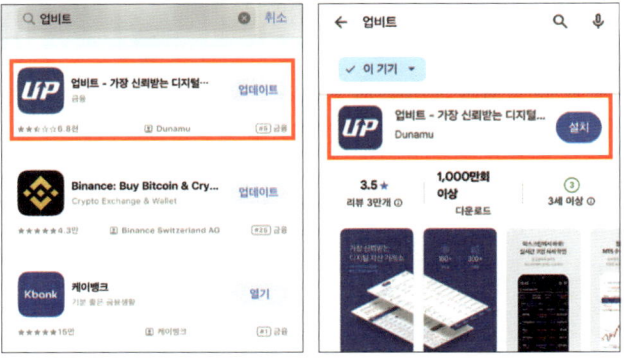

그림 2-1 · 애플스토어 혹은 구글플레이에서 업비트 앱 검색 후 설치

거래소 가입 및 계정 생성

업비트 앱을 설치한 후 앱을 실행하면 다음과 같이 시작화면이 나타난다. 〈업비트 로그인〉 혹은 〈로그인이 필요해요〉 → 〈업비트 시작〉을 누르면 가입 절차를 시작할 수 있다.

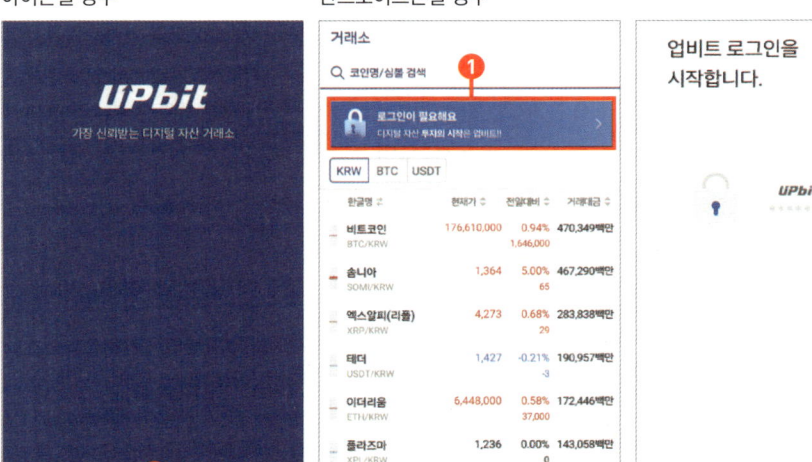

그림 2-2 · 업비트 설치 후 애플리케이션 실행화면

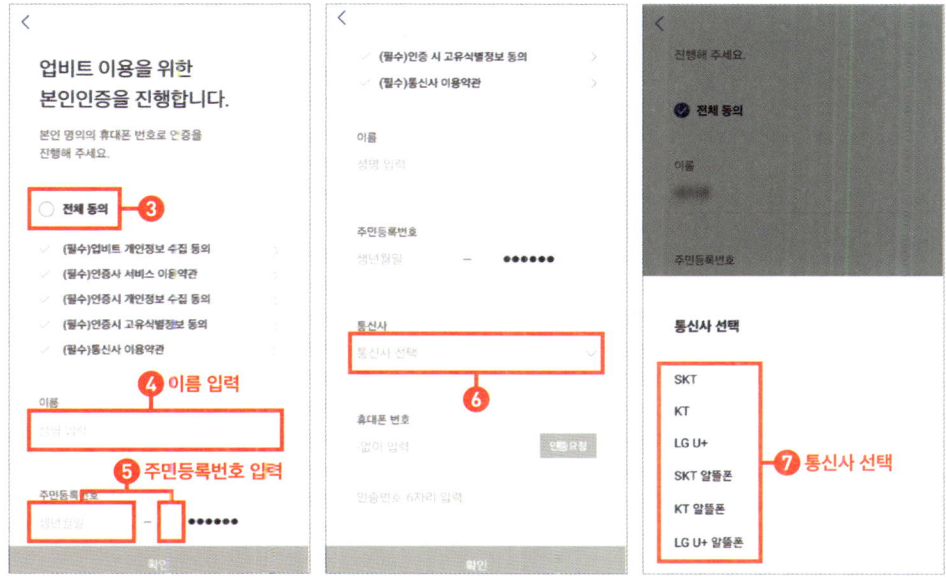

그림 2-3 · 업비트 이용을 위한 본인인증 시작화면

본인 인증 단계가 시작되면 개인 정보 수집 등에 관한 약관에 동의를 하고 이름, 주민등록번호, 휴대폰 번호로 인증 확인 절차를 거쳐야 한다. 휴대전화 인증이 끝나고 나면 은행인증 절차를 진행해야 한다. **현재 업비트는 입출금 계좌로 케이뱅크를 이용해야 한다. 그렇지만 인증 절차에 쓰이는 계좌는 꼭 케이뱅크 계좌가 아니어도 되는 점은 참고하기를 바란다.**

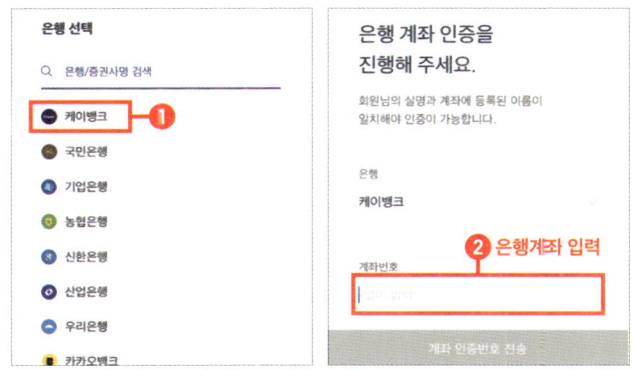

그림 2-4 · 은행 계좌 인증 화면(은행선택 → 계좌번호 입력)

CHAPTER 2. 직접 암호화폐 거래해 보기

인증에 이용할 은행 계좌를 선택하고 계좌번호를 입력한 후 계좌 인증 번호 전송 버튼을 누른다.

계좌 인증에 사용한 은행 계좌에 접속하면 앞에 숫자 3자리와 업비트라고 하는 보내는 사람으로 1원이 계좌로 전송된다. 그 앞 3자리 숫자를 업비트 가입 진행 중 화면에 입력하고 〈1원 인증하기〉 버튼을 누른다.

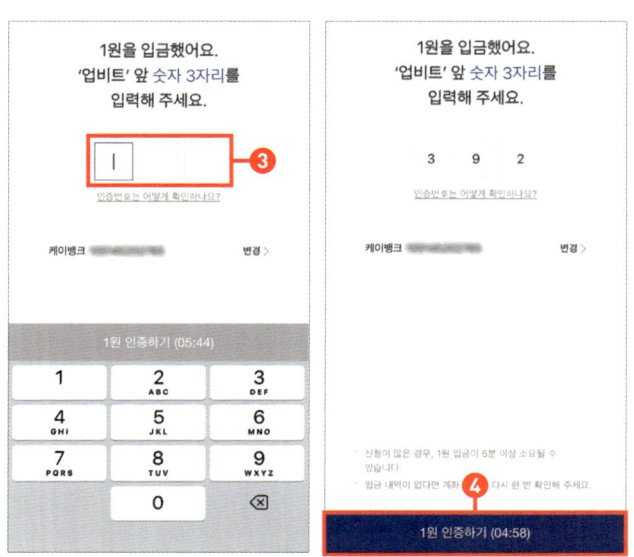

그림 2-5 · 은행 계좌 인증 화면(인증 은행 계좌확인 → 숫자3자리 입력)

다음 단계로 넘어가면 계좌 로그인이나 거래 시 사용할 PIN 비밀번호 설정과 원하는 경우 Face ID 설정을 할 수 있는 화면이 나타난다. 이 단계를 완료하면 업비트에서 사용할 닉네임(별칭)을 설정하는 단계가 나타나며 본인이 사용할 닉네임을 입력하고, 업비트 이용약관, 개인정보 수집 및 이용, 만 19세 이상 인증 등 동의 절차를 완료한 뒤 〈확인〉 버튼을 누른다.

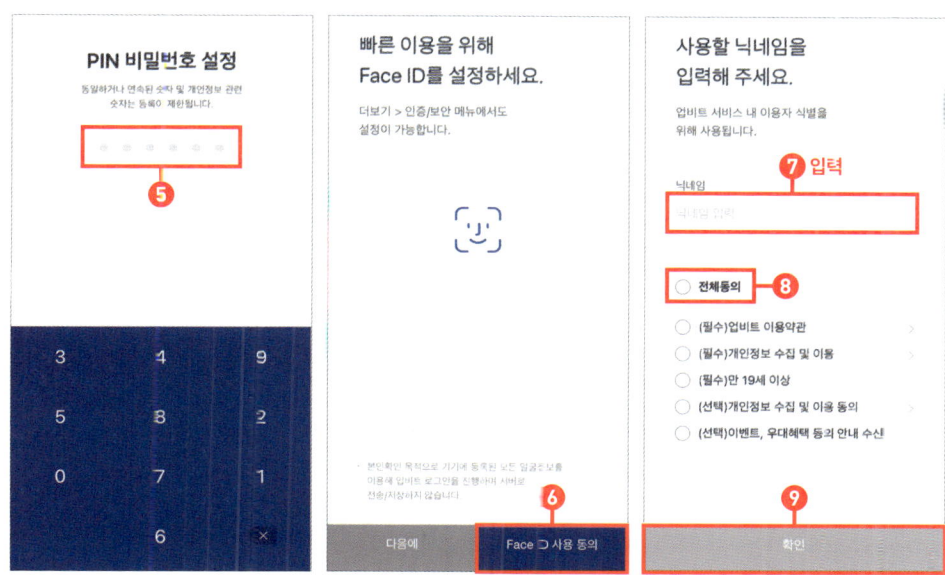

그림 2-6 · 보안설정(PIN 비밀번호 / Face ID 설정 / 닉네임 설정)

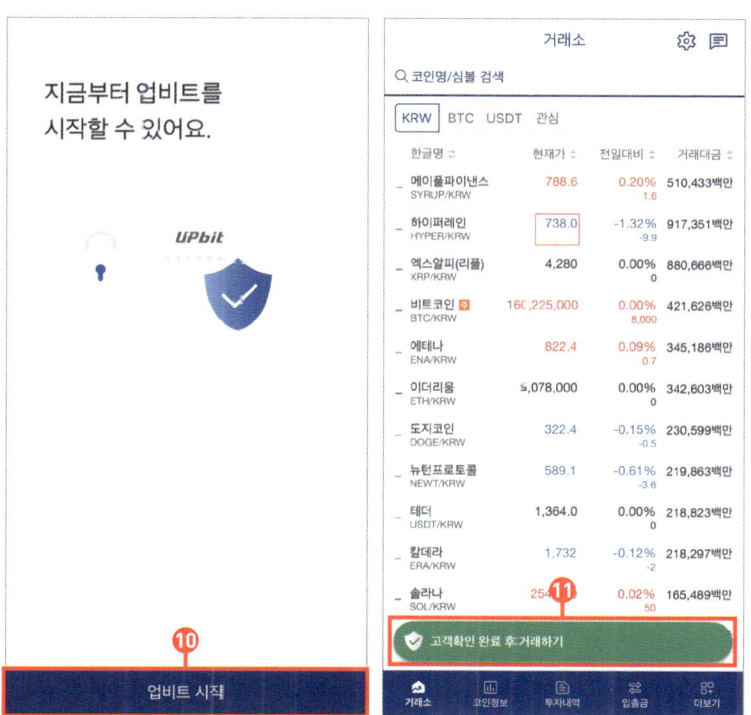

그림 2-7 · 업비트 시작화면과 암호화폐 시세

CHAPTER 2. 직접 암호화폐 거래해 보기

이렇게 가입 절차를 마치면 업비트를 시작할 수 있는 화면이 나타나고, 이 화면 하단을 누르면 다양한 암호화폐의 가격 변동을 확인할 수 있는 암호화폐 시세 화면으로 이동한다. 이제 드디어 거래를 할 수 있다고 생각할 수 있는데, 지금까지는 업비트의 가입 절차만 진행한 것이며, 실제 거래를 위해서는 아직 추가 절차가 남아 있다. 조금 더 인내심을 가지고 다음 단계를 진행해보자.

암호화폐 시세 하단에는 〈고객확인 완료 후 거래하기〉 버튼이 초록색 박스로 표시되어 있다. 이 버튼을 누르면 다음 단계로 진행할 수 있다(그림 2-7 참고).

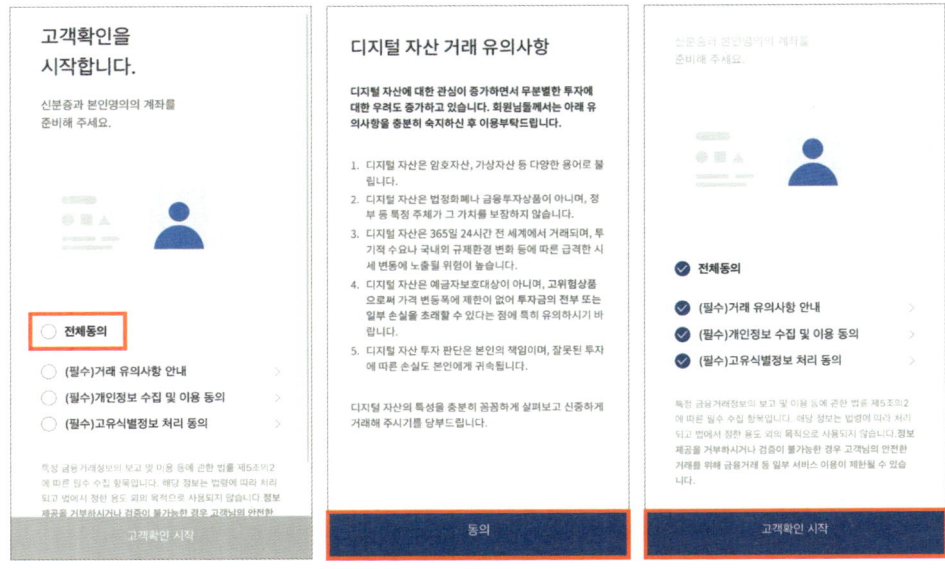

그림 2-8 · 고객확인 절차 및 디지털 자산 거래 유의사항 확인

고객확인 시작 화면이 나타나며, 이 절차를 진행하려면 먼저 신분증을 준비해야 한다. 또한 계좌 인증 절차도 한 번 더 진행해야 한다.

거래 유의사항 안내, 개인정보 수집 및 이용 동의, 고유식별정보 처리 동의에 모두 전체 동의하면 '디지털 자산 거래 유의사항' 화면으로 넘어간다. 이는 디지털 자산의 특성을 설명하고 거래 시 주의를 당부하는 안내 문구다. 〈동의〉를 누르면 〈고객확인 시작〉 버튼이 활성화되며, 고객확인 절차를 본격적으로 시작할 수 있다.

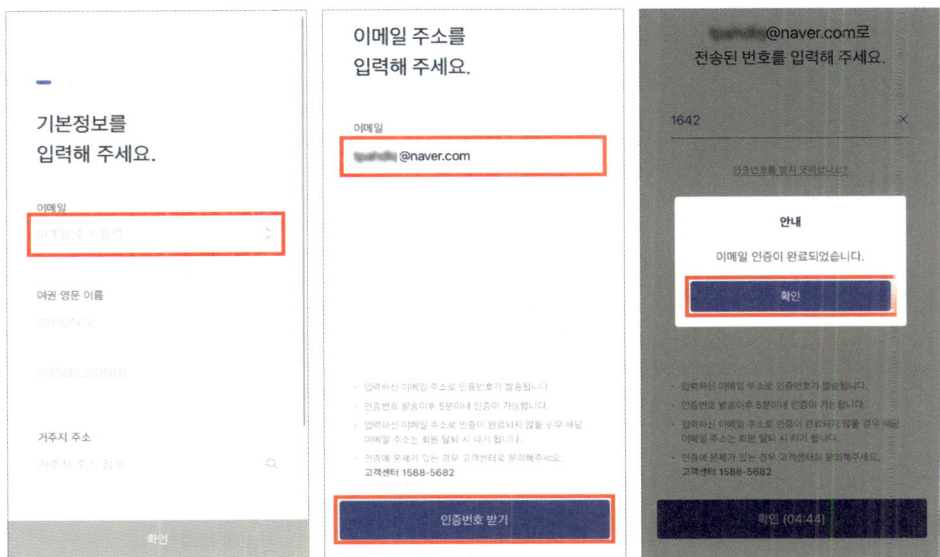

그림 2-9 · 기본정보 입력, 이메일 인증 절차

이메일 입력을 시작으로 기본인증 단계가 진행된다. 이메일 주소를 입력하고 인증번호 받기를 누르면 입력한 이메일 주소로 인증번호가 전송된다.

해당 이메일 계정을 열어서 업비트에서 온 메일을 확인하면 4자리 숫자의 인증번호가 전송되어 있다. 이 번호를 확인하여 입력화면에 입력하고 〈확인〉을 누르면 이메일 인증이 완료되었다는 안내 팝업이 표시된다. 〈확인〉 버튼을 누르면 이메일 인증이 완료된다.

기본정보 입력 화면으로 돌아와 여권 영문 이름과 거주지 주소를 입력하고 〈확인〉 버튼을 누른다.

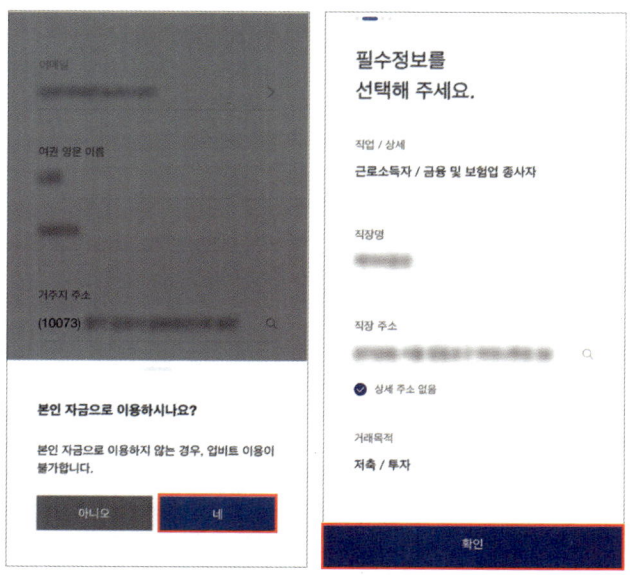

그림 2-10 · 자금출처 확인 및 필수정보 입력

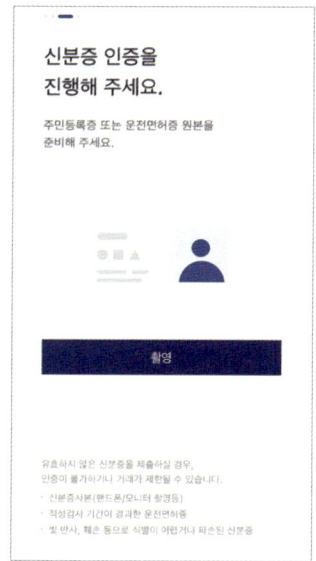

화면 하단에 본인 자금으로 이용하는 것인지 여부를 묻는 창이 뜨고, 〈네〉 버튼을 누르면 필수 정보 입력 화면이 나타난다. 여기에 직업/상세, 직업명, 직장주소, 거래목적을 기입한 후 〈확인〉 버튼을 누른다. 다음 단계로 신분증 확인절차가 진행된다.

그림 2-11 · 신분증 인증 절차 진행

신분증 인증 절차를 위해 미리 준비해 둔 주민등록증이나 운전면허증을 촬영 버튼을 누른 뒤 신분증을 화면 안에 맞게 배치하면 자동으로 촬영되면서 신분증 인증 절차가 시작된다. 은행 인증 절차를 한 번 더 거치면 고객 확인 정보 입력이 최종 완료된다.

여기까지 절차를 마무리하면 고객 확인 정보 입력이 완료되었다는 화면이 뜨고, 화면 하단에 〈업비트 시작〉을 누른다.

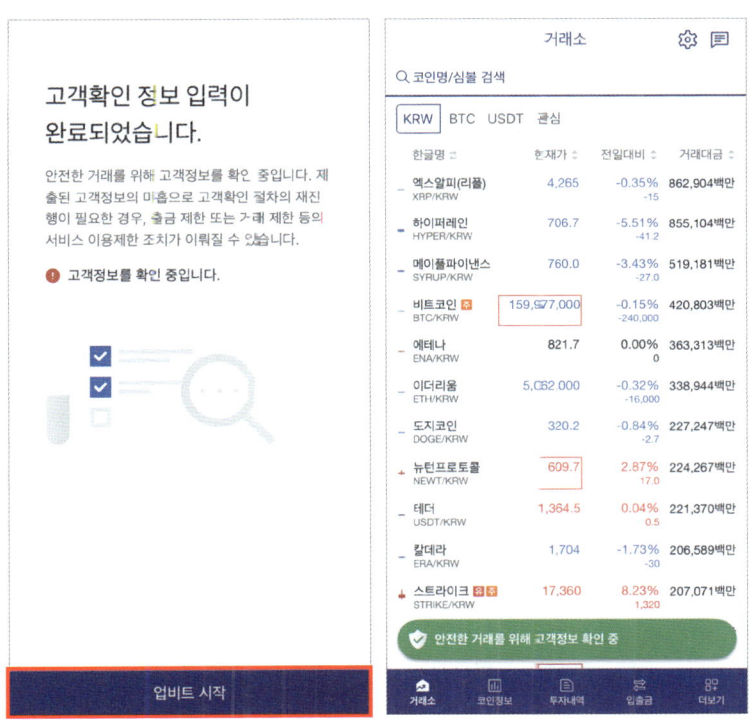

그림 2-12 · 고객 확인 정보 입력 완료 후 고객정보 확인 중

다시 암호화폐 시세 화면으로 넘어오고 화면 하단에 초록색 박스 안에 '안전한 거래를 위한 고객정보 확인 중'이라는 메시지가 표시된다. 업비트가 지금까지 입력한 정보를 검증하는 데 몇 분이 소요된다. SNS로 고객 확인 결과 안내에 대한 회신이 올 때까지 기다려야 한다.

이제 거래를 할 수 있는 상태가 되었으며, 업비
트 앱으로 돌아오면 암호화폐 시세 화면 하단에 있
던 초록색 박스가 사라진 것을 확인할 수 있다.

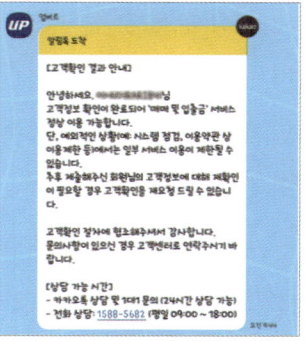

그림 2-13 · 고객 확인 결과 안내 화면

거래소 계좌에 입금하기

업비트 거래소에서 암호화폐 거래를 할 수 있는 준비가 완료되었다. 주요 암호
화폐의 거래 방법 및 절차에 대해서 알아보자.

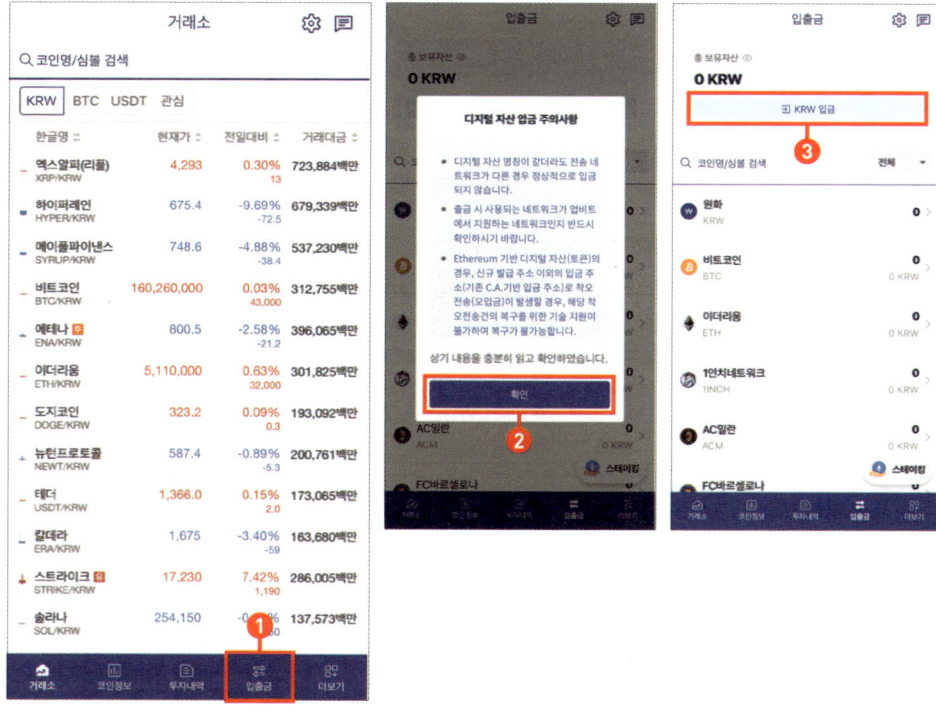

그림 2-14 · 입출금을 위한 등록 절차 시작 화면

업비트 메인 화면 하단에 보면 거래소, 코인정보, 투자내역, 입출금, 더보기 메뉴가 있다. 거래를 하기 위해서는 계좌에 매수할 수 있는 자금이 있어야 한다. 이를 위해서 원화 입금 절차를 먼저 진행해야 한다. 〈입출금〉 버튼을 누르면 디지털 자산 입금 주의사항이 표시되며, 〈확인〉을 누르면 KRW(원화) 입금 화면으로 이동한다.

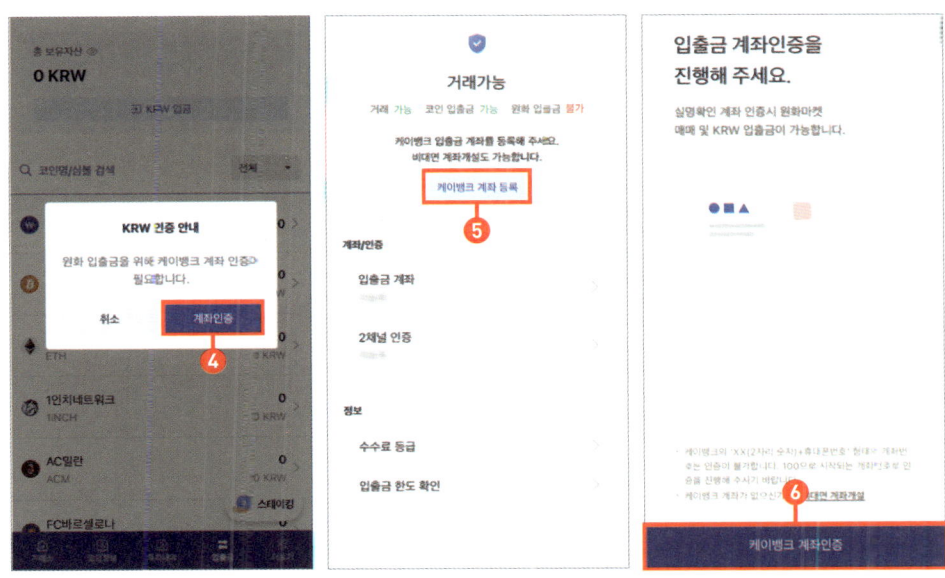

그림 2-15 · KRW(원화) 입출금 계좌 인증 화면

〈KRW(원화) 입금〉 버튼을 누르면 원화 입출금을 위해 케이뱅크 계좌 인증이 필요하다는 메시지가 안내창으로 표시된다. 케이뱅크 계좌 인증 전이라 원화 입출금은 불가한 상태임이 확인된다. 〈케이뱅크 계좌 등록〉을 누르면 '입출금 계좌 인증을 진행해주세요' 페이지로 넘어가고, 화면 하단에 〈케이뱅크 계좌 인증〉 버튼을 누른다.

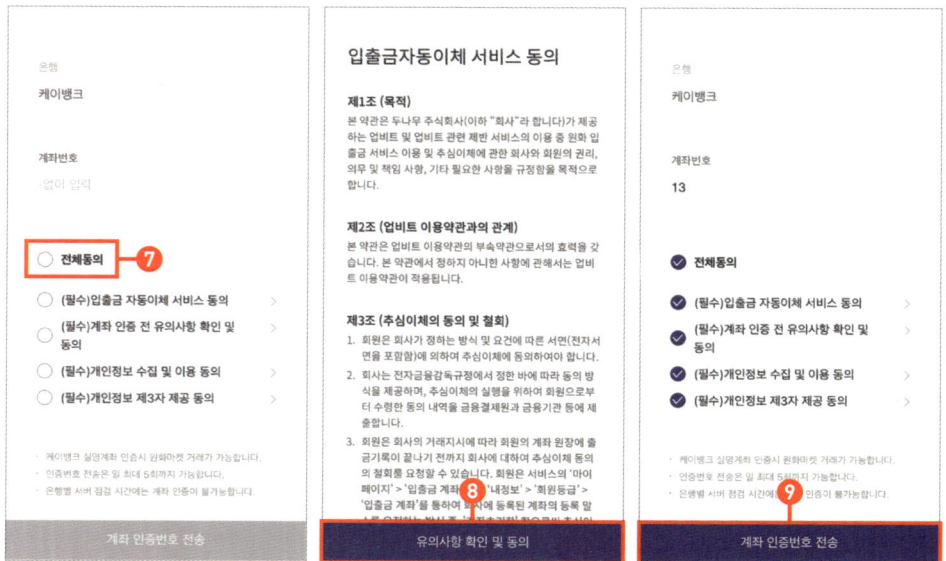

그림 2-16 · 케이뱅크 계좌인증을 위한 동의절차 진행 화면

　케이뱅크 계좌번호를 입력하고 입출금 자동이체 서비스 동의 등에 대한 〈전체 동의〉를 누르면 '입출금 자동이체 서비스 동의' 창이 활성화된다. 하단의 〈유의사항 확인 및 동의〉를 누르면 처음 화면으로 돌아가고, 하단의 〈계좌 인증번호 전송〉 버튼이 활성화된다. 이 버튼을 누르면 잠시 뒤에 케이뱅크 계좌에 접속한다.

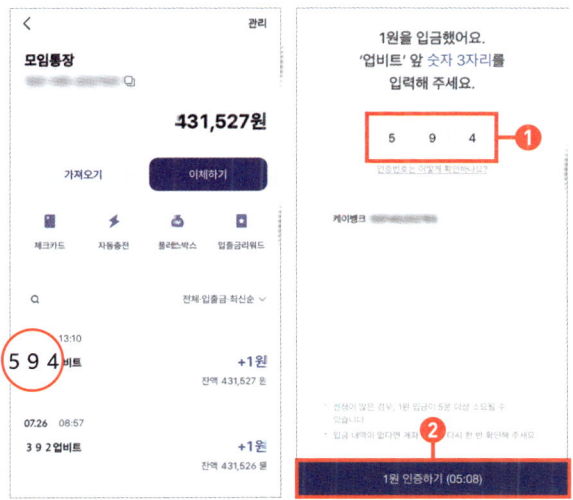

그림 2-17 · 케이뱅크 계좌 인증번호 확인 및 업비트 인증화면 입력하기

케이뱅크 계좌에 접속하면 숫자 3자리와 업비트가 조합된 입금자명으로 1원 입금 내역을 확인할 수 있다. 입금자 업비트 앞의 3자리 숫자를 업비트 앱의 인증화면으로 돌아와 입력한 후 〈1원 인증하기〉를 누른다. 마지막으로 ARS 인증 단계가 진행된다.

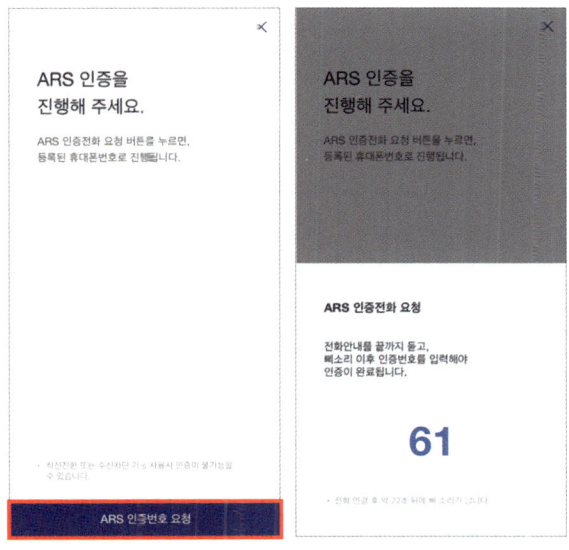

그림 2-18 · 케이뱅크 계좌 입출금 등록을 위한 ARS 인증

〈ARS 인증번호 요청〉을 누르면 두 자리 숫자의 인증번호가 화면에 표시되고, 잠시 후 인증을 위한 전화가 걸려온다. 전화를 받으면 방금 전 화면에 표시된 두 자리 숫자를 입력하라는 음성 안내가 재생된다. 안내에 따라 숫자를 입력하면 ARS 인증이 완료된다.

ARS 인증까지 완료되면 입출금 계좌인증이 완료되었다는 안내와 함께 인증 완료되었음을 확인할 수 있다. 〈뒤로 가기〉를 눌러 회원정보 화면으로 이동하면 이전에 보던 화면과 달리, 원화 입출금이 가능한 상태로 바뀌어 있음을 확인할 수 있다.

'2채널 인증을 통해 계정을 안전하게 보호하세요.'라는 문구 하단에 〈인증 활성화하기〉 버튼이 있다. 입출금을 위한 추가 인증 수단을 등록해야하기 때문에 버튼을 누른다.

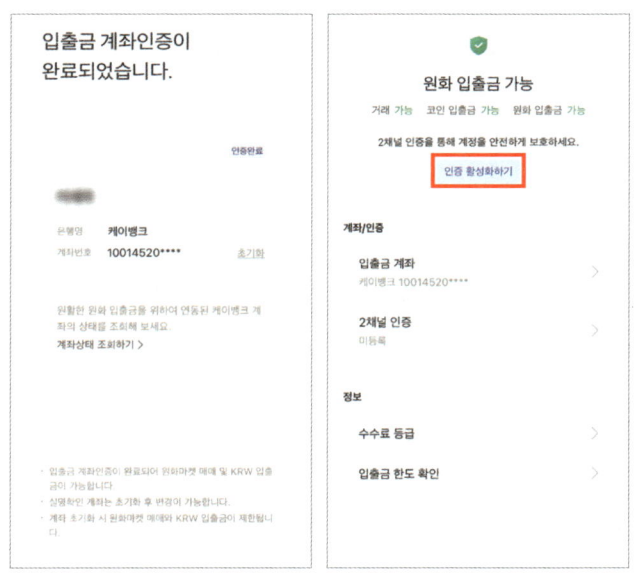

그림 2-19 · 입출금 계좌인증 완료 화면 및 원화 입출금 가능 상태 확인

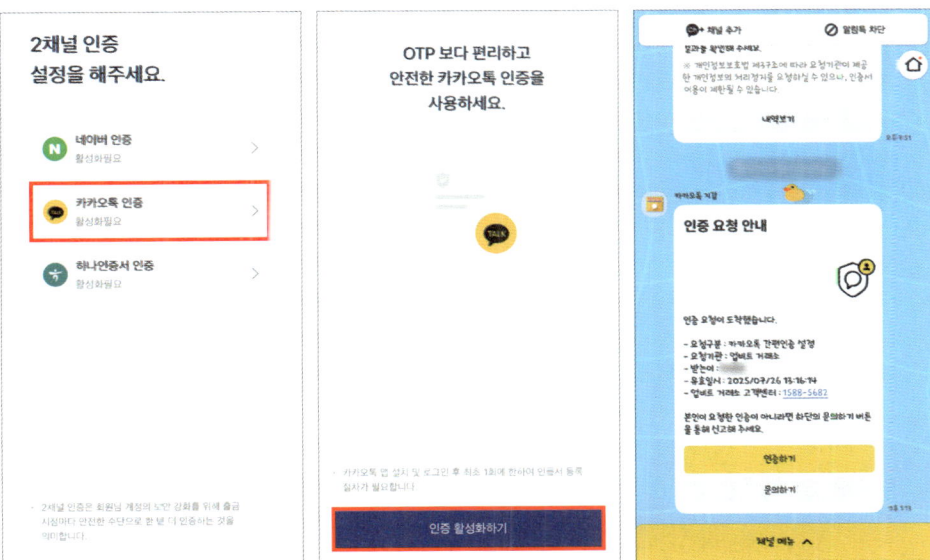

그림 2-20 · 2채널 인증 설정(카카오톡 인증 기준)

    2채널 인증을 하기 위해서는 네이버 인증, 카카오톡 인증, 하나인증서를 이용하는 방법이 있다. 여기서는 카카오톡 인증을 선택해 남은 과정을 이어가자. 〈카카오톡 인증〉을 누르면 인증 활성화하기가 가능한 페이지가 열린다. 하단의 〈인증 활성화하기〉 버튼을 누르면 잠시 후 인증 요청 안내 카카오톡 메시지가 발송된다.

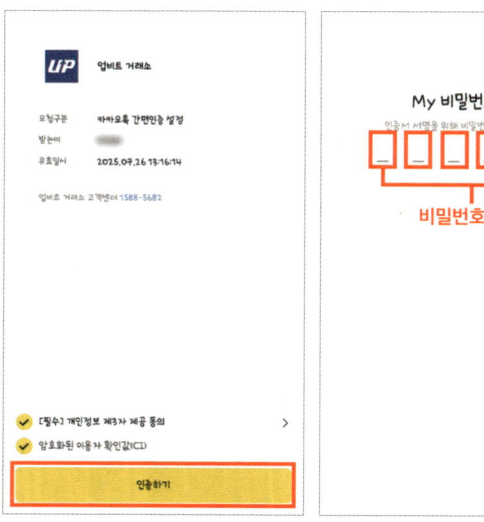

그림 2-20 · 2채널 인증하기와 My 비밀번호 입력 및 인증완료 화면

카카오 인증서로 인증 가능한 화면의 하단에 〈인증하기〉 버튼을 누르면 'My 비밀번호 입력' 화면이 열리고 6자리 숫자의 2채널 인증용 카카오톡 비밀번호를 설정할 수 있다. 비밀번호를 입력하면 인증이 완료된다.

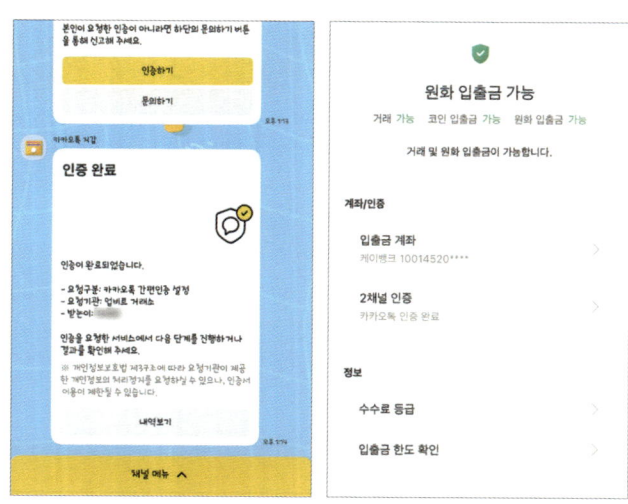

그림 2-22 · 2채널 인증완료 확인 메시지 및 업비트 화면

인증 완료 알림 카카오톡 메시지가 받으면 정상적으로 절차가 완료된 것이며, 업비트 화면에서도 2채널 인증 카카오톡 인증 완료 상태를 확인할 수 있다.

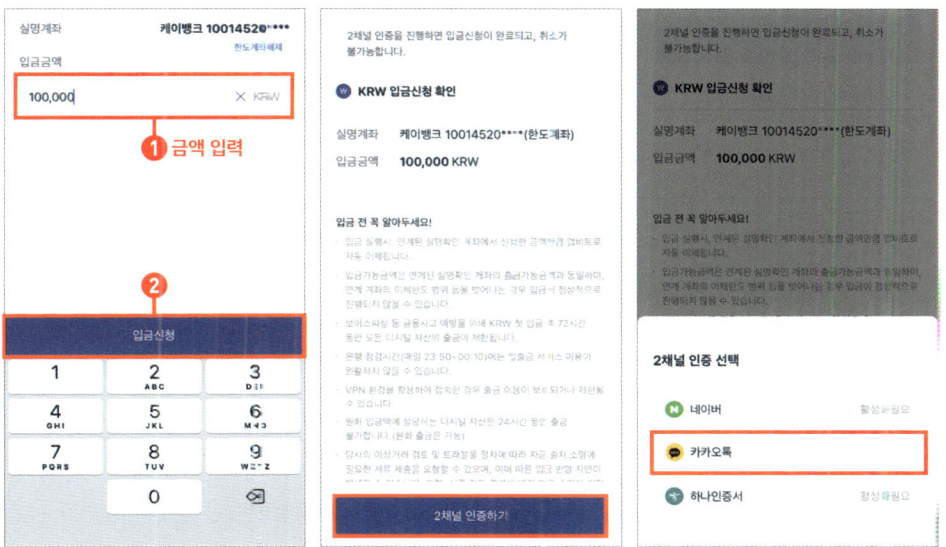

그림 2-23 · 업비트 거래소 입금하기 화면과 인증절차 개시

업비트 첫 화면(그림 2-14 참고) 하단의 〈입출금〉 메뉴로 들어가 〈KRW 입금하기〉 메뉴를 다시 누르면 실명 계좌에 방금 등록한 케이뱅크 계좌가 연결된 것을 확인할 수 있다. 원하는 입금 금액을 입력하고 〈입금신청〉 버튼을 누르면 2채널 인증하기 화면으로 전환된다. 〈2채널 인증하기〉 버튼을 누르면 아까 등록해 둔 인증수단인 카카오톡 인증을 선택할 수 있는 창이 하단에 표시된다. 여기에서 〈카카오톡〉을 눌러 다음 단계로 넘어갈 수 있다.

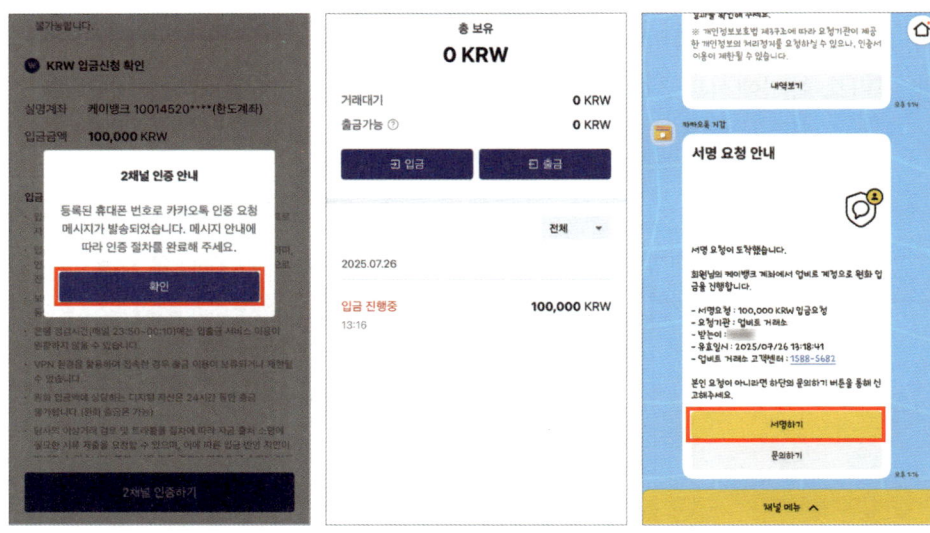

그림 2-24 · 업비트 입금을 위한 2채널 인증 안내 및 카카오톡 서명하기

2채널 인증 안내 팝업창이 뜨면 〈확인〉을 누르고 입금 진행중이라는 상태 메시지와 함께 카카오톡으로 2단계 인증을 위한 서명 요청 안내 메시지가 발송된다. 카카오톡 메시지에서 〈서명하기〉 버튼을 눌러 인증 절차를 계속한다.

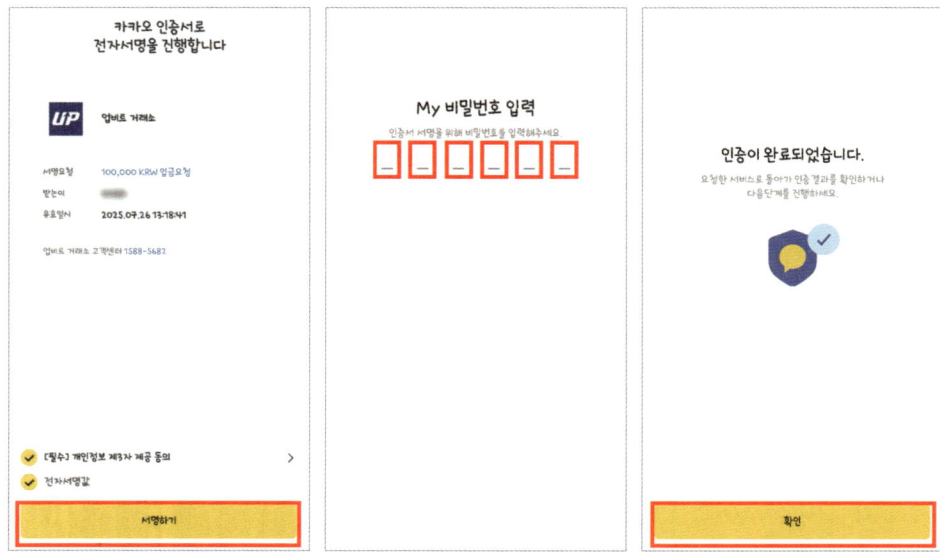

그림 2-25 · 카카오톡 2단계 인증을 위한 전자서명 및 6자리 비밀번호 입력하기

카카오 인증서로 전자서명을 진행하고, 등록해 둔 카카오톡 인증서 비밀번호 입력화면에 이전 과정에서 설정해 둔 비밀번호를 입력하면 인증 완료 페이지로 넘어가며, 화면 하단의 〈확인〉 버튼을 누른다.

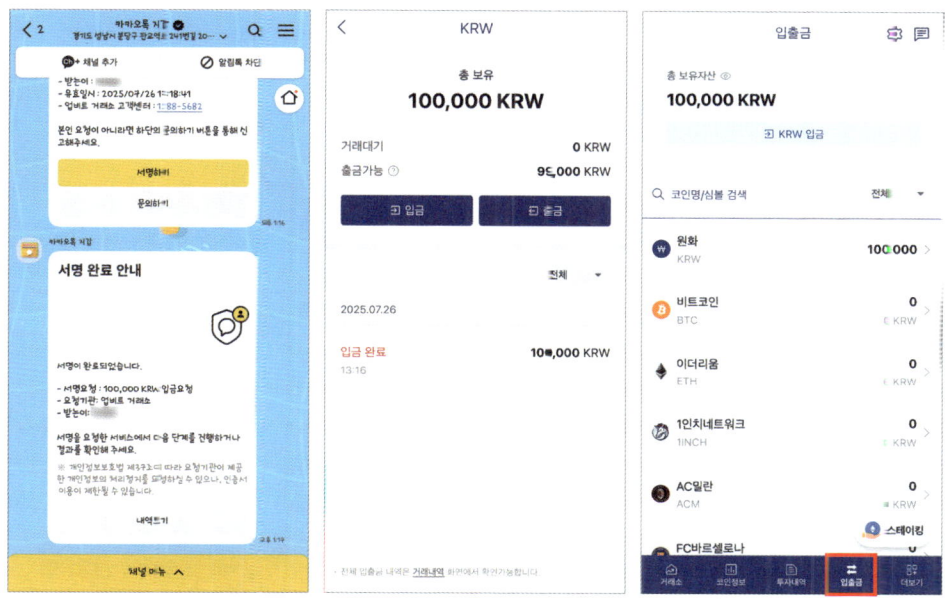

그림 2-25 · 카카오톡 2단계 인증을 위한 전자서명 및 6자리 비밀번호 입력하기

카카오톡 메시지로 서명 완료 안내가 오면 정상적으로 처리된 것이다. 입금 과정이 완료되었으며, 업비트 화면에서 '입금 완료' 내역을 확인할 수 있다. 이제 '입출금' 화면으로 들어가면 계좌 잔액을 확인할 수 있다.

비트코인(BTC) 거래해 보기

● **비트코인(BTC) 매수하기**

메인 화면에서 매수하려는 암호화폐를 클릭한다. 〈비트코인〉을 선택하면 매매 화면으로 전환된다. 주문화면 상단에서 매수창인지를 확인한 후, 매수하기를 희망하는 가격을 입력하거나 화면 왼쪽에 매수하고 싶은 호가 중 하나를 선택한다. 그 다음 매수할 수량을 입력하기 위해 〈수량〉 항목을 누른다. 하단 화면에 수량 입력 창이 나타난다. 거기에 원하는 비트코인 수량을 입력한 후 〈확인〉 버튼을 누른다.

이제 매매를 희망하는 가격과 수량이 모두 입력된 상태다. 마지막으로 〈매수〉 버튼을 눌러 주문을 실행한다.

그림 2-27 · 업비트 메인화면과 매수 주문화면, 거래내역 확인 화면

매수 주문 확인과 매수 주문 접수 두 단계를 거쳐 확인하면, 매수가 실행된다. 그리고 설정한 가격과 수량이 충족되면 마수 거래가 체결된다. 체결된 매수 내역은 매수 주문창 우측의 〈거래내역〉 탭에서 확인할 수 있으며, 〈체결〉 탭을 눌러 실제 거래 내역을 확인할 수 있다.

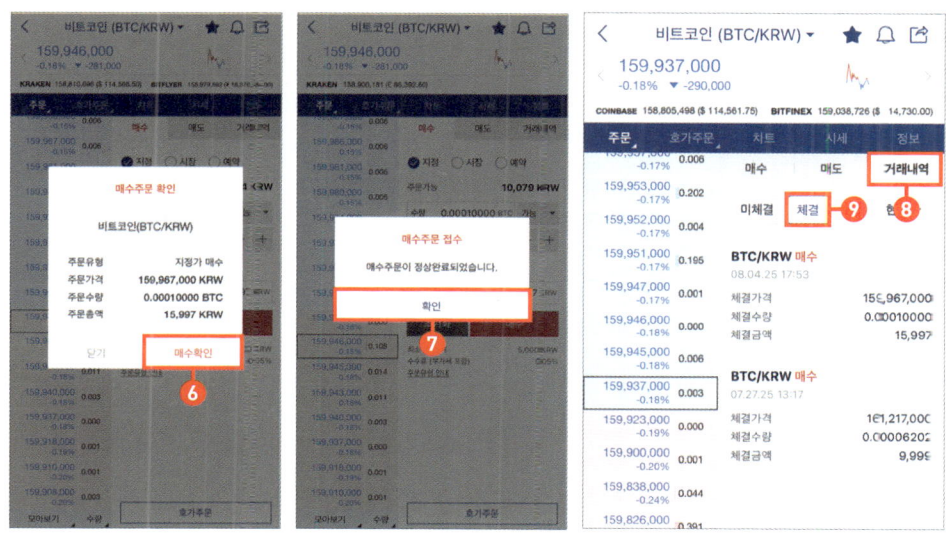

그림 2-28 · 비트코인 매수 및 체결내역 확인

● **비트코인(BTC) 매도하기**

매수할 때와 마찬가지로 비트코인(BTC)을 매도하기 위해 메인 화면에서 〈비트코인〉을 선택한다(그림 2-27 첫 번째 화면 참고). 주문 화면에서 〈매도〉 탭을 누르고 매도할 수량과 가격을 매수할 때와 동일하게 입력한 후 〈확인〉 버튼을 누른다.

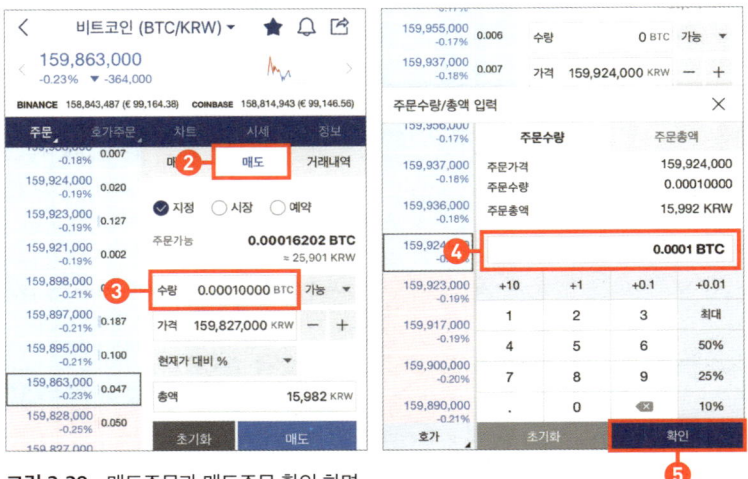

그림 2-29 · 매도주문과 매도주문 확인 화면

　　매도 주문 확인과 매도 주문 접수 두 단계를 거쳐 확인하면, 매도 주문이 실행된다. 입력한 가격과 수량이 충족되면 매도 거래가 체결된다. 체결된 매도 내역은 〈거래내역〉 탭에서 확인할 수 있으며, 〈체결〉 탭을 눌러 실제 거래 내역을 확인할 수 있다.

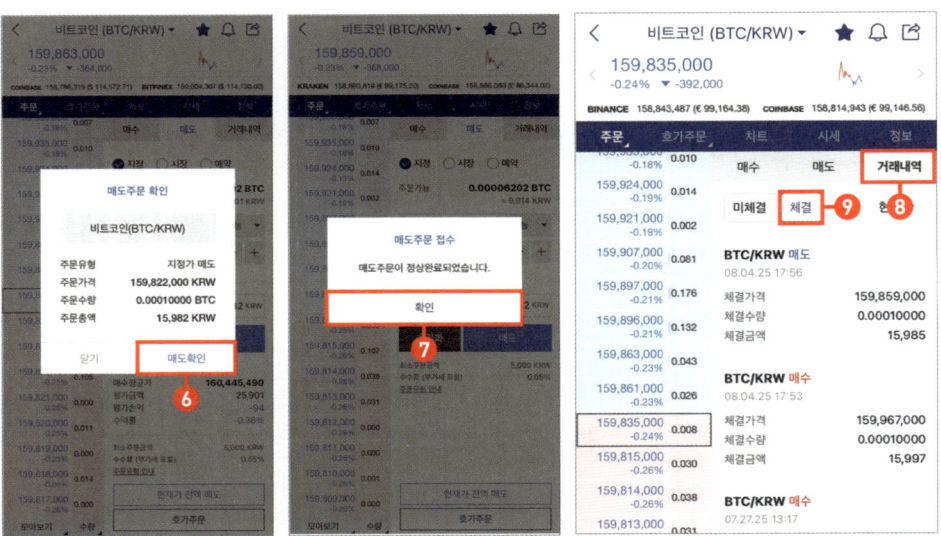

그림 2-30 · 비트코인 매도 및 체결내역 확인

● **엑스알피(XRP, 구 리플) 매수하기**

국내 거래량 상위에 항상 언급되는 엑스알피(XRP) 매수 방법도 알아보자. 업비트 메인 화면에서 엑스알피를 누른다. 매수창으로 전환되면 매수를 희망하는 가격과 수량을 입력한 다음 〈확인〉 버튼을 누른다. 매수 주문 확인, 매수 주문 접수 확인의 과정을 거치면 주문이 완료된다. 매수 주문 시 제출했던 수량과 가격이 충족되면 거래가 체결된다. 〈거래내역〉 탭에서 매수거래 체결 내역을 확인할 수 있다.

또한 메인 화면 하단에 있는 〈투자내역〉 메뉴를 눌러보면 보유하고 있는 암호화폐의 내역들을 한 번에 확인할 수 있다. 일종의 계좌 잔고를 확인하는 역할을 하는 화면이다.

CHAPTER 2. 직접 암호화폐 거래해 보기 073

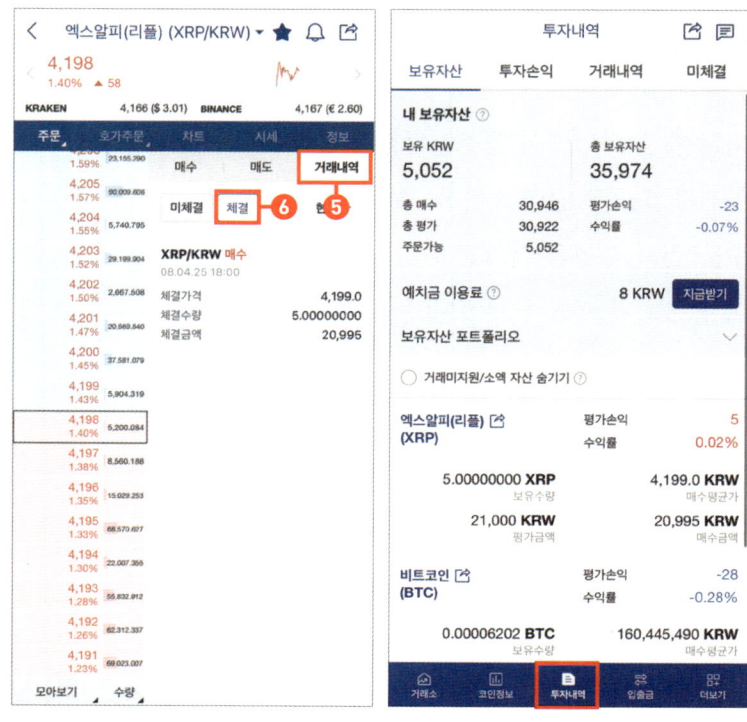

그림 2-31 · 엑스알피(XRP) 매수 주문, 체결내역 확인과 투자내역 확인 화면

● **엑스알피(XRP, 구 리플) 매도하기**

엑스알피를 선택한 뒤 〈매도〉탭을 누른다. '주문가능' 부분에 현재 보유하고 있는 엑스알피의 보유수량이 표시된다. 해당 수량만큼 매도 주문이 가능하다고 이해할 수 있다. 수량 옆에 〈가능〉이라고 되어 있는 드롭다운 메뉴를 눌러보면 최대, 50%, 25%, 10%의 선택 항목들이 보여진다. 매도하고자 하는 수량을 전체 주문가능 수량에 대한 비율로도 선택할 수 있게 도와주는 기능이다.

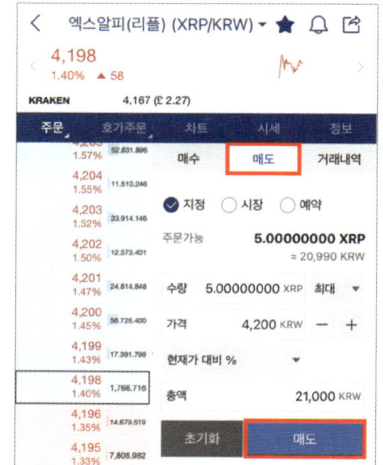

50%를 누르면 전체 보유 수량의 절반이 매도 수량에 자동 입력되고, 최대를 누르면 보유 중인 모든 엑스알피가 '수량' 칸에 입력된다.

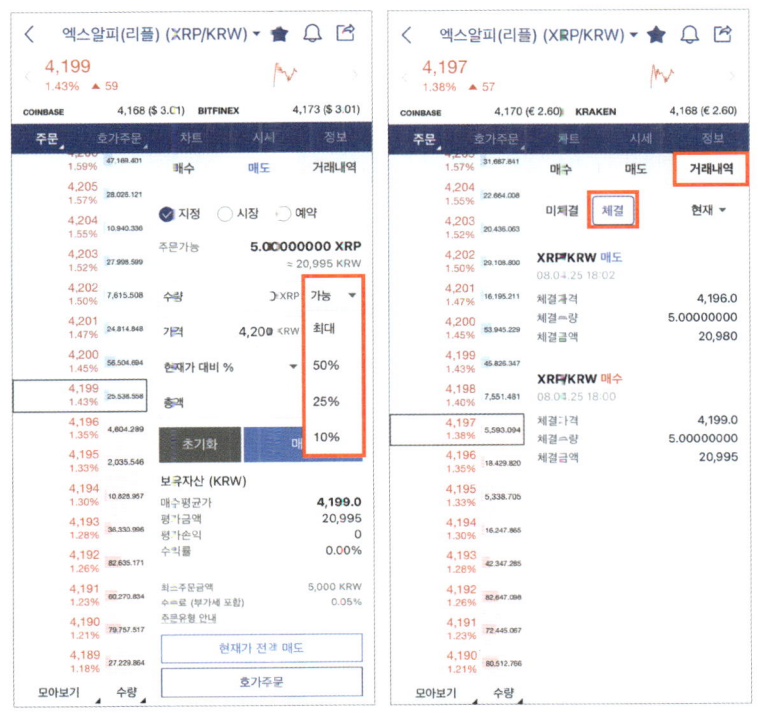

그림 2-32 · 엑스알피(XRP) 매도 주문, 체결내역 확인

〈매도〉버튼을 눌러 매도 주문 확인과 매도 주문 접수 확인 과정을 거치면 매도 주문이 정상적으로 접수 완료된다. 이후 접수된 매도 주문의 가격과 수량 조건이 충족되면 매도 거래가 체결되고, 이 내역은 〈거래내역〉 탭에서 확인할 수 있다. 다른 암호화폐도 동일한 방식으로 주문이 진행된다.

● **비트코인(BTC) 매매 화면 자세히 살펴보기**

비트코인(BTC)을 매수하기 위해서는 업비트 메인화면에서 비트코인을 누르면 매수 주문을 할 수 있는 화면으로 넘어간다.

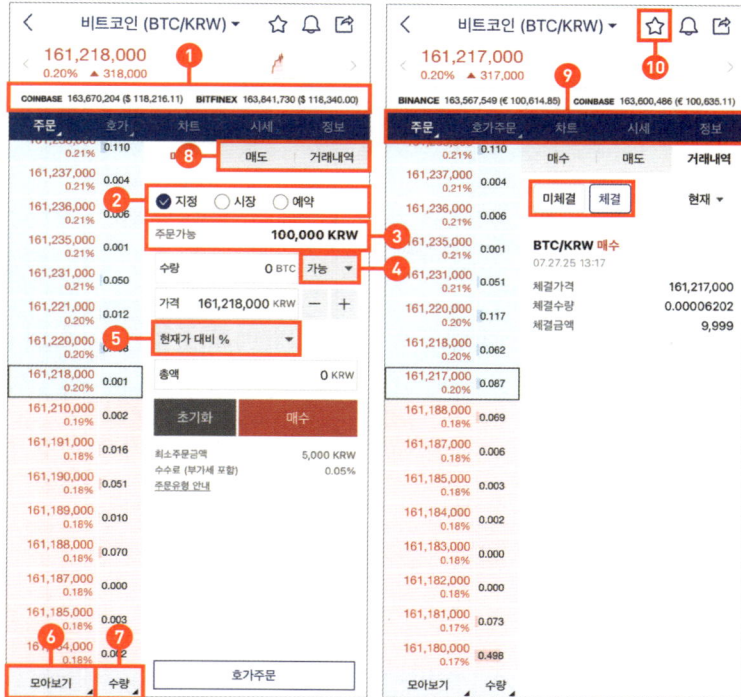

그림 2-33 · 업비트 메인화면과 매수 주문화면, 거래내역 확인 화면

❶ 코인베이스, 크라켄 등 해외 거래소에서 거래되는 비트코인의 가격을 표시해준다. 각 거래소마다 거래 가격이 다를 수 있음을 항상 유의해야 한다. 소위 말하는 김치프리미엄(국내 거래소의 디지털 자산 거래 가격과 동일한 해외 거래소 디지털 자산의 거래 가격의 차이)을 비교해 볼 수 있다.

❷ 주문의 유형을 선택할 수 있다. 지정은 말 그대로 내가 지정한 가격에 원하는 수량만큼을 매수할 수 있다. 시장은 시장가(현재 기준으로, 매수 순서에 따라 즉시 체결되는 방식)로 원하는 금액만큼 바로 매수할 수 있는 주문 방법이다. 시장가 주문을 할 때는 반드시 내가 원하는 금액만큼의 매도 호가가 시장에 충분히 있는지 확인한 후 실행하는 것이 좋다. 예약 주문 방법은 사전에 설정한 감시 가격에 도달 시, 미리 예약한 주문이 자동으로 실행되는 주문의 형태이다.

❸ 업비트 입금을 통해 현재 디지털 자산을 매수할 수 있는 총 주문 가능한 금액이 표시된다.

❹ '최대', '50%', '25%', '10%' 옵션을 통해 전체 주문 가능 금액을 기준으로 매수 규모를 설정할 수 있다. '최대'로 설정하면 현재 보유 중인 원화(주문 가능 금액)만큼을 모두 주문한다는 의미이다. '50%'를 선택하면 보유 중인 주문 가능 금액의 절반 만큼을 매수한다는 의미이다.

❺ 지정가 주문시에 매수하고 싶은 가격을 손쉽게 변경할 수 있는 메뉴다. 늘러보면 5%씩 증감하도록 설정되어 있으며, -100%에서 +100%까지 설정할 수 있다. 만약 -5%를 누르면 현재 시장가격 대비 -5%가 계산된 가격으로 매수 가격이 자동 변환되어 입력된다. 당장 매수하지 않고 원하는 특정 가

격 수준이 있을 때 쓰기 유용한 기능이다.

❻ 기본적으로 비트코인(BTC) 호가(화면상에 보이는 매수·매도 가격과 수량)는 최소 1,000원 단위로 매매를 할 수 있다. 따라서 더 넓은 가격 범위의 매수, 매도 수량을 알고 싶을 때 활용할 수 있다. 누르면 기본값, 10,000, 100,000, 1,000,000, 10,000,000, 100,000,000을 선택할 수 있다. 선택한 구간만큼의 단위로 호가창이 변하게 되고 어느 정도의 주문이 현재 쌓여있는지 금액 구간별로 확인할 수 있다.

❼ 수량(BTC), 총액(KRW) 중 보기 편한 것을 고를 수 있는 옵션이다. 수량 기준으로 하면 비트코인의 수량을 기준으로 주문 가능한 규모가 표시되고, 총액(KRW) 기준이면 원화로 매매할 수 있는 금액으로 확인이 가능하다. 보기 편한 방법으로 선택해서 주문 시 활용하면 된다.

❽ 매수 주문이 체결되었는지 확인하려면 거래내역 버튼을 눌러서 체결 내역에 가서 확인할 수 있다. 아직 주문이 체결되지 않았다면, 미체결 내역에 주문한 내용들이 표시된다. 시장가 주문을 선택하게 되면, 주문가능 금액이 표시되고 원하는 수량만 선택하여 주문하면 된다. 가격은 지정하는 것이 아니라 시장가격을 적용한다는 뜻이기 때문이다.
보유하고 있는 비트코인을 매도할 때는 매도 버튼을 눌러서 매수할 때와 마찬가지로 지정가나 시장가 또는 예약주문을 할 수 있다.

❾ 기본적인 주문 이외에도 호가주문이라는 메뉴가 있는데, 눌러보면 주식거래하는 것과 비슷한 호가창이 되어있다. 익숙해지기 전까지는 가장 처음에 있는 주문메뉴를 통한 주문을 사용할 것을 권장한다. 호가주문의 경우

거래 경험이 적은 사용자의 경우에는 실수를 할 가능성이 있기 때문이다. 옆으로 차트, 시세, 정보 메뉴들이 차례로 있다. 차트를 살펴보거나 시계열로 가격들이 어떠한 추세를 가지고 변해왔는지 파악할 수 있다. 정보 메뉴에서는 해당 디지털 자산에 관한 세세한 정보들이 주어져 있어서 보다 깊이 있는 이해가 필요한 사용자들은 활용해볼 수 있다.

❿ 자주 시세를 봐야하거나 주의 깊게 보고있는 종목이 있다면 별표를 누르면 관심종목으로 등록할 수 있다. 첫 화면에서 관심메뉴로 들어가서 확인할 수 있다. 이 내용은 다음에 이어서 다루도록 하겠다.

그림 2-34 · 차트, 시세, 코인과 관련된 주요 정보 화면

CHAPTER 2. 직접 암호화폐 거래해 보기   079

다음은 원화(KRW) 마켓 외에 BTC 마켓, USDT 마켓에 대해 알아보자. 메인화면에서 평가금액 아래쪽에 보면 〈KRW〉, 〈BTC〉, 〈USDT〉, 〈관심〉이라는 메뉴가 보인다. 각각 원화시장, BTC기준 거래시장, USDT기준 거래시장, 관심종목을 볼 수 있는 화면으로 이해할 수 있다.

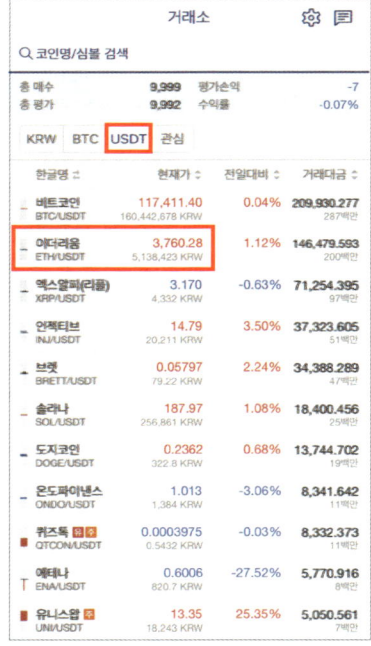

그림 2-35 · BTC마켓, USDT마켓, 관심종목 화면

KRW(원화) 시장은 위에서 비트코인을 매수할 때처럼 우리나라 원화를 입금해서 그 원화를 기준으로 표시되는 디지털 자산의 가격에 따라 매수와 매도를 할 수 있는 주문화면이다. 1비트코인당 1억 5천만 원, 1이더리움에 500만 원이라고 일상적으로 이야기 하거나 언론에 나오는 기준이 되는 그 시장이다. 대부분의 투자자들은 이 화면만 이용하게 될 것이다.

BTC 마켓은 디지털 자산을 비트코인 가격을 기준으로 거래할 수 있는 시장이다. 그림 2-35 기준으로 BTC 마켓에서 1개의 이더리움^{ETH}을 비트코인^{BTC}으로 사려면 0.03189402 BTC를 지불하면 살 수 있다는 의미이다. 원화가 아닌 비트코인이 거래의 기준이며 실제 결제가 이루어지는 통화에 해당하는 셈이다.

USDT 마켓은 디지털 자산을 달러 스테이블코인인 USDT를 기준으로 매수, 매도가 가능한 시장이다. 그림 2-35 기준으로 보면 1이더리움(ETH)을 USDT로 사려면 3,760.28 USDT를 지불하면 구매할 수 있다. 달러 스테이블코인의 가격이 달러와 거의 동일하기 때문에 달러로 표시된 디지털 자산 가격과 거의 비슷하다고 이해하면 좋을 것이다. 물론 거래는 USDT를 가지고 할 수 있다.

자주 거래하거나 관심이 있는 종목들은 각 화면에서 별(☆)모양을 눌러서 추가하면 〈관심〉탭에서 별도로 따로 확인할 수 있다. 복잡하게 다른 종목을 보지 않고 관심있는 종목들만 간단하게 모아서 보기에 편리한 화면이다.

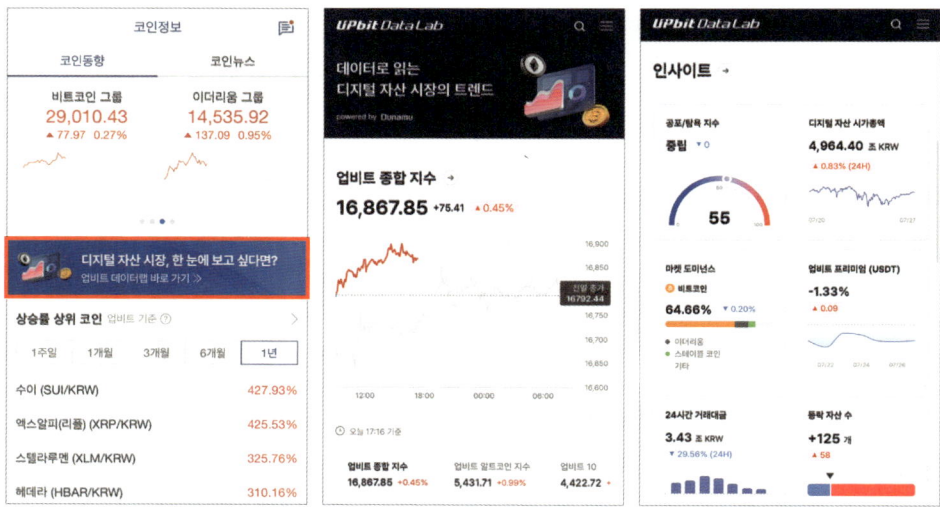

그림 2-36 · 코인정보 메뉴 내에 업비트 데이터랩 바로가기

　코인정보 메뉴에 들어가면 화면 중간에 있는 〈디지털 자산 시장, 한눈에 보고 싶다면? 업비트 데이터랩 바로가기〉를 클릭하면 디지털 자산 시장과 관련된 다양하고 유용한 정보들이 제공된다. 전체적인 디지털 자산들의 가격 동향, 비트코인도미넌스(전체 디지털 자산 시장에서 비트코인이 차지하는 비율), 사람들의 심리가 반영된 공포/탐욕지수 등 디지털 자산 투자시에 참고할 만한 유용한 자료들을 상당히 깔끔하게 정리해 두었다. 참고하기 좋은 내용이며, 하나씩 살펴보면서 디지털 자산과 관련된 이해를 확장하는데 도움을 줄 수 있다.

거래소 스테이킹(Staking) 개념 및 방법

스테이킹은 내가 보유하고 있는 디지털 자산(주로 암호화폐)을 예금하는 것과 비슷하다고 생각할 수 있다. 물론 기술적인 차원에서는 예금과 같지 않지만, 내가 가진 디지털 자산을 맡기고 이자를 받는다는 측면에서 보면 유사한 면이 존재한다.

내가 맡겨놓은 예금을 은행에서는 다른 사람들에게 대출할 수 있는 재원으로 활용한다. 은행은 고객들의 예금을 활용해 중앙화된 시스템을 유지하며 수익을 창출할 수 있다. 블록체인 스테이킹도 내가 스테이킹(예치)한 디지털 자산을 기반으로 블록체인 시스템을 유지한다는 측면에서 개념상 유사성이 존재한다. 다만, 스테이킹은 단순히 맡겨놓는 개념이 아니라 실제로는 스테이킹 행위가 탈중앙화된 블록체인 네트워크의 보안과 유지에 기여한다는 점에서 예금보다 훨씬 적극적인 보상 시스템이다.

스테이킹은 디지털 자산을 단순히 보유하고 매수/매도를 통한 매매차익만을 추구하는 투자자를 블록체인 네트워크의 일원이자 참여자로 변화시키는 수단이라 할 수 있다. 지분증명^{PoS} 방식의 블록체인 네트워크들은 스마트 컨트랙트 형태로 메인넷에 코인을 많이 예치(스테이킹)한 참여자가 블록 생성의 권한을 가질 수 있는 확률이 높아진다.

이런 역할을 수행하는 참여자를 검증자^{Validator}라고 한다. 우리가 스테이킹하는 물량들은 이러한 검증자들이 모아서 메인넷에 스테이킹하는 형태로 이루어지는 것이 일반적이다. 이더리움의 경우 검증자가 되기 위해서는 최소 32 이더리움^{ETH}을 스테이킹해야 하는 등의 제약이 있기 때문이다. 블록체인의 특성상 블록을 생성한 검증자에게 보상이 주어지게 되고, 이렇게 만들어진 보상을 검증자는 또 각 스테이킹에 참여한 개인 참여자들에게 분배하게 되는 구조이다

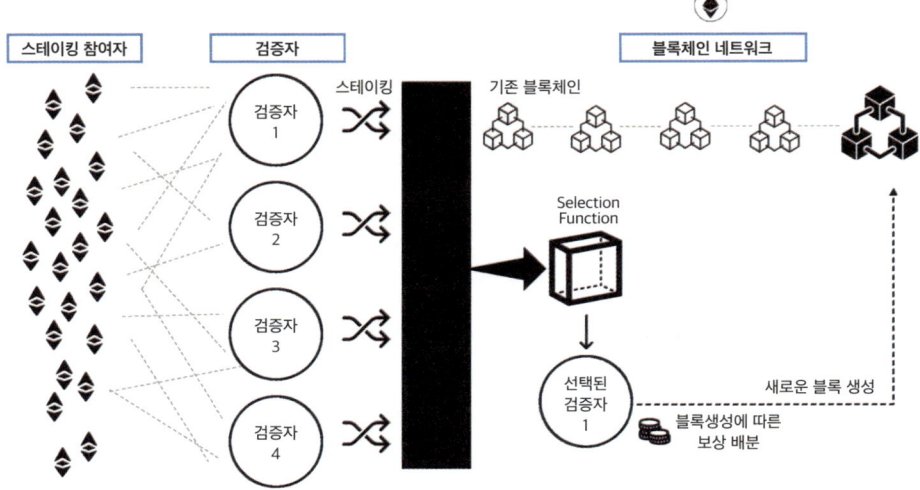

그림 2-37 · 스테이킹(Staking) 개념도

검증자가 나쁜 의도를 가지고 블록체인 네트워크에서 검증을 잘못하거나 의도적으로 네트워크의 보안을 해치는 행위 등을 제한하고자 슬래싱Slashing이라는 제도가 있다. 만약에 검증자가 제 역할을 못할 경우 스테이킹되어 있는 예치금의 일부가 차감되어 사라지게 된다. 이를 통해 검증자들이 네트워크에 기여할 수 있는 구조를 가지고 있다.

현실 세계의 은행 예금처럼 스테이킹 예치기간이나 수량에 따라서 보상의 크기도 달라진다. 또한 이러한 보상 체계는 네트워크의 혼잡도와 스테이킹되어 있는 디지털 자산의 수급에 따라 실시간으로 계속 변동된다. 디지털 자산마다 다른 보상이 주어지며, 보통 우리가 이미 많이 알고 있거나 블록체인 시스템이 꾸준히 성장해오고 있는 것일수록 스테이킹 연이율APY, Annual Percentage Yield(연간 복리 수익률)은 낮아지는 경향이 있다.

스테이킹되어 있는 디지털 자산을 매도하거나 다른 용도로 활용하기 위해서는 스테이킹의 반대 개념인 언스테이킹Unstaking을 신청하고 일정 기간이 지나면, 스테이킹되어 있던 원금과 보상을 다시 되돌려 받을 수 있다.

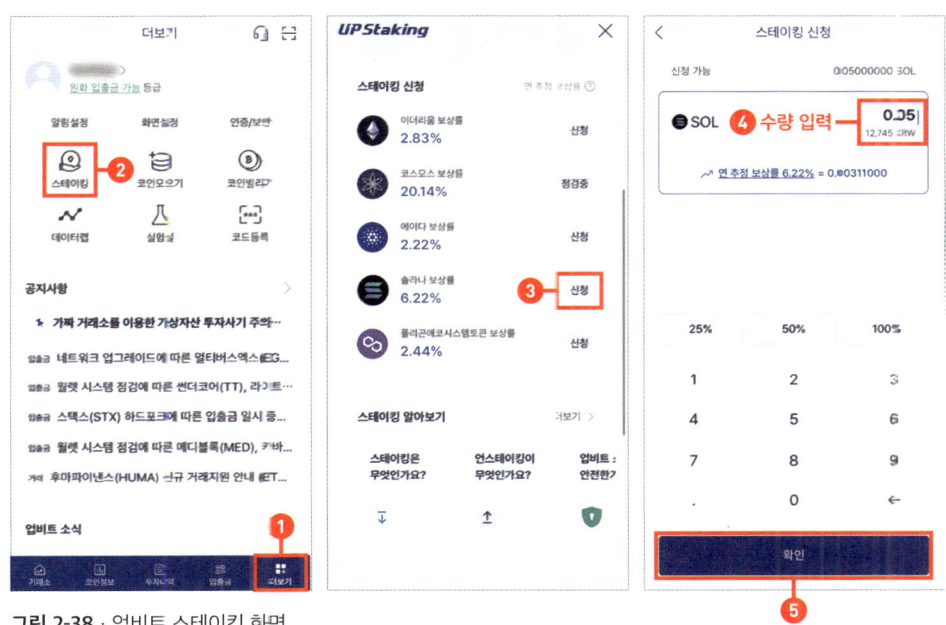

그림 2-38 · 업비트 스테이킹 화면

하단 메뉴 중에 〈더보기〉를 누르면 스테이킹을 할 수 있는 화면으로 연결된다. 가장 처음에 있는 〈스테이킹〉을 누르면 신청할 수 있는 스테이킹 디지털 자산들의 리스트가 나열된다. 솔라나SOL를 기준으로 스테이킹을 신청해 보기로 한다. 솔라나 〈신청〉을 누르면 스테이킹 신청할 수량을 결정하고 입력하는 화면으로 넘어간다. 이곳에서 스테이킹할 자산의 규모만큼을 입력하고 〈확인〉을 누른다.

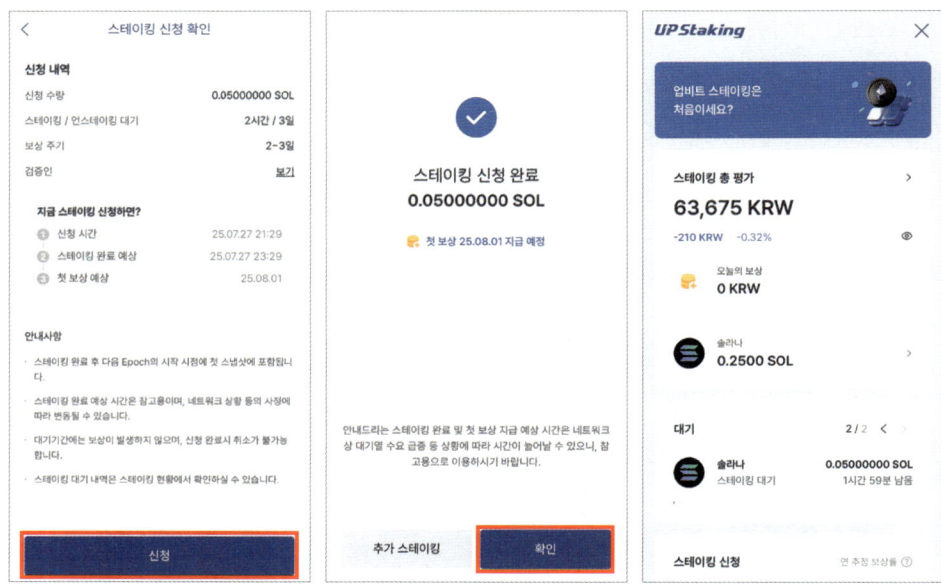

그림 2-39 · 스테이킹 신청 및 관리화면

　　스테이킹 신청 내역을 확인하고 이상이 없으면 최종적으로 〈신청〉 버튼을 누르면, 스테이킹 이용약관 및 디지털 자산 스테이킹 유의사항에 대한 동의 절차를 진행한다. 그리고 마지막으로 PIN 비밀번호 6자리를 입력하면 스테이킹 신청 완료가 된다. 이후 디지털 자산별로 스테이킹 승인 전까지 대기 시간에 대한 알림을 준다.

적립식으로 코인 모으기 - 티끌모아 태산

특정 타이밍을 목표로 하여 디지털 자산을 매수하는 것이 부담스럽거나 한 번에 매수하기보다는 꾸준히 적립식으로 모으기를 희망한다면 〈코인모으기〉 메뉴를 활용해 볼 수 있다. 시장 변동성에 신경 쓰지 않고 정해 둔 주기에 따라 자동으로 매수되는 방식이다. 매월 적립식 펀드나 적금에 일정 금액을 자동 이체하는 것과 유사하다. 또한, 훨씬 더 다양한 선택 옵션을 제공한다.

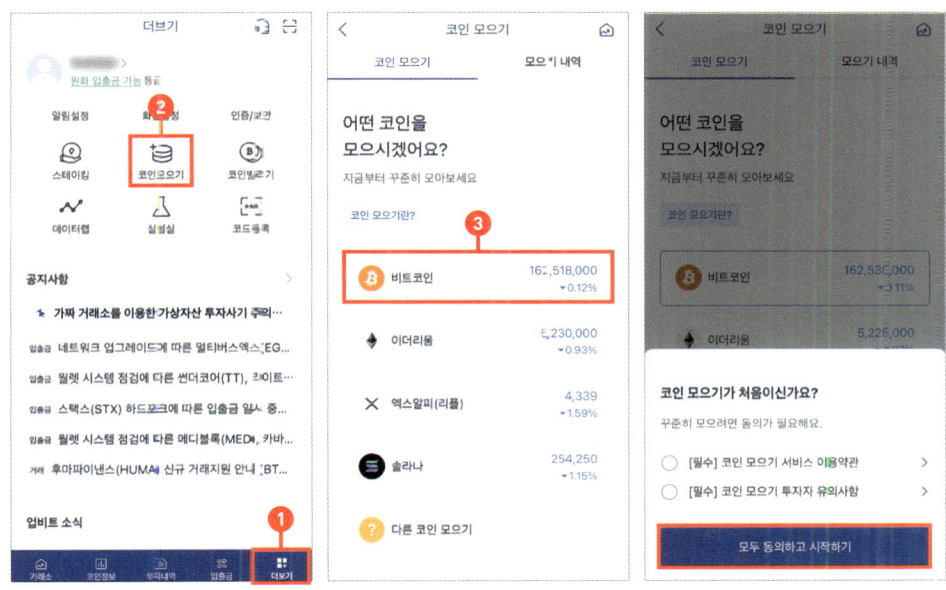

그림 2-40 · 업비트 코인모으기 기능 실행

업비트 하단 메뉴 중에 〈더보기〉를 누르면 스테이킹 옆에 〈코인모으기〉 메뉴를 확인할 수 있다. 〈코인모으기〉를 누른 후 모으고 싶은 코인을 먼저 선택한다. 선택한 코인을 눌러 다음 단계로 진행한다. 이용약관과 투자자 유의사항을 확인하고, 2단계 인증 절차를 완료한 뒤 신청을 이어갈 수 있다.

첫 번째로 모으기할 코인을 선택하고, 두 번째는 한 번에 구매할 금액 규모를 선택할 수 있다. 마지막으로 모을 주기를 매일·매주·매월, 원하는 시간대까지 선택한 뒤 〈코인 모으기 신청〉을 누르면 절차가 완료된다. 신청한 내역은 〈코인모으기〉 페이지에 있는 〈모으기 내역〉에서 확인할 수 있다.

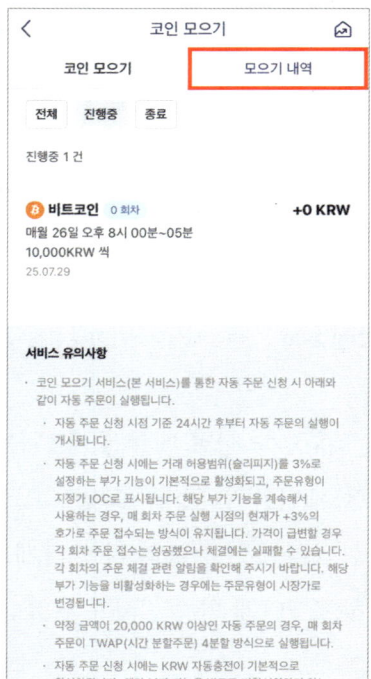

그림 2-41 · 업비트 코인모으기 실행

해외 거래소(바이낸스, Binance) 계좌 개설 및 암호화폐 이동

    국내 거래소를 활용하는 방법에 이어 해외 거래소 계좌를 개설하여 자금을 이체하는 과정에 대해서 알아보자. 암호화폐 세계에는 국경의 개념이 존재하지 않는다. 따라서 필요에 따라 국내 거래소뿐 아니라 해외 거래소를 이용해야 하는 경우도 있다. 특정한 DeFi를 이용해야 하거나 국내 거래소에 상장되어있지 않은 코인을 구매하거나 스테이킹 조건이 해외 거래소에서 더 유리한 경우 등 다양한 이유가 있을 수 있다.

해외 거래소 가입

해외 거래소 중 가장 규모가 큰 바이낸스를 기준으로 가입 절차를 간단히 정리해보고자 한다. 우선 앱스토어에서 바이낸스 앱을 검색한 후 설치를 진행한다. 설치 후 바이낸스 앱을 열면 가입을 위한 첫 번째 절차가 시작된다. 크립토에 익숙한지, 그렇지 않은지에 대해 물어보는데, 아직 우리는 익숙하지 않다는 것을 전제로 〈I'm new to crypto〉를 눌러서 다음 단계를 진행한다. 바이낸스 가입을 위해 이메일이나 휴대폰 번호를 입력해야 한다. 또는 구글, 애플, 텔레그램을 통한 가입이 가능하다. 각자 자신이 가장 편리하다고 생각하는 방법으로 가입 절차를 시작하면 된다.

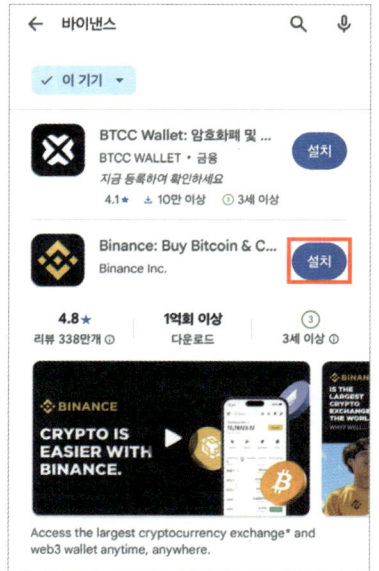 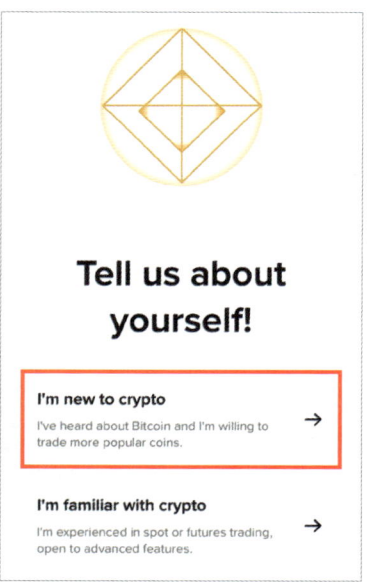

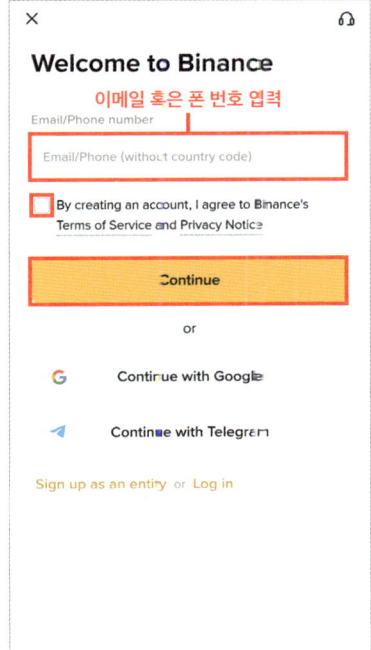
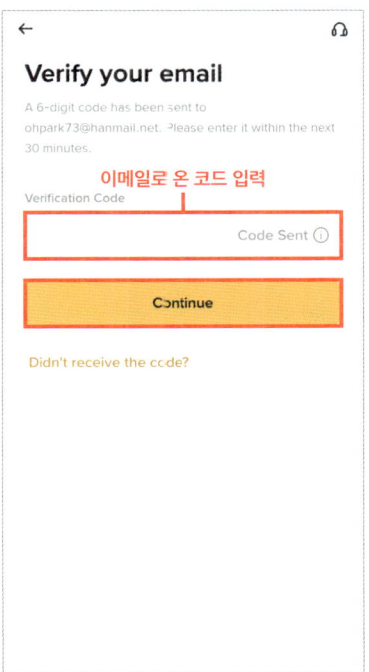
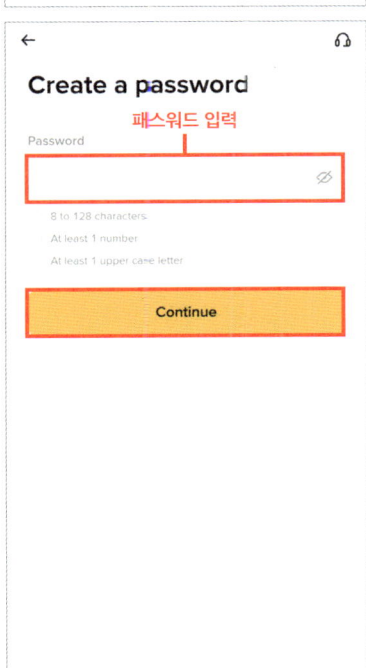

그림 2-42 · 바이낸스(Binance) 검색 및 설치

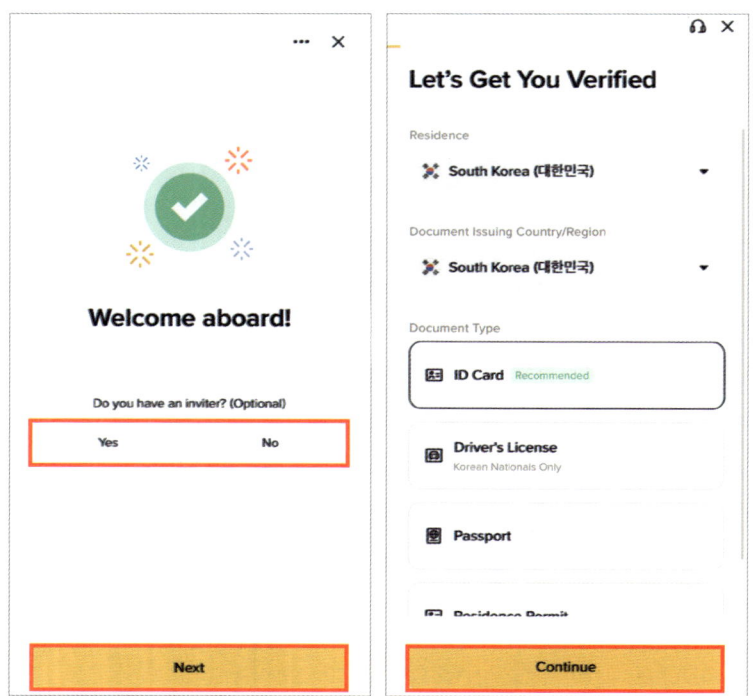

그림 2-43 · 바이낸스(Binance) 가입 첫 단계

 개인정보 보호와 관련된 동의를 진행하고 〈Next〉 버튼을 누르면 가입 절차가 진행된다. 바이낸스로 초대한 사람이 있는지 묻는 화면이 나타나며, 초대한 사람이 없다면 〈No〉를 눌러 다음 절차를 이어간다. 사는 곳과 신분증 발급 국가 모두 대한민국으로 선택한 다음 인증할 신분증 종류를 선택한다. 주민등록증, 운전면허증, 여권 등 어떤 것이든 자신의 신분을 증빙할 수 있는 수단을 준비한 다음 〈Continue〉를 클릭하여 다음 단계로 넘어간다.

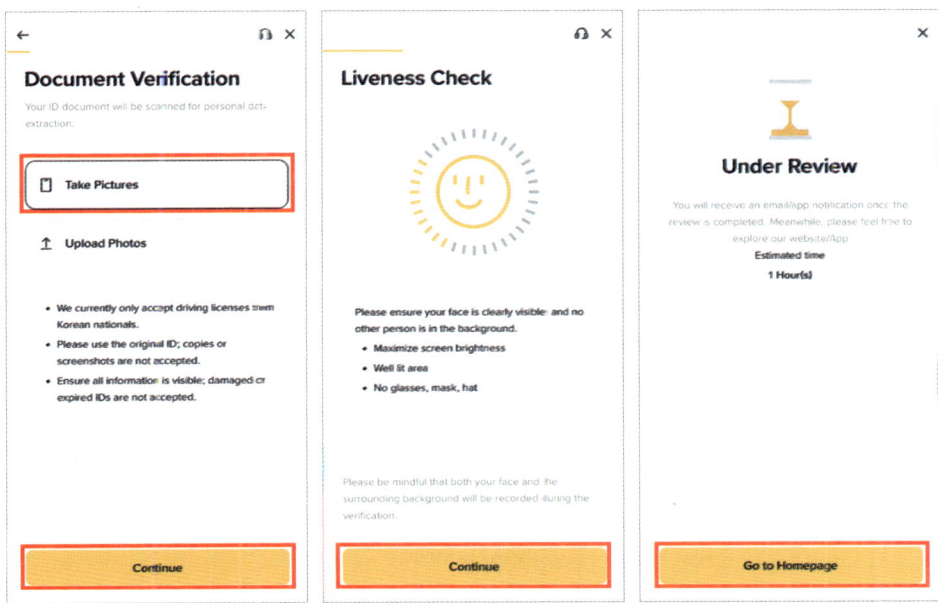

그림 2-44 · 신분 확인 단계 및 검증 완료까지 대기화면

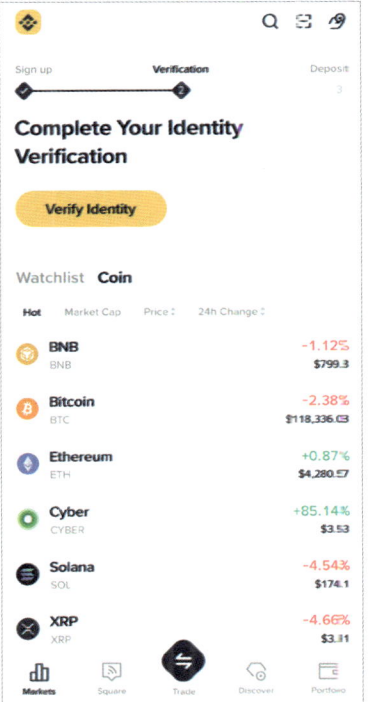

사진을 촬영하거나 미리 촬영해 둔 신분증을 업로드하는 방법 중 하나를 택하여 신분증 확인 절차를 진행한다. 촬영이 정상적으로 되었다면 바이낸스 시스템에서 신분증을 검사하는 단계를 거친다. 이 과정이 완료되면 이름과 생년월일이 주소가 정상적으로 인식되어 확인하는 화면이 나오고 〈Continue〉를 누른다. 그러면 Under Review 메시지가 표시된다. 1시간 정도 소요된다고 나오지만 실제로는 그보다 짧은 시간 내에 이 과정은 마무리가 된다.

CHAPTER 2. 직접 암호화폐 거래해 보기 093

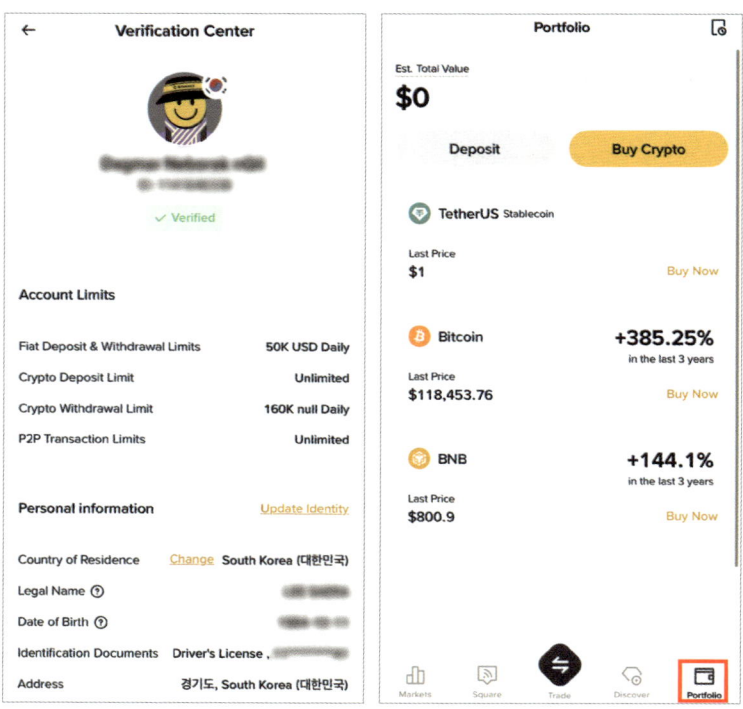

그림 2-45 · 계정생성 완료 단계

    조금 시간이 흐른 뒤에 검증 절차가 마무리되면 정상적으로 바이낸스 계정이 생성된 것을 확인할 수 있다. 메인화면 하단의 가장 오른쪽에 있는 〈Portfolio〉를 눌러 들어가보면 계좌에 잔액이 $0으로 표시되며, 바이낸스 서비스를 사용할 준비가 완료된 것이다.

💰 거래소 간 디지털 자산 이동(국내 거래소 -> 해외 거래소)

거래소 간 자금 이동 방법에 대해 알아보자. 국내 거래소인 업비트에 있는 디지털 자산을 해외 거래소인 바이낸스로 옮기는 과정을 기준으로 먼저 살펴보도록 하겠다.

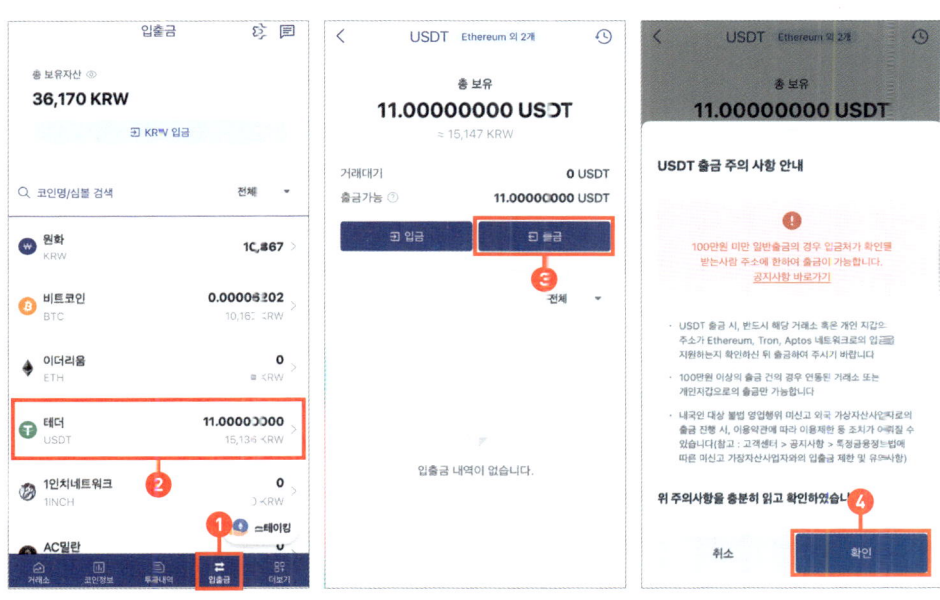

그림 2-46 · 업비트 출금 준비

업비트 하단 메뉴 중에 〈입출금〉을 눌러서 USDT를 바이낸스로 전송해보자. 보유하고 있는 USDT를 누르면 총보유하고 있는 USDT 수량과 함께 입금, 출금 메뉴가 있다. 〈출금〉을 누르면, USDT 관련 출금 주의 사항 안내 공지문이 올라오는데 처음 이체할 때는 꼼꼼하게 잘 읽어보자. 왜냐하면 USDT의 경우 이더리움, 트론, 솔라나 등 다양한 블록체인 위에서 거래될 수 있기 때문에 반드시 거래하고자 하는 블록체인을 잘 선택해야 한다. 현재 업비트에서는 이더리움, 트론, 앱토스 네트워크를 지원하고 있다.

세 가지 블록체인 중에 각자 본인 용도에 맞는 것으로 골라야한다. USDT의 경우 멀티 체인을 지원하기 때문에 이 부분은 꼭 이해하고 한 번 더 잘 숙지를 해야 한다. 보내는 블록체인과 받는 블록체인을 잘못 설정하면 소중한 자산이 영구적으로 손실될 수 있다. 따라서 첫 전송 시에는 소액으로 테스트 전송을 해보고, 정상적으로 도착한 것을 확인한 뒤 큰 금액을 보내는 습관을 들이는 것이 안전하다. 주의 사항을 모두 확인했다면 〈확인〉을 눌러 다음 단계를 진행한다.

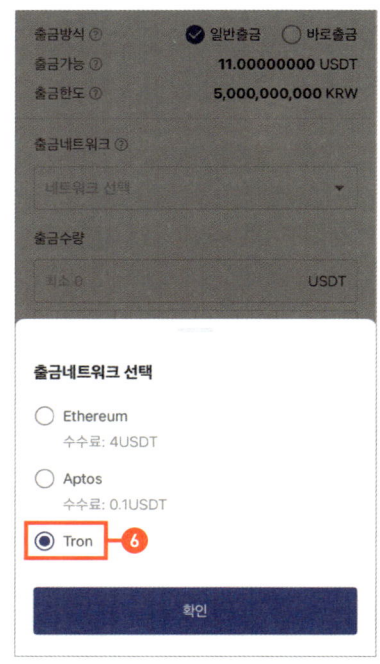
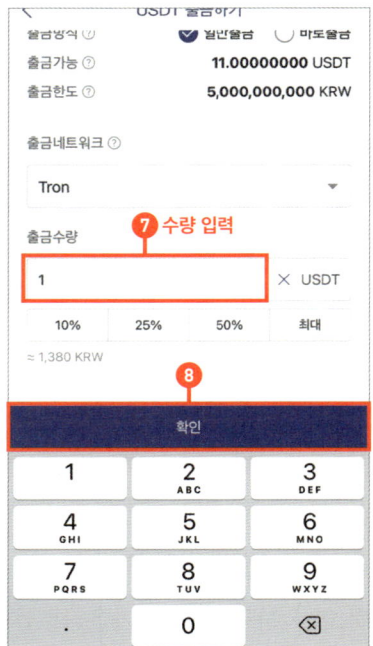

그림 2-47 · USDT출금을 위한 블록체인 선택 및 수량 입력

출금하기 화면으로 전환되면 〈일반출금〉과 〈바로출금〉 옵션이 있는데 〈일반출금〉을 선택하면된다. 바로출금은 업비트 계좌로 이체할 때 사용되는 옵션이다. 참고로, 바로출금의 경우에는 업비트 거래소 내의 지갑에서 다른 지갑으로 디지털 자산이 전송되기 때문에 블록체인상에 기록되지 않고 거래소 장부에만 반영된다.

〈일반출금〉을 선택하고 출금금액과 출금네트워크를 선택해야 한다. 트론Tron 네트워크는 수수료가 가장 저렴하기 때문에 〈Tron〉 블록체인을 선택하고 출금 수량을 입력한 다음 〈확인〉을 누른다.

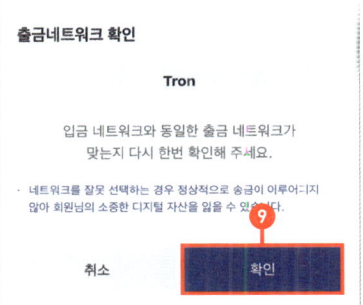

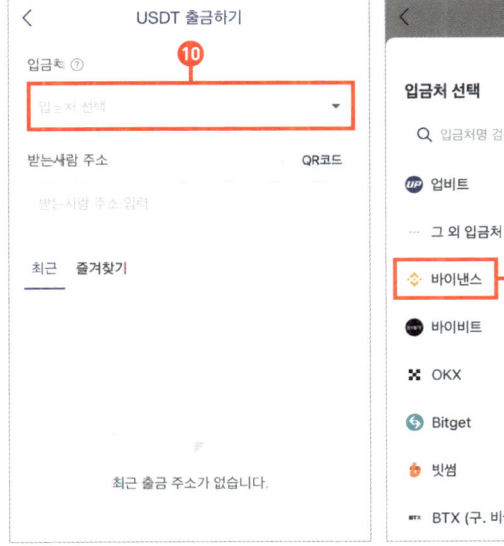
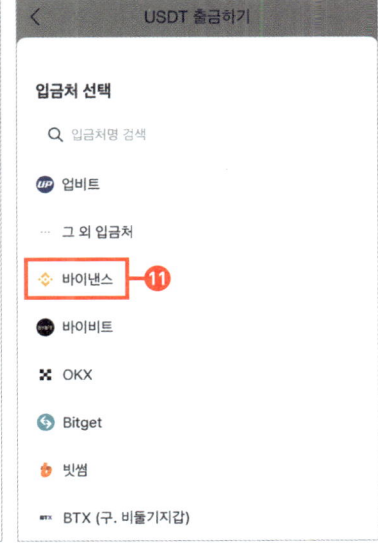

그림 2-48 · USDT출금 시 출금네트워크 확인 및 입금 주소 입력화면

CHAPTER 2. 직접 암호화폐 거래해 보기 097

출금네트워크 확인 메시지가 다시 한번 표시된다. 그만큼 이 옵션 선택이 중요하기 때문에 여러 차례 반복해서 확인하는 과정을 거치는 것으로 이해하면 된다. 〈확인〉을 눌러 다음 단계로 넘어가면 받을 사람의 디지털 지갑 주소와 입금처를 입력하는 화면으로 전환된다. 입금처는 모바일뱅킹에서 받을 금융기관에 해당한다고 보면 된다. 받는사람 주소는 받는 사람의 계좌번호로 이해하면 된다. 물론 은행 계좌번호보다는 훨씬 복잡하고 길지만 본질적인 기능은 같다. 입금처는 〈바이낸스〉로 선택한다.

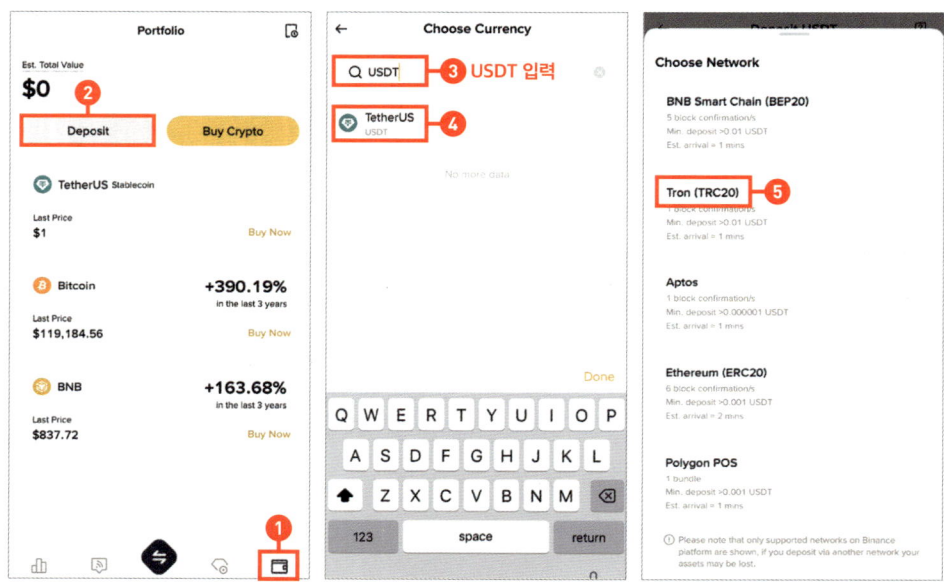

그림 2-49 · USDT 바이낸스 입금 주소 확인 방법

이제 바이낸스 앱에서 업비트로부터 전송될 USDT를 받기 위해 입금^{Deposit} 주소를 생성해 전송 받을 준비를 한다. 바이낸스 앱을 열고 하단 메뉴 오른쪽에 있는 〈Portfolio〉를 선택하면, 화면 상단의 왼쪽에 〈Deposit〉이라는 디지털 자산의 잔액^{balance}을 조회할 수 있는 메뉴가 보인다. 해당 메뉴를 누르면 주소를 생성할 암호화폐를 검색할 수 있다.

검색창에 USDT를 입력하면 〈TetherUS^{USDT}〉가 조회되고, 선택하면 'Choose Network' 창이 뜬다. 앞서 업비트에서 사용할 블록체인을 트론^{Tron}으로 선택하였기 때문에 바이낸스에서도 동일하게 Tron(TRC20) 블록체인을 선택하여야 한다. 반복해서 이야기하지만 이 부분이 크립토 전송에 있어서 가장 중요한 부분이다. 반드시 여러 번 확인해서 실수가 없도록 주의해야 한다.

바이낸스 화면

업비트 화면

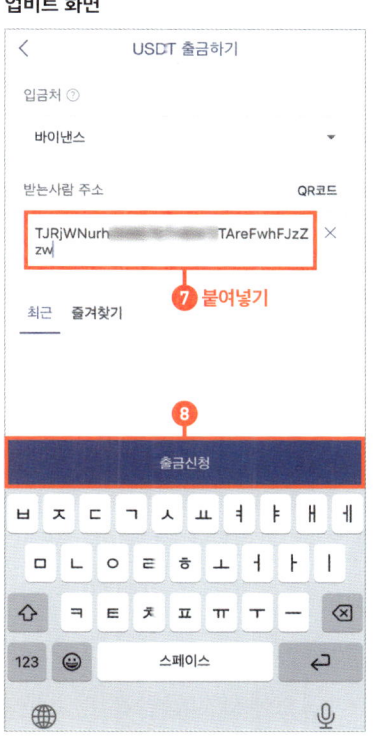

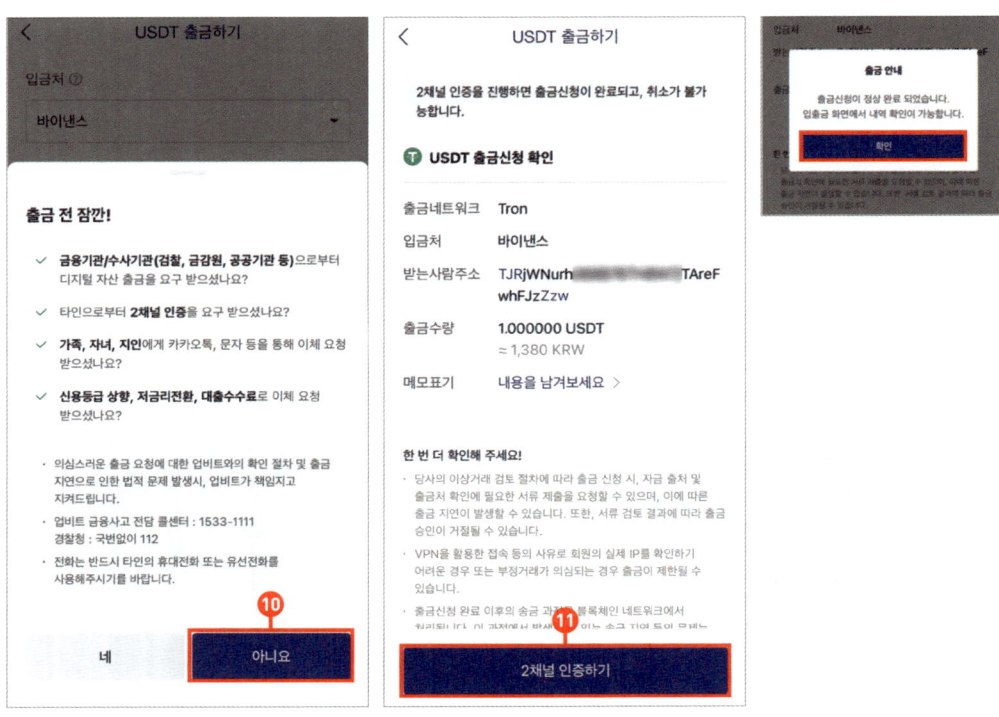

그림 2-50 · USDT Deposit 주소 생성 및 업비트에서 전송

이제 바이낸스에서 Tron 블록체인 위에 USDT를 담을 수 있는 지갑이 생성되었다. 생성된 지갑의 Network와 Deposit Address(은행계좌의 계좌번호와 동일 / 각 디지털 자산별로 다른 지갑주소가 생성)를 확인할 수 있고, 위쪽에 QR코드로도 주소를 확인하거나 인증할 수 있다. 주소를 복사한 후, 업비트 화면으로 돌아와서 받는 사람 주소에 방금 바이낸스에서 발급받은 주소를 붙여넣고, 〈출금신청〉을 누른다.

개인정보 국외 이전에 대한 동의화면과 '출금 전 잠깐!'이라는 최종 확인 안내 사항을 확인하고 〈아니오〉를 누르면, 지금까지 입력한 출금 정보를 최종적으로 확인할 수 있다. 이상이 없다면 2채널 인증하기를 통해 여러차례 했던 것처럼 카카오톡이나 네이버 등으로 2채널 인증절차를 완료한다. 잘 완료하고나면 최종적으로 출금 안내 화면 팝업이 뜬다. 이제 디지털 자산이 바이낸스 지갑으로 이동되기까지 잠시 기다리기만 하면 된다. 네트워크의 복잡함 정도에 따라 차이는 있을 수 있지만, 보통 2~3분 이내에 절차가 마무리 된다.

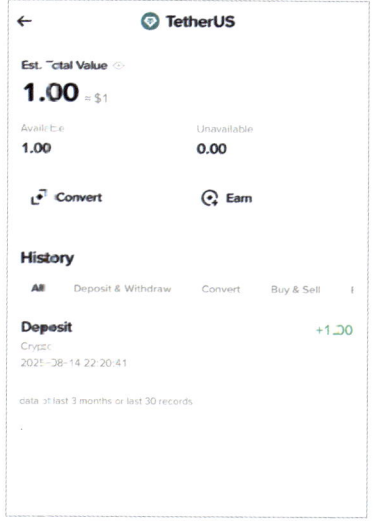

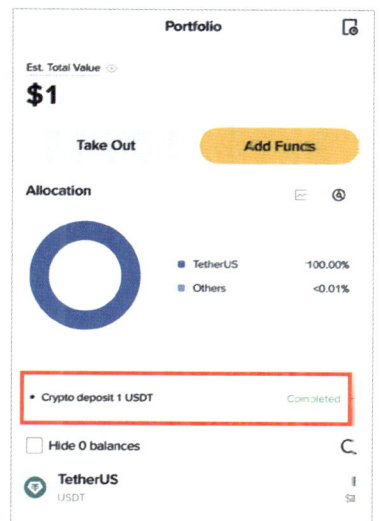

그림 2-51 · USDT업비트 출금진행중 화면과 바이낸스 입금 확인

업비트에서 출금하기 절차가 완료되면 출금 진행 중이라는 메시지가 뜨고 바이낸스로 입금되기까지 잠시 기다리면 바이낸스 지갑으로 출금했던 USDT가 전송된 것을 확인할 수 있다. 가운데 부분에 전송이 완료된 Completed USDT 내역을 누르면 거래 시간 등 상세 내역을 확인할 수 있다.

거래소 간 디지털 자산 이동(해외 거래소 -> 국내 거래소)

해외 거래소에서 국내 거래소로 디지털 자산을 이동하는 것도 크게 다르지 않다. 먼저 바이낸스 메인화면 상단에 〈Take Out〉 버튼을 누른다. 하단에 〈Selection Method〉가 나오는데 자금을 다른 계좌로 출금하는 것이니 〈Withdraw〉를 누른다. 내보내기할 자산을 선택한다. 여기서는 USDT를 눌러 출금을 진행해 본다. 그러면 Send USDT 화면으로 전환되면서 Address(입금받을 주소)와 Network(전송할 블록체인) 그리고 Amount(보낼 디지털 자산의 수량)을 입력하면 된다.

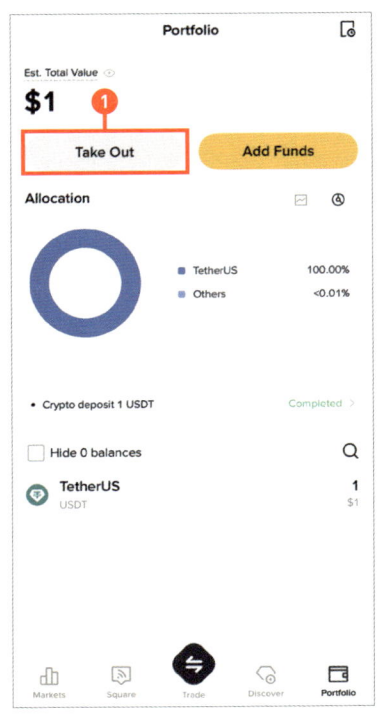
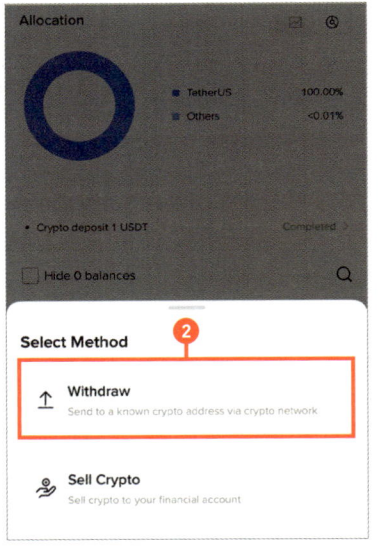
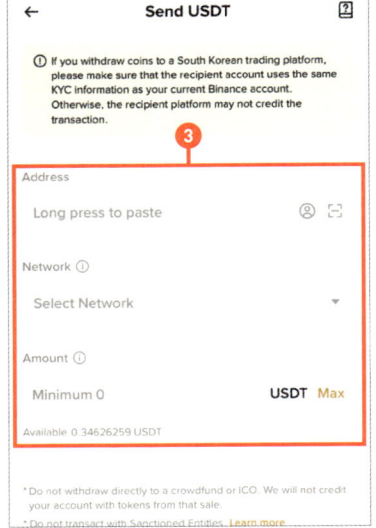

그림 2-52 · 바이낸스 출금 절차 진행을 위한 화면

받는 곳이 업비트이므로, 바이낸스로부터 전송될 암호화폐를 받을 업비트 입금 주소Deposit Address를 발급받아야 한다.

업비트 화면

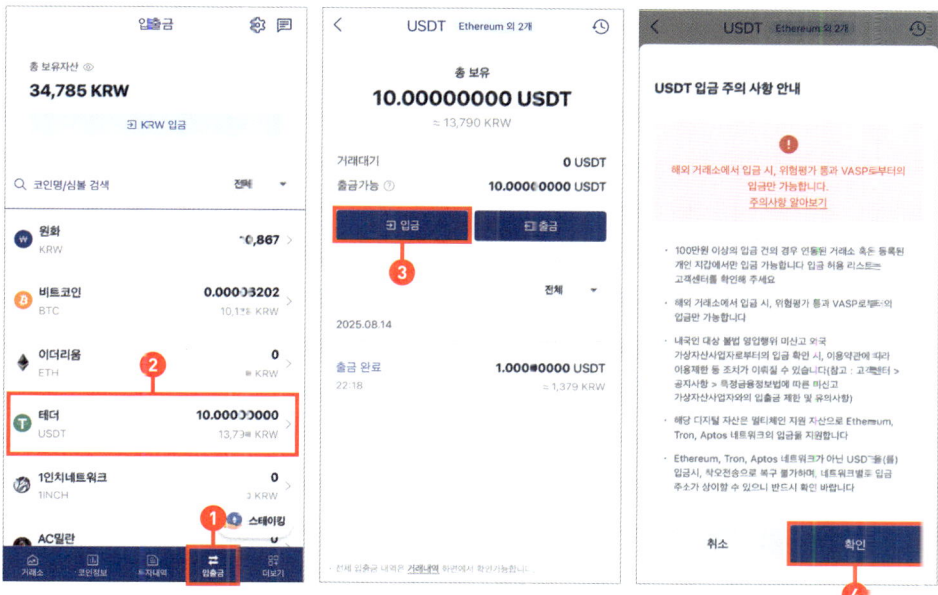

그림 2-53 · 업비트 USDT 입금주소 발급 절차

업비트 앱 메인화면에서 '입출금'을 눌러 들어간 후 ⟨테더USDT⟩를 선택하여 입금 주소를 생성할 수 있다. 입금을 누르면 USDT 관련 입금 주의 사항 안내 팝업이 뜬다. 확인을 누른다.

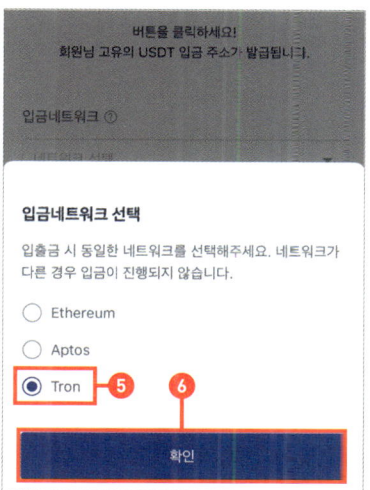

CHAPTER 2. 직접 암호화폐 거래해 보기 　103

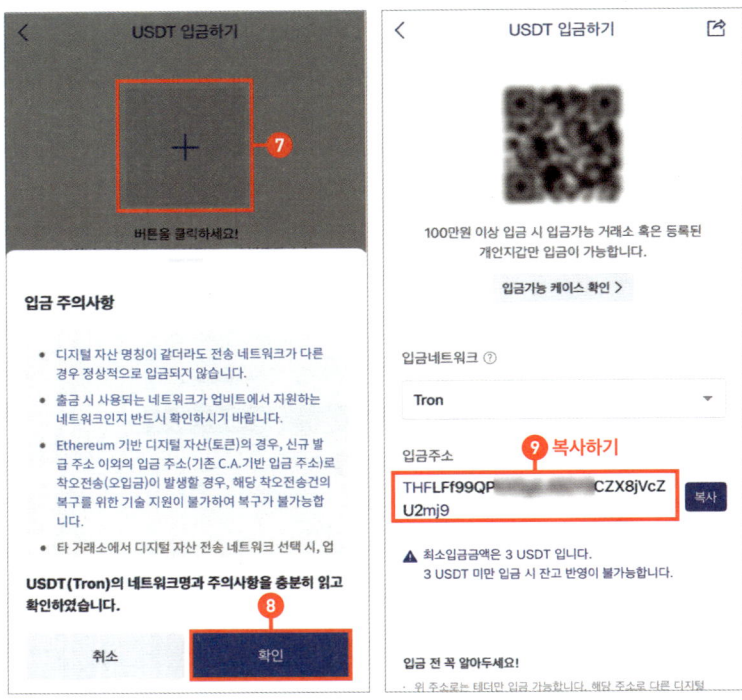

그림 2-54 · 업비트 USDT Tron 네트워크 입금주소 발급 완료

　입금받을 네트워크는 앞서와 동일하게 Tron 네트워크(TRC20)를 선택한다. 〈확인〉을 누르고 화면 상단에 있는 '+' 부분을 클릭해 입금 관련 주의사항 안내를 확인할 수 있다. 이후 USDT Tron 블록체인 입금 주소와 QR코드가 생성된다. 생성된 입금 주소를 복사한 뒤, 다시 바이낸스 앱 화면으로 돌아가 복사한 주소를 붙여넣고, Network를 〈Tron(TRC20)〉으로 선택한다. 마지막으로 출금 수량을 입력한 후 하단에 활성화되어있는 〈Withdraw〉 버튼을 누른다.

바이낸스 화면

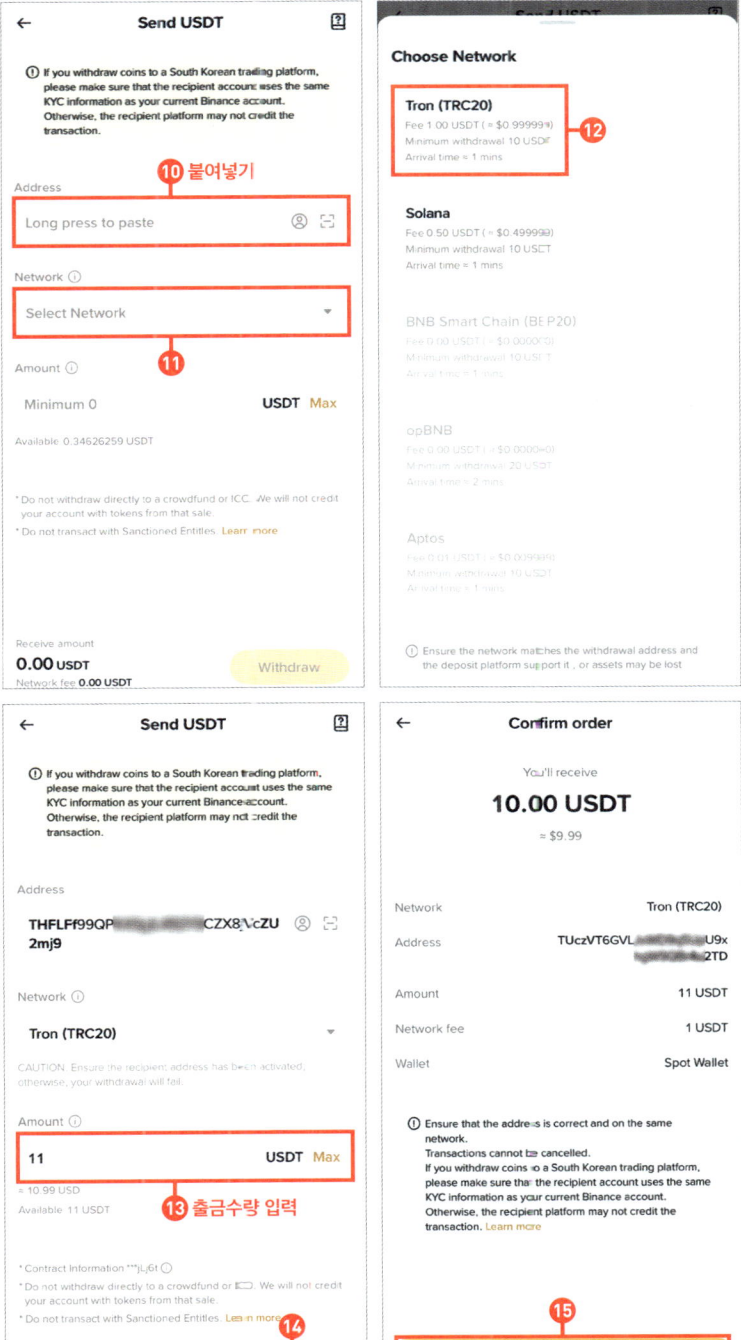

그림 2-55 · 바이낸스 출금정보 입력하기

CHAPTER 2. 직접 암호화폐 거래해 보기 105

마지막으로 입력된 정보와 수수료를 확인한 후 〈Confirm〉 버튼을 눌러 거래를 마무리한다. 가입 시 설정했던 인증수단을 활용해 각각의 방법으로 인증절차를 완료한다. 네트워크가 많이 붐비지 않으면 수분 이내에 출금이 완료되어 업비트 앱에서 보내진 금액을 확인할 수 있게 된다.

이처럼 디지털 자산을 국내 거래소에서 해외 거래소로, 해외 거래소에서 국내 거래소로 보내는 방법에 대해 살펴보았다. 처음에는 다소 복잡해 보일 수 있지만, 몇 번만 하다보면 금방 익숙해질 수 있는 과정이니 약간의 인내심을 가지고 시도해 보면 좋을 것 같다. 그렇다고 해당 과정들을 성급히 진행해서는 안된다. 안내, 주의, 공지 등을 꼼꼼하게 읽어보고 습관적으로 클릭하지 않도록 주의해야 하며, 여러 번 강조하였지만 멀티체인을 지원하는 USDT와 같은 디지털 자산의 경우 반드시 어떤 블록체인을 활용할 것인지 명확히 선택하고 기억해야 한다. 출금, 입금 시에 반드시 동일한 네트워크를 사용한다는 점을 꼭 숙지해야 한다.

07 이론에서 실전으로

디지털화된 자산의 시대에서 모바일뱅킹이나 MTS^{Mobile Trading System}(모바일로 주식 거래를 할 수 있는 시스템)를 이용한 주식매매, 카카오톡을 통한 송금 등에 적응해왔다. 또 한 번 우리는 디지털 자산을 어떻게 보유하고, 관리해야 하는지에 대해서도 습득해야 하는 시대의 변화 앞에 서 있다. 세상이 우리가 적응하기를 기다려주지 않는다면 우리가 세상에 적응하려는 긍정의 마인드가 필요한 때라고 생각한다.

크립토 세계에서는 "Not Your Keys, Not Your Coins"(당신의 키가 아니면 당신의 코인이 아니다)라는 유명한 말이 있다. 이 개념은 크립토를 대하는 가장 핵심적인 철학이라고 할 수 있다. 중앙화된 시스템이 존재하지 않기 때문에 탈중앙화되고 자율적인 소유와 투명한 장부의 관리(열람)가 가능하다. 그러나 동시에 각 개인은 자산 소유에 따른 책임도 직접 감당해야 한다.

반면, 블록체인 기술을 기반으로 하지 않는 전통적인 금융 시스템은 완전한 소유를 보장하지 못한다. 하지만 계좌 비밀번호나 일부 정보를 분실하더라도 정부기관, 은행, 카드사, 보험사, 증권사 등의 도움을 통해 복구할 수 있다. 실물 신분증이나 기존 금융 정보로 본인임을 입증할 수 있기 때문이다.

그러나, 크립토 세계에서는 개인키 Private Key를 소유해야만이 제3자의 간섭 없이 자신의 크립토를 온전히 소유하고 제어할 수 있다. 이 원칙은 언제나 가장 중요한 가치로 두어야 한다. 기존 금융 시스템의 관점에서는 이러한 형태의 완벽한 자산 소유와 권한이 다소 생소하게 느껴질 수 있다. 하지만 이는 외부 간섭이나 통제가 없는, 가장 강력하고 자율적인 자산 소유 방식임을 잊지 말아야 한다.

암호화폐 지갑(Wallet)이란 무엇인가?

암호화폐의 거래를 위해 가장 먼저 준비해야 하는 것은 암호화폐 지갑 Crypto Wallet 이다. 일상생활 속에서도 지갑에 소중한 것들을 담아 다니는 것과 같이 블록체인 세상에서도 디지털 자산들을 관리하기 위해 지갑이 필요하다. 다만 여기서 말하는 '지갑'은 물리적인 형태가 아니라 개념적인 의미로 쓰인다는 점이 현실 세계의 지갑과는 다소 상이한 점이다. 암호화폐 지갑은 블록체인 장부 위에 기록되어 있는 나의 디지털 자산에 접근하거나 관리할 수 있도록 하는 다리 Bridge 와 같은 역할을 한다. 하지만 실제 디지털 자산이 지갑에 들어있는 것은 아니다. 비트코인이나 다른 디지털 자산들은 지갑에 존재하는 것이 아니라 블록체인 상에 데이터로 존재하고 있다.

스마트폰에 설치되어 있는 은행 앱을 통해 거래 내역, 잔고 내역들을 확인할 수 있지만 스마트폰 앱에 자산(돈)이 들어있지 않은 것과 유사한 개념으로 이해할 수 있다. 실제 돈은 은행의 전산시스템 (은행의 중앙화된 장부) 내에 기록 및 보관되어 있다. 우리는 애플리케이션을 통해 해당 내용을 확인하고, 이체 거래를 하는 등의 매개체로 활용하게 된다. 비슷한 예로 스마트폰에 설치된 이메일 앱 역시 앱 안에 자체적으로 이메일을 담고 있지는 않다. 실제 이메일의 내용은 구글이나 네이버와 같은 IT기업의 서버 안에 저장되고 있다. 우리는 단지 앱을 통해 이메일 서버에 접속하여 메일을 확인하는 등의 일을 하게 되는 것과도 유사하게 볼 수 있다.

여기서 가장 중요한 차이점은 바로 이것이다. 은행이나 이메일 서비스는 중앙화된 '기관'이 자산을 관리하지만, 암호화폐 지갑은 중앙 기관의 통제 없이 내가 나의 디지털 자산의 통제권을 온전히 갖는다는 점이다.

만약 스마트폰을 잃어버리거나, 은행 앱을 실수로 삭제했다고 가정하면 나의 자산이 모두 사라졌다고 생각하는 것은 전혀 상식적이지 않은 일이다. 암호화폐 지갑 역시 같은 논리로 지갑 앱이 삭제되거나 스마트 기기, PC를 교체한다고 하더라도, 내가 소유하고 있는 디지털 자산들이 사라진 것이 아니라는 것은 명백한 사실이다. 다만 암호화폐 지갑을 다른 하드웨어로 옮겨서 확인하기 위해서는 개인키Private Key가 필요한데, 이 개인키는 매우 길고 복잡한 256비트로 이루어져 있다.

따라서 개인키를 직접 기억하거나 관리하는 것은 사실상 어렵다. 이런 단점을 보완하여 개인키를 보다 단순하게 복원할 수 있는 기능이 필요하게 되었다. 현재는 대부분의 지갑들은 12~24개의 무작위 단어 조합으로 된 시드 구문Seed Phrase을 통해 개인키를 복원할 수 있다. 이 단어들의 조합을 PC나 스마트폰에 저장하게 되면 해킹의 위협에 노출될 수 있기 때문에 가급적 종이 등에 적어 물리적으로 안전한 공간에 보관하도록 전문가들은 조언하고 있다.

개인키(Private Key)

● 디지털 자산의 완전한 소유를 증명하는 유일한 수단

암호화폐와 같은 디지털 자산을 소유하고 관리하는 데 있어 가장 핵심적인 역할을 하는 것이 바로 개인키(Private Key)이다. 이것은 우리 눈에 보이는 열쇠가 아니지만, 디지털 자산의 소유와 통제를 위한 절대반지와도 같은 유일한 정보다. 그리고 이것을 이해하는 것이 디지털 자산을 지키는 가장 근본적인 지식과도 같다.

암호화폐 지갑은 생성과 동시에 공개키(Public Key)와 개인키(Private Key)를 만들어낸다. 이 두 개의 키는 수학적으로 연결되어있고, 각자의 역할을 하게 된다.

공개키는 말 그대로 '공개되어도 괜찮은' 정보이다. 다른 사람으로부터 암호화폐를 받거나 거래를 할 때 생성된 지갑 주소를 공유해야 하고 이때 역할을 하는 것이 바로 공개키이다. 다른 사람으로부터 송금을 받을 때 계좌번호를 알려주는 것과 같은 이치이다.

개인키는 절대로 타인에게 공개해서는 안 되는 정보다. 인감도장이나 은행의 계좌 비밀번호와 같은 역할을 한다고 이해하면 된다. 블록체인상에서 지갑을 통해 거래를 하게 되면 마지막 단계에서 마치 계약서에 도장을 찍어 계약의 완결을 하는 것과 같이 디지털 서명(Digital Signature)을 하게 되는데, 이 과정에서 개인키를 사용하게 된다. 따라서 개인키가 타인에게 노출되면 나의 자산 역시 안전하지 않게 된다는 뜻이다.

기술적으로는 아주 복잡할 수 있지만, 시드 구문이라는 비교적 단순한 형태로 개인키를 관리할 수 있다. 이 시드 구문만 있다면 새로운 기기에서 지갑을 복원하고, 나의 디지털 자산에 접근할 수 있게 된다. 따라서 이 개인키를 분실하게 되면 불행히도 블록체인상의 디지털 자산에 대한 통제권과 소유권도 상실할 수 있다는 것을 명심해야 한다.

Seed Phrase

1. gentle　2. lemon
3. object　4. adjust
6. cannon　8. cannor
7. vast　9. pattern
10. anxiety　11. accident
12. camera　12. camera

그림 2-56 · 시드구문(Seed Phrase) 예시

● 지갑의 종류

통제권을 누가 가지는지 여부와 인터넷 연결성 여부를 놓고 나누어 볼 수 있다. 통제권으로 구분하는 기준은 개인키를 내가 관리하지 않고 제3자가 보관하고 관리하는 경우이다. 이런 경우를 커스터디얼Custodial 지갑이라고 하며 업비트, 빗썸, 코인베이스, 바이낸스 등의 암호화폐 거래소가 대신하여 개인키를 보관하고 관리해주는 방식이다. 이 방식의 가장 큰 장점은 편리성이다. 거래소가 모든 것을 관리해주기 때문에 아이디와 비밀번호만으로 쉽게 접근하고 거래할 수 있다. 비밀번호를 잊어버려도 복구 절차를 통해 찾을 수 있다. 하지만 치명적인 단점도 있다. 만약 거래소가 해킹을 당하거나 파산하는 등의 문제가 발생하면 내 자산이 큰 피해를 입을 수 있다는 점이다.

개인키를 제3자에게 맡기지 않고 내가 직접 보관하는 지갑을 넌커스터디얼Non-Custodial 지갑, 즉 '비위탁형 지갑'이라 부른다. 지갑의 시드 구문을 내가 보관 및 관리하고 유일한 통제권을 직접 소유하는 방식이다. 메타마스크, 팬텀 등의 지갑이 이에 해당한다. 완전한 소유를 할 수 있는 반면 시드 구문을 분실할 경우 큰 곤경에 처할 수 있다.

인터넷 연결성을 기준으로는 핫월렛Hot Wallet과 콜드월렛Cold Wallet으로 나누어서 구분할 수 있다. 핫월렛은 인터넷에 개인키가 연결되어 있는 지갑을 의미한다. 스마트폰이나 개인 PC 등에 설치된 지갑이 이에 해당하며 거래소의 커스터디얼 지갑이 가장 대표적인 핫월렛이다. 인터넷에 연결되어 있기 때문에 빠르게 거래할 수 있고, 다양하고 편리하게 크립토 세상에서 활동할 수 있도록 도와준다. 다만 연결성이 좋다는 의미는 해킹, 피싱 등의 보안 이슈에 노출될 수 있다는 단점을 가진다.

콜드월렛은 개인키가 인터넷에 연결되어 있지 않은 지갑이다. 기본적으로 오프라인 환경이 유지되며 물리적인 형태의 지갑이다. 이 물리적인 기기 안에 있는 보안칩에 개인키를 보관하는 형태이다. 디지털 자산의 보관이나 거래 시 서명을 할 때 콜드월렛 자체에서 서명이 이루어지기 때문에 개인키가 온라인상에 노출되지 않는 기술적인 특성이 있다. 이러한 이유 때문에 개인 투자자 입장에서는 콜드월렛을 사용하는 것이 현재로서는 가장 안전한 디지털 자산 보관 및 관리 방법으로 여겨진다.

처음에는 편의성과 관리상의 이점 등으로 거래소를 통한 커스터디얼 방식의 핫월렛을 주로 사용하게 되는 게 일반적이다. 하지만 디지털 자산의 투자 규모가 커진다면 보안을 위해 콜드월렛 사용을 함께 병행하는 '균형 잡힌' 활용을 반드시 고려해야 한다.

거래소 선택하기

주식을 사고팔기 위해서는 한국거래소[KRX]를 이용한다. 암호화폐 거래소는 비트코인과 이더리움 같은 암호화폐와 디지털 자산을 매매할 수 있는 플랫폼이다. 기본적인 거래 방식은 주식 매매와 비슷하다. 먼저 현금을 거래소 계좌로 입금한 후 원하는 디지털 자산을 사거나 팔 수 있다. 여기서 한 가지 알아둘 점은 거래소 자체에 계좌가 있는 것이 아니라 연결된 은행 계좌를 통해 입출금 업무를 처리하게 된다는 것이다.

● **거래소의 종류(CEX vs DEX)**

암호화폐 거래소는 크게 중앙화 거래소CEX Centralized Exchange와 탈중앙화 거래소DEX, Decentralized Exchange로 구분할 수 있다. 쉽게 말해, 중앙화 거래소CEX는 증권사와 비슷하다고 볼 수 있다. 모든 거래를 회사가 관리하는 방식이다. 반면, 탈중앙화 거래소DEX는 플랫폼 내에서 peer-to-peer 기반의 마켓플레이스에 가깝다.

특징	CEX(중앙화 거래소)	DEX(탈중앙화 거래소)
운영주체	특정기업(업비트, 바이낸스 등)	스마트 컨트랙트(백서, Code)
자산관리/보관 주체	거래소	사용자
사용자 인증(KYC)	반드시 필요(신분증 등 인증수단 필요)	불필요(개인지갑만 있으면 가능)
친숙도	초보 단계의 투자자에게 친숙하고 간편함	블록체인 및 DeFI에 대한 이해도 필요
보안	거래소가 보안 관리 및 책임	개인이 보안의 최종 책임
법정화폐 가능 여부	원화, 달러 등 입출금 가능	코인이나 토큰을 활용

표 2-1 · CEX(중앙화 거래소) vs DEX(탈중앙화 거래소)

CEX는 업비트나 바이낸스와 같은 특정한 거래소 운영 주체에 의해 운영된다. 거래의 편의성과 자산의 보관도 거래소가 대신하여 맡아주게 된다. 반면 DEX는 스마트 컨트랙트에 의해 운영되며 사용자가 직접 자신의 지갑을 연결하여 자산을 관리해야 한다.

디지털 자산 투자를 처음 시작하는 초보자의 경우 CEX를 통해 거래하는 것이 수월하다. 보유하고 있는 원화나 달러를 가지고 직접 입금하여 바로 사고 팔 수 있으며 대량 거래가 가능하고 친숙한 인터페이스를 제공하고 있다.

DEX를 이용하는 것이 더 적합한 경우의 투자자는 자산에 대한 통제권을 온전히 보유하기를 원하거나 프라이버시를 우선시할 경우다. 아직 중앙화 거래소에 상장되지 않은 초기 토큰이나 프로젝트에 빠르게 투자하고 싶을 때에도 활용된다. 여러가지 코인과 토큰의 교환 및 스테이킹(내가 가진 코인을 네트워크에 맡기고 보상을 받는 것)을 통한 디파이(DeFi) 유동성풀(신규로 나온 토큰을 다른 코인과 거래하는 것은 어려움이 많다. 시장에 유동성이 부족하기 때문이다. 이럴 때 일정한 계약 조건을 토대로 유동성을 제공하게 되면, 보상으로 신규 출시된 코인을 지급해주는 것을 의미한다) 공급 이익을 추구할 수도 있다. 다만 DEX를 통한 거래는 블록체인 및 개인 보안 등에 대한 일정 수준 이상의 지식을 갖춘 후에 하는 것을 추천한다.

KYC(Know Your Customer)란? - 고객 신원 확인 절차

중앙화된 암호화폐 거래소에 가입하기 위해서 신분증으로 본인 인증을 하고 얼굴 사진을 찍어 신원 확인을 하는 등의 절차를 경험하게 된다. 이러한 종류의 일이 KYC(Know Your Customer)라고 하는 고객 신원 확인 제도. KYC는 금융기관이나 디지털 자산 거래소 등과 같은 서비스를 제공하는 기관에서 고객의 신원을 확인하고 검증하는 과정을 말한다.

크립토 자산들은 은행에 있는 돈에 비해 익명성이 높고, 중앙화되어 있지 않는 거래 루트를 통해 자금 이동이 가능하다. 이런 특성으로 암호화폐가 익명성이 요구되는 불법자금세탁(AML, Anti-Money Laundering)이나 테러자금(CTF, Counter Terrorism Financing) 등으로 활용될 잠재적인 위험이 있다. 이러한 위험을 방지하고자 각국 정부나 범정부 기관에서는 암호화폐 거래소 등에 대해 신원 확인을 의무화하고 있다.

불편하지만, 모두가 조금 더 안전하자는 취지로 도입된 KYC는 블록체인의 탈중앙화 이념에는 반한다는 비판도 있다. 하지만 KYC를 통해 거래소는 사기나 명의 도용과 같은 범죄를 예방하고 특정인의 거래 내역을 추적할 수 있게 되는 순기능도 분명히 존재한다. 익명성과 프라이버시의 충돌이라는 논란에도 불구하고, 크립토 생태계의 투명성과 안정성을 높인다는 점에서는 긍정적인 의미를 가지고 있다.

트래블룰(Travel Rule)이란?

거래소 가입을 위해 KYC^{Know Your Customer} 절차를 거쳐 신원을 확인한 것과는 별도로 자금의 흐름을 투명하게 하기 위한 제도가 트래블룰^{Travel Rule}이다. 이 역시 자금세탁이나 테러자금 방지 등을 위한 규제 장치로 이해할 수 있다.

단어 그대로 트래블룰은 자금이 이동하는 것을 여행하는 것에 비유하여 만들어진 단어이다. 트래블룰의 도입 취지는 자금흐름의 투명성 확보와 불법 자금의 이동 경로 추적에 있는 만큼 거래소를 통한 자금(디지털 자산) 이동 시 누구도 이 룰을 피할 수 없다. 기존 은행 간 외화 송금 시에도 송금인과 수취인에 대한 정보를 제출하고 확인하는 것과 같은 유사한 방식이 크립토 세계에도 동일하게 적용되고 있다. 우리나라도 2022년 3월 25일부터 이 제도를 도입해 시행하고 있다. 거래소 간에 100만 원 이상의 가상자산을 이전할 경우에 적용된다.

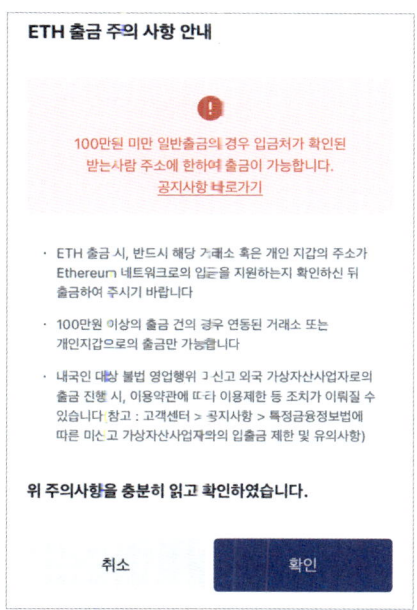

그림 2-57 · 업비트 이더리움(ETH) 이체시 트래블룰 관련 사전 공지

모든 국가에 트래블룰이 도입된 것은 아니기 때문에 해외 거래소로 자금을 보낼 때 반드시 이 점을 체크해야 한다. 꼭 불법 자금인 자금세탁의 목적이 아니더라도 100만 원 이상의 이체 거래는 일상생활에서 빈번하게 발생할 수 있는 수준의 금액이다. 따라서 트래블룰과 같은 규제 환경은 사용자들로 하여금 디지털 자산을 비수탁형 개인 지갑(개인키를 보관하는 넌커스터디얼Non-Custodial 방식의 지갑)으로 일부 옮기게 하는 데 영향을 미쳤다. 개인 지갑 간의 거래는 트래블룰 적용 대상이 현재 아니기 때문이다. 물론 최초 거래소에서 개인지갑으로 100만 원 이상 이체 거래를 할 경우에는 트래블룰에 적용을 받는다.

하지만, 일단 개인지갑으로 디지털 자산이 옮겨지고 나면 이후의 거래는 트래블룰에 대해 크게 신경 쓰지 않아도 된다. 디지털 자산을 직접 통제하고 온전히 소유하는 개인 지갑을 통한 소유는 앞서 살펴본 바와 같이 지갑의 보안과 자산의 관리에 대한 온전한 책임이 전제되어야 한다. 따라서 충분한 블록체인 관련 이해와 지식이 선행된 후에 시도하는 것이 위험을 줄일 수 있는 방법이다.

트래블룰은 아직 논쟁의 여지가 많지만, 앞으로 더 많은 국가들이 도입하고 규제의 틀을 갖춰갈 것으로 전망된다. 이러한 노력들은 결국 크립토 시장의 투명성과 안정성을 높여 대중화의 중요한 발판이 될 것이다.

2025년 7월 기준 업비트에서 디지털 자산 입출금이 가능한 개인지갑은 다음과 같다.

- 메타마스크(Metamask) : 크롬, 네이버. 웨일, 파이어폭스, 브레이브, 마이크로소프트 엣지
- 카이아(Kaia) : 크롬
- 팬텀(Phantom) : 크롬, 파이어폭스, 브레이브, 마이크로소프트 엣지

- 폴카닷(Polkadot) : 크롬, 파이어폭스
- 케플러(Keplr) : 크롬

각 지갑별 지원하는 브라우저가 다르니 반드시 확인이 필요하다.

디지털 자산의 처음과 끝 : 보안, 보안, 보안!!!

크립토 세계에서 보안의 중요성은 아무리 강조해도 지나치지 않는다. 거래소에 있는 자산은 거래소가 대신 보관해주는 것이기에 언제든 피해를 입을 수 있다. 반면, 개인 지갑에 보관된 자산은 개인키를 직접 소유 및 관리하기 때문이 모든 책임이 자신에게 있다는 점을 명심해야 한다. 블록체인이라는 기술 자체는 매우 정교하고 복잡하지만, 이것을 활용하는 과정에서 실수로 많은 것을 잃을 수 있다. 따라서 보안과 관련해서는 반복적으로 이해하고 숙지하는 것이 필요하다.

첫째, Not Your Keys, Not Your Coins(당신의 키가 아니면, 당신의 코인이 아니다). 개인키에 대한 관리의 중요성을 아무리 강조해도 부족함이 없다. 잊지 말아야 할 중요한 사실은 여러분의 거래소 지갑 개인키는 거래소가 대신 관리해줄 뿐, 여러분의 것이 아니다. 디지털 자산의 진정한 소유는 오직 개인키를 직접 소유하는 방식이 유일하다.

둘째, 개인키와 시드 구문은 스마트폰 속의 캡쳐 사진이나 메모 형태 등 온라인 접속의 가능성이 없는 물리적인 형태로 보관, 관리해야 한다. 오프라인 형태로 관리되어야 근본적으로 해킹의 위험이 없기 때문이다. 많은 경우 이메일, 클라우드, 스마트폰 등을 통해 암호화폐의 탈취가 시작된다.

셋째, 예상치 못한 행운은 없다. 이메일, SNS의 광고/메시지 등을 통한 달콤한 유혹과 제안은 단호히 무시해야 한다. 특히나 크립토 세계에서 아무런 이유 없는 운은 없다. 모르는 사람이 보내준 링크나 첨부파일을 절대로 출처에 대한 명확한 확인 전에는 열어서는 안된다.

넷째, 공공장소에서의 거래를 최소화해야 한다. 공공장소에서의 크립토 거래는 가급적 피하며 공용 와이파이를 사용한 거래는 절대로 하면 안 된다. 공공장소의 와이파이를 통해 나의 개인 지갑 주소나 거래소에 연결할 수 있는 빌미를 제공할 수 있기 때문이다.

다섯째, 보유하고 있는 크립토 자산에 대해 타인에게 말해서는 안 된다. 이러한 언행이 스스로를 공격의 대상으로 만들 수도 있다. 이것은 해킹과는 다른 물리적인 위협으로 생명에 직접적인 영향을 줄 수 있는 만큼 조심해야 한다.

이러한 기본적인 습관과 태도를 갖춘다면 여러분의 디지털 자산을 안전하게 지킬 수 있다.

CHAPTER 3

코인 세상으로 한 걸음 더

주요 암호화폐와 생태계

비트코인 너머의 다양한 디지털 자산

　블록체인의 본격적인 활성화와 그 위에서 현재까지 가장 성공적인 비트코인에 대해 개념부터 거래방법까지 다양한 측면에서 살펴봤다. 하지만 크립토 생태계에는 비트코인만이 유일한 암호화폐가 아니며 다양한 코인과 토큰들이 저마다의 존재 이유를 가지며 거래되고 있다. 지난 5년간 대략 비트코인이 전체 암호화폐 시장에서 차지하는 비중은 시기에 따라 다르지만 40%~70%수준의 변동을 보여왔다. 비중의 나머지는 비트코인 이외의 다양한 디지털 자산들이 차지하고 있다. 실제로 2023년 기준으로 비트코인을 제외한 암호화폐가 25,000종 이상 존재하는 것으로 추산된다는 보고서도 있다.

08

비트코인 이외의
다른 크립토

　엔비디아, 마이크로소프트, 애플, 아마존, 알파벳, 메타, 사우디아람코, 브로드컴, TSMC, 테슬라 등 우리가 익히 잘 알고 있는 기업들의 이름이다. 위 10개 회사들은 2025년 10월 기준 전세계에서 시가총액이 가장 높은 회사들의 리스트다. 엔비디아의 시가총액은 무려 4조 달러를 넘나들만큼 거대하다. 크립토 시장에서도 각 디지털 자산별 시가총액 Market Cap(마켓캡)이 존재한다.

　크립토 시장의 시가총액 상위 10개는 비트코인 BTC, 이더리움 Ethereum, 엑스알피 XRP(리플), 테더 Tether, 바이낸스코인 Binance Coin, 솔라나 Solana, USDC USD Coin, 도지코인 Dogecoin, 트론 Tron, 카르다노 Cardano 등이 포함된다. 익숙한 이름도 있을 것이고 그렇지 않은 코인들도 존재할 것이다.

　전세계 상위 열 거의 기업을 볼 때와는 느낌이 조금 다를 것이다. 하지만 위

CHAPTER 3. 코인 세상으로 한 걸음 더

에 언급된 여섯 번째로 시가총액이 큰 솔라나^{Solana}의 시가총액이 2025년 10월 기준으로 1,000억 달러 내외이다. 이 숫자는 나이키, 스타벅스의 시가총액보다 큰 수치다. 이미 디지털 자산 시장은 생각보다 빠르게 확대되고 있음을 다시 한번 체감할 수 있다.

비트코인 이외의 코인들도 각각의 목적과 필요에 의해 생겨났으며, 거래되고, 교환의 대상이 되어가고 있다. 지금부터 비트코인 이외의 다양한 코인들에 대한 이해도를 높이는 것에 집중해 보고자 한다.

비트코인(BTC)과 알트코인(Alt Coin)의 차이점은 무엇인가?

알트코인은 비트코인 이외의 모든 암호화폐를 일컫는 말이다. 알트(Alt)는 'Alternative'의 앞글자를 따서 대체, 대안이라는 의미다. 비트코인의 경우 디지털 화폐로, 중앙집권화되어 있지 않은 개인 간 전자거래 시스템을 그 탄생 이유로 하는 반면, 알트코인들의 경우 각각 다른 목표와 기능들을 가지고 있다.

알트코인 중 가장 규모가 큰 이더리움^{ETH}의 경우에는 스마트 컨트랙트(스마트 계약)를 통해 블록체인을 통한 거래 및 계약 등을 중앙화된 기관 없이 수행할 수 있음을 증명했다. 그 이후 수많은 토큰과 프로젝트들이 이더리움 블록체인 위에서 탄생했다.

비트코인은 본래 디지털 화폐를 목표로 탄생했지만 시간이 지나면서 모든 거래에 사용되기에는 여러 한계가 드러나게 되었다. 그 결과, 비트코인은 이제 '일상적인 거래 수단'보다는 디지털 금^{Digital Gold}처럼 큰 규모의 거래나 가치를 저장하는 수단으로 인식되고 있다.

반면, 알트코인은 각각의 기능이 있는 코인 정도로 사람들의 인식이 모아지고 있는 것 같다. 앞으로는 알트코인들의 중요도도 점차 증가할 것으로 예상되며, 그 중 최근 가장 두드러지는 관심을 받고있는 섹터가 바로 스테이블코인$^{Stable\ Coin}$이다. 스테이블코인은 현실의 법정화폐(주로 달러)와 그 가치를 1:1로 연동할 수 있도록 설계된 코인이다. 따라서 변동성이 적고 실생활이나 디지털 자산을 매매할 때 편리하게 활용할 수 있다. 스테이블코인과 관련해서는 다음 장에서 자세히 다루도록 하자.

비트코인 도미넌스(BTC.D)

비트코인 도미넌스라는 말은 단어 그대로 전체 디지털 자산 시장에서 비트코인이 차지하는 비율(시가총액 비중)을 의미한다. BTC.D라고 표기하기도 한다. 비트코인 도미넌스는 시장의 관심이 비트코인에 어느 정도 몰려있는지 혹은 알트코인에 관심이 어느 정도인지를 체크하는 암호화폐 시장 지표 중 하나이다.

지난 5년간의 비트코인 도미넌스 범위는 대략 40~70% 사이의 움직임을 보였다. 도미넌스가 하락하는 경우에는 알트코인에 대한 비중과 관심이 상대적으로 몰리는 시기로, 사람들의 크립토에 대한 투자심리가 굉장히 우호적일 때 나타난다. 반면, 도미넌스가 상승하는 시기에는 암호화폐의 가장 핵심인 비트코인으로 사람들의 관심이 되돌아오는 것을 의미한다. 긍정적으로 비트코인 도미넌스가 상승하는 시기는 크립토 시장으로 자금이 유입될 때이며, 대장주인 비트코인으로 투자자들의 매수가 먼저 들어오는 경우다. 반대로 부정적으로 비트코인 도미넌스가 상승하는 시기는 알트코인으로부터 투자 자금이 빠져나와 상대적으로 안전한 비트코인으로 이동하는 경우다.

업계에서는 이런 시기를 '크립토 겨울Crypto Winter'이라고도 부른다. 많은 사람들이 암호화폐에 대한 전망에 있어 비관적인 생각이 많이 확산되어 있을 시점에 이러한 현상이 나타난다. 다만, 비트코인 도미넌스는 참고 지표일 뿐 반드시 암호화폐 시장의 상승과 하락을 대변하지는 않는다는 점은 주의해야 한다.

알트코인 자세히 살펴보기

비트코인BTC 블록체인이 2009년 시작된 이후, 2011년 라이트코인LTC, 2013년 리플XRP(지금의 엑스알피), 2015년 이더리움ETH등 주요 알트코인들이 등장했다. 이더리움은 탈중앙화와 보안을 중시하며 설계되었고, 초기 설계시의 거래 처리 속도는 평균 15~30건/초 수준이었다. 이 속도는 전세계의 이더리움 블록체인 거래를 모두 담기에는 부족한 수준이었다. 이더리움 체인상의 거래와 다양한 디앱(DApp, 블록체인상에서 구동되는 탈중앙화된 애플리케이션) 사용자가 급증하면서 이더리움 네트워크의 복잡성이 증가했기 때문이다.

네트워크 혼잡도 증가는 거래를 함에 있어서 수수료 비용Gas Fee(가스비)의 부담 확대와 거래 처리 속도 저하 문제를 불러왔다. 2017년 이후 이러한 이더리움의 단점을 극복하고자 이오스EOS, 트론TRX, 솔라나SOL 등 다양한 레이어1Layer1 체인들이 등장하기 시작했다.

각 알트코인 프로젝트들은 각자의 목적과 기능을 기반으로 독자적인 생태계를 구축하고 있다. 이는 전반적인 암호화폐 및 디지털 자산의 환경을 보다 효율적으로 바꾸는 역할을 하고 있다. 하지만 그 종류가 너무 많아 모두 알기는 불가능한 수준이다. 따라서 이 책에서는 규모와 대중성을 기준으로 몇 가지 유형으로 나누어 알트코인 시장의 구조를 좀 더 쉽게 이해해보고자 한다.

● **레이어1 코인(Layer1 Coin)**

각자의 메인넷(암호화폐 프로젝트가 독립적으로 운영되는 블록체인 네트워크)을 가지고 있는 코인을 레이어1 코인이라고 한다. 자체적인 규칙과 운영 방식을 가진 일종의 플랫폼이라고 이해할 수 있다. 코인의 전송, 스마트 컨트랙트의 실행 등 메인넷 내에서 자체적인 기술을 가지고 운영되는 블록체인 네트워크다.

비트코인, 이더리움, 솔라나, 엑스알피 등 비교적 우리에게 널리 알려진 코인들이 이 범주 안에 들어간다. 해당 코인들은 일반적으로 각자 메인넷의 네트워크에서 기본 토큰으로 사용되며, 플랫폼 유지 와 거래 수수료 지불 등에 활용된다. 여기서 말하는 거래 수수료에 해당하는 것이 블록체인 상에서 사용자가 지불해야 하는 수수료인 가스비Gas Fee이다(127쪽 참고). 네트워크를 사용함에 따라 지불해야 하는 일종의 비용이자, 네트워크 사용의 대가라고 할 수 있다.

● **유틸리티 토큰(Utility Token)**

유틸리티 토큰은 특정 플랫폼 안에서만 사용하도록 설계된 토큰이다. 암호화폐 거래소 코인들이 가장 대표적인 예시이다. 2017년 출시된 바이낸스 거래소의 바이낸스코인BNB이 가장 대표적인 사례라고 할 수 있다. 초기에는 바이낸스 사용자들이 수수료를 할인받을 수 있는 용도로 BNB 코인을 출시했다.

이후 바이낸스와 관련있는 다양한 프로젝트에 참여할 수 있는 권한을 부여하고, 결제에도 활용할 수 있는 등 바이낸스 거래소 생태계 내에서 활용할 수 있는 방법을 다양하게 제공하고 있다. 이를 기반으로 시가총액 기준으로 상위 5위권 내외의 규모까지 성장했다. 탈중앙화된 거래소인 유니스왑UniSwap에서 쓰이는 유니코인^{UNI}은 수수료 할인, 거버넌스 참여, 유동성 공급 등으로 활용할 수 있다. 이 밖에도 블록체인 기반의 게임 내에서 활용되는 토큰들이 유틸리티 토큰의 범주 안에 들어갈 수 있다.

● 밈코인(Meme Coin)

특별한 프로젝트의 목표나 실용성을 갖추기보다는 커뮤니티의 재미와 유행 등에 기반한 디지털 자산이다. 인터넷밈(특정 문화에서 모방을 통해 빠르게 전파되는 아이디어/스타일 등을 의미)이라는 말에서 파생되었다. 가장 대표적인 사례는 도지코인^{Doge}이 있으며, 시바견을 소재로 한 인터넷 밈에서 장난처럼 시작되었다.

이후 커뮤니티의 성장과 온라인 소액결제 등에 쓰이다가 2021년 테슬라의 일론 머스크 등 인플루언서들의 언급 및 참여로 더욱 유명해지면서 가격이 급등하기도 했다. 이 시기를 전후하여 수많은 밈코인이 탄생했다. 다만, 밈코인은 암호화폐 중에서도 변동성이 가장 큰 섹터에 속하기 때문에 장기 투자나 거액을 투자하기에는 위험이 크다는 사실을 잊지말아야 한다.

● 스테이블코인(Stable Coin)

스테이블코인은 금융자산, 화폐, 원자재 등의 산물 자산에 가치가 고정되거나 연동되도록 만들어진 암호화폐이며, 높은 변동성을 나타내는 암호화폐 시장에서 안정적인 가치를 제공한다.

스테이블코인은 담보형과 비담보형으로 크게 구분할 수 있다. 담보형은 법정화폐나 암호화폐, 산물 자산 등을 담보로 하는 특징이 있으며 비담보형은 공급/수요를 기반으로 한 알고리즘 스테이블코인이 대표적이다. 가장 널리 쓰이는 스테이블코인은 미국 달러의 가치와 1:1로 연동되어 있는 달러 스테이블코인이다.

이론적으로는 가격 변동이 거의 없고, 달러와 동일한 가치를 지니고 있어서 그 활용처가 점점 더 많아지고 있다. 테더(USDT)와 써클(USDC)이 운영하는 스테이블코인이 전체 시장의 대부분을 차지하고 있다. 또한 스테이블코인은 송금 서비스나 디파이(DeFi)서비스에도 상당히 많이 활용되고 있으며 크립토 세계의 기축통화(국제 회환 시장에서 금융거래 또는 국제 결제의 중심이 되는 통화) 역할을 하고 있다.

담보형 스테이블코인인 USDT와 USDC는 높은 투명성을 확보하고 있으며 주기적으로 보유하고 있는 자산에 대한 제3자의 검증을 받고 있다. 또한 발행금액만큼의 달러화 혹은 현금에 준하는 미국 단기 국채, RP, MMF 등을 의무적으로 보유하고 있어서 안정성을 확보하고 있다.

가스비(Gas Fee)? - 블록체인 수수료

가스비(Gas Fee)란 블록체인 네트워크 이용에 대한 수수료 개념이다. 이더리움을 기준으로 가스비를 측정하는 일반적인 단위는 1 Gwei(기위)다. 1Gwei는 0.000000001ETH에 해당된다. 블록체인 내에서 암호화폐를 전송하거나 DApp을 활용하게 되면 해당 내용들이 블록체인 네트워크에 처리되고 기록되어야 한다. 이러한 일들은 채굴자 또는 검증자들에 의해 이루어지게 된다. 가스비는 이러한 블록 생성에 기여한 사람들에게 주어지는 보상 체계 개념이기도 하다. 채굴이나 검증에 참여한 사람들은 컴퓨팅 파워와 전기 등 자원을 사용하여 블록체인 네트워크가 자율적으로 작동할 수 있는 근간을 이루고 있다.

이를 통해 블록체인 네트워크가 유지될 수 있는 경제적 유인을 제공하고 또한 모든 블록체인 거래에 대해 비용을 부과함으로써 무분별하고 악의적인 의도를 가진 세력들로부터 블록체인 네트워크를 지키는 보안 장치 역할도 한다. 가스비는 가스 사용량(Gas Limit)에 네트워크 혼잡도에 따라 변동하는 가스 가격(Gas Price)을 곱해서 산출된다. 가스비는 네트워크가 복잡할 때 상승하고, 한산할 때 하락하는 수요/공급 메커니즘에 기반하여 산출된다.

> 급히 처리해야 하는 거래가 아니라면, 가스비가 저렴한 시간대에 거래를 하는 것이 유리하다. 일반적으로는 미국과 유럽의 낮 시간에 해당하는 때가 혼잡도가 높은 편이니 이 시간은 피하는 것이 가스비를 절감할 수 있는 가장 쉬운 방법이다. 또는 Etherscan Gas Tracker, ETH Gas Station과 같은 웹사이트에서 제공하는 실시간 가스비를 확인하는 방법도 있다.

이더리움(Ethereum) : 스마트 계약의 플랫폼

이더리움ETH은 현재 비트코인BTC 다음으로 규모가 큰 암호화폐다. 비트코인이 금이라면 이더리움은 은에 비유할 수 있다. 이더리움은 비탈릭 부테린Vitalik Buterin이 2015년 7월에 론칭한 블록체인 플랫폼의 이름이자, 그 블록체인에서 사용되는 암호화폐의 이름이기도 하다.

이더리움은 거래, 송금의 기능을 넘어서 누구나 어떤 프로그램이든 실행할 수 있는 스마트 컨트랙트Smart Contract(일정한 조건이 충족되면 자동으로 실행되는 프로그램화되어 있는 계약)가 가능하도록 만들어진 메인넷이다. 비탈릭 부테린은 '월드 오브 워크래프트'라는 게임을 즐겨했는데 어느날, 개발사인 블리자드에서 일방적인 업데이트로 게임의 속성이 갑자기 변하는 사건을 경험하게 된다. 이후 중앙화되어 있는 시스템의 문제점에 대해 진지하게 인식하기 시작했다는 일화가 있다.

이더리움의 등장으로 암호화폐와 블록체인이 단순히 거래의 대상을 넘어 다양한 애플리케이션이 실행될 수 있는 네트워크가 될 수 있음이 인식되는 계기가 되었다. 이더리움 블록체인 상에서 탈중앙화된 애플리케이션DApp을 구동시킬 수 있고, 다양한 프로젝트들이 개발될 수 있는 블록체인 플랫폼에 있어서 또 하나의 혁명적인 일이 벌어진 것이었다.

이더리움의 핵심 요소인 스마트 컨트랙트를 통해 기존에 계약을 위해 반드시 필요했던 계약 당사자 간의 신뢰 또는 신뢰를 대신해줄 수 있는 중재자(예: 금융기관, 변호사 등) 없이도 거래가 가능해졌다. 또한, 블록체인 상에서 작동할 수 있는 코드를 통해 특정한 조건이 만족될 때 자동으로 계약 관련한 내용들이 실행되도록 하는 프로그래밍 환경을 제공한다. 비트코인이 시작한 블록체인 시대의 공간과 개념을 엄청나게 확장시킨 '프로그래밍이 가능한 블록체인'으로의 진화라고 할 수 있다.

● 더 다오(The DAO) 해킹사건

이더리움 출시 후 얼마 지나지 않은 2016년 6월, 다오 프로젝트$^{\text{The DAO Project}}$ 해킹 사건이 발생하게 된다. 다오^{DAO}는 Decentralized Autonomous Organization의 약자로, 탈중앙화된 자율 조직이다. 더 다오$^{\text{The DAO}}$는 이더리움의 스마트 컨트랙트 기술이 활용되어 설립된 세계 최초의 탈중앙화된 자율 조직이었다. 더 다오는 디지털 자산에 제3자의 개입이 없이 투자할 수 있는 프로젝트였다.

투자자들은 투자된 비율에 해당하는 다오 토큰$^{\text{DAO Token}}$을 받고, 투자 프로젝트가 성공하게 되면 보유한 다오 토큰만큼의 수익을 나누어 갖는 구조로 설계되었다. 주식을 취득하여 배당을 받는 것과 비슷한 개념이다. 이 모든 과정이 이더리움 블록체인 상에서 스마트 컨트랙트 코드를 통해 구현되었다. 특정 펀드매니저가 존재하지 않고, 더 다오에 참여하고 있는 다수의 사람들이 투자 의사 결정을 자율적으로 하는 새로운 형태의 거버넌스를 만들어가고 있었다.

당연히 비탈릭 부테린도 이 혁신적인 프로젝트에 기꺼이 참여하였고, 당시 기준으로 약 1억 6,800만 달러 규모의 투자 유치에 성공하게 된다. 이후 특정 해커들은 더 다오의 코드 중 취약한 점을 발견하게 되고, 360만 이더리움을 빼앗아간다. 당시 시세로는 약 650억 원 내외의 엄청나게 큰 해킹 사건이 발생하게 된 것이다.

● **이더리움 하드포크(새로운 블록체인으로 갈라지는 것)**

이 이벤트 이후 이더리움 체인 내에서는 큰 논쟁이 시작되었다. 해킹당한 자금은 불법적인 일이기 때문에 자금을 되찾기 위해 블록체인 거래 기록을 해킹당하기 이전으로 되돌려야 하는가?라는 물음이 바로 그것이다. 커뮤니티에서는 불법적인 범죄를 바로잡기 위해 거래 기록을 되돌려야 한다는 하드포크 Hard Fork(기존 블록체인 프로토콜과 호환되지 않는 변경으로 새로운 블록체인이 생성되는 것) 찬성파와 해커들이 한 짓은 문제가 있지만, 블록체인에 인위적인 변화를 주는 것은 탈중앙화 정신에 위배된다는 하드포크 반대파들이 격하게 대립하게 되었다. 사실 블록체인은 인위적인 변화를 누군가가 임의로 할 수 없다는 불변성이 아주 중요한 가치라는 면에서 이더리움 참여자들은 당시 상당한 딜레마에 빠졌던 것으로 기록되어 있다.

결국 다수결에 의해 이더리움 네트워크에 참여한 커뮤니티 멤버들은 해킹을 바로잡는 쪽으로 하드포크를 실행하기로 결정하게된다. 이에 따라 블록체인상의 기록을 해킹 이전으로 되돌리는 새로운 블록체인이 탄생하게 되었다.

이 하드포크된 새로운 블록체인이 우리가 현재 알고 있는 이더리움 ETH이다. 이 때 코드를 수정하는 것에 반대한 쪽은 하드포크에 동의하지 않고, 기존의 블록체인에 정당성을 주장하며, 이더리움클래식 ETC으로 남는 선택을 하게 된다. 커뮤니티의 합의에 따라 블록체인 네트워크의 의사결정을 스스로 할 수 있음을 보여준 큰 사건이었으며, 일반 대중들에게 블록체인 기술인 '포크'에 대한 관심을 불러일으킨 계기가 되기도 했다. 이후 더 다오 프로젝트는 결국 성공하지 못하고 종료되었고, 이에 실망한 투자자들로부터 외면을 받으며 이더리움의 가치는 큰 폭으로 하락하는 쓰라린 경험을 하게된다.

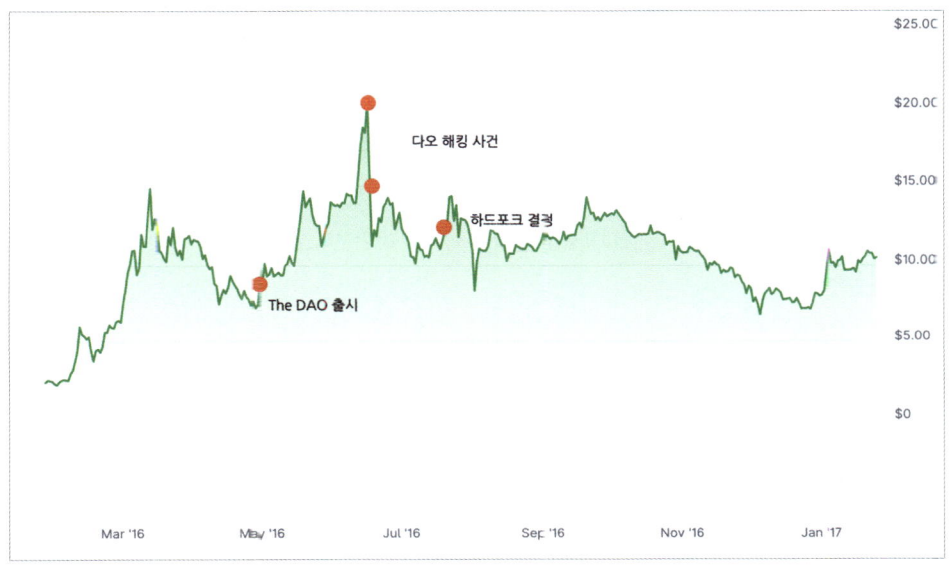

그림 3-1 · 더 다오 해킹사건과 이더리움 차트

 **포크(Fork)란 무엇인가? – 블록체인의 업그레이드**

블록체인에서 '갈라지다'는 의미를 가지고 있는 포크(Fork)는 블록체인에 어떤 변화가 생기는 것을 의미한다. 이것은 기술적으로는 블록체인 네트워크 내에 새로운 기능이나 규칙 등 프로토콜을 바꿔야 하거나 전반적인 블록체인 네트워크에 대한 업데이트 필요성이 발생할 때 벌어지는 이벤트이다.

포크는 탈중앙화되어 있는 블록체인 생태계가 커뮤니티의 자율적인 의사결정을 통해 진화하는 것으로 볼 수 있으며, 더 나은 방향으로의 개선을 지향하여 블록체인의 지속 가능성에 생명을 불어넣는 것과도 같은 일이다. 물론 포크가 항상 이렇게 장밋빛 배경하에서만 진전이 되는 것은 아니지만 큰 흐름에서 봤을 때, 블록체인 네트워크가 자율적으로 발전해나가는 과정이라고 할 수 있다.

포크는 기존 블록체인 규칙의 부분적인 수정을 통해 포크 이전과 이후 기존 블록들 간의 호환성이 유지되는 소프트포크(Soft fork)와 전면적인 규칙 변화를 통해 기존 블록체인 노드와는 완전히 분리된 별도의 체인으로 분기하는 하드포크(Hard fork)로 구분할 수 있다.
하드포크의 대표적인 예는 이더리움 섹션에서 다루었던 이더리움(ETH)과 이더리움클래식(ETC)으로 나뉘게 되었던 더 다오 해킹 사건이 있다. 소프트포크의 예로 가장 많이 언급되는 것 중 하나는 비트코인 블록체인에서 있었던 세그윗(SegWit, Segregated Witness) 업데이트다. 비트코인은 초기에 블록 크기가 1MB 정도로 작다 보니 블록당 처리할 수 있는 용량의 한계에 부딪히게 되었다. 이것은 처리속도의 지연과 거래 수수료의 상승을 야기하여 블록체인 유지 및 확장에 문제가 되었다.

이를 해결하고자 블록체인의 데이터 구조를 변경하여 디지털서명 데이터를 분리하고 별도로 저장하여 네트워크 효율성을 증가시키는 세그윗 업데이트를 실행하게 되었다. 세그윗 소프트포크를 통해 기존 비트코인 블록들 간의 효율성을 유지하면서 거래 처리량을 늘리고 수수료를 감소시키는 등의 긍정적인 개선 효과도 발생하였다.

● **ERC-20(Ethereum Request for Comments #20)와 ICO**

더 다오 해킹 사건 이후 이더리움은 2017년 누구나 손쉽게 크립토 자산(암호화폐, NFT, DeFi 프로젝트 등)을 생성할 수 있다는 점이 부각되며, 거대한 반전이 시작되었다. 이더리움 네트워크 내에는 ERC-20 Ethereum Request for Comments #20 이라는 표준이 있다. 이 표준은 이더리움 블록체인 내에서 발생하는 계약, 애플리케이션 간의 원활한 작동을 가능하게 한다.

ERC-20 표준을 통해 개발자들은 다양한 형태의 DApp, 프로젝트를 개발할 수 있으며, 다양한 토큰을 생성할 수 있다. 이를 활용해 누구나 쉽게 토큰을 발행할 수 있게 됨에 따라 ICO^{Initial Coin Offering}(초기 코인 공개를 의미, 주식 시장의 IPO와 유사한 개념)의 불장이 시작되었다. 하루에도 수많은 프로젝트들이 다양한 아이디어를 제시하며 탄생하였고, 심지어는 구체적인 프로젝트의 비전도 없이 몇 페이지 짜리 백서^{White Paper}의 발표만으로도 단 시간에 큰 투자 금액이 모이는 일도 빈번히 발생했다. 상상하던 탈중앙화된 시대를 앞당기는 이더리움 네트워크의 빅뱅이 시작된 것이다.

● ERC-721(Ethereum Request for Comments #721)와 NFT

2018년 ERC-721^{Ethereum Request for Comments #721} 표준이 정식으로 도입되었다. 이를 통해 대체 불가능한^{Non Fungible} 유일한 디지털 자산이 만들어질 수 있는 토대가 마련되었다. 토큰을 만들 때 따라야 하는 ERC-20 프로토콜 하에서 생성된 토큰은 동등한 가치로 교환, 거래될 수 있는 것이 큰 특징이었다. 동일한 프로젝트에서 생성된 토큰은 단위 당 동등한 가치를 지니게 된다. 마치 내가 가지고 있는 500원짜리 동전과 내 친구가 가지고 있는 500원짜리 동전이 동일한 것과 같은 이치다.

반면 ERC-721 표준은 이더리움 네트워크 내에서 대체 불가능한 토큰의 도입을 가능하게 해주었다. 즉, 특정 화가의 미술 작품처럼 이 세상에 하나뿐인, 고유한 디지털 자산이 만들어질 수 있게 된 것이다. 이 토큰 표준 위에서 크게 주목을 받기 시작한 프로젝트는 크립토키티^{CryptoKitties}라는 NFT를 활용한 게임이다.

이더리움 체인에서 나만의 가상 고양이를 구매하고, 고양이끼리 서로 교배시켜 번식을 시키는 방법 등을 통해 고양이를 수집하는 간단한 게임이다. 고양이를 플레이어 간에 서로 교환, 매매하려면 이더리움을 매개로 하여 거래가 이루어졌다. 각각의 고양이 캐릭터는 고유한 특성을 지닌 형태로 생성되었고, 속성의 희귀성에 따라 고양이 NFT가 17만 달러 이상에서도 거래되는 등의 과열 분위기도 형성되었다. 사람들의 관심 속에 크립토키티의 접속자 수가 폭증함에 따라 이더리움 블록체인의 과부하가 발생하였고, 심한 경우 평상시의 수십 배 수수료(가스비)가 발생하는 등의 문제를 낳기도 했다. NFT를 통해 현실 세계의 등기를 통한 소유권이 디지털상의 소유권으로도 동일하게 증빙될 수 있음을 확인한 대단히 역사적인 사건이었다.

이더리움Ethereum 플랫폼에서 쓰이는 네트워크 통화로서의 이더리움ETH은 체인 상에서 발생하는 거래 처리를 위한 수수료Gas Fee로도 쓰이며, 그 자체로 비트코인처럼 가치를 지니고 있기도 하다. 이더리움도 처음에는 비트코인처럼 작업증명PoW 채굴 방식을 도입했다. 네트워크가 거래를 처리하기 위해서는 연산의 복잡도에 비례하여 이더리움ETH이 소모되는데, 이때 이 블록 생성에 참여한 채굴자들에게 일부가 보상으로 돌아갔다.

이더리움 블록체인에서 활성화되는 DeFi 프로젝트, NFT, ICO 등으로 인한 과도한 트래픽으로 수수료Gas Fee의 심각한 상승을 경험하게된다. 10 달러 가치의 토큰을 보내기 위해 100 달러의 수수료가 필요한 경우도 빈번히 발생했다. 이런 문제점으로 인한 사용자의 불편을 해결하고자 이더리움 커뮤니티는 또 한 번의 업그레이드를 시도한다.

2022년 채굴 방식을 작업증명PoW에서 지분증명PoS으로 전환화는 '더 머지The Merge'라는 이더리움 블록체인 업데이트가 그것이다. 이를 통해 작업증명 시 소모되었던 에너지 소비량을 대부분 절감하는 동시에 블록 생성의 효율성을 강화하는 방향으로 진화했다. 수많은 논란과 우려를 뒤로하고 2022년 9월 15일 성공적으로 업그레이드가 완성됐다. 이후에도 이더리움의 확장성과 스마트 컨트랙트 기능을 적극 활용하여 DeFi, NFT 등 수많은 분야의 혁신들이 지금도 계속 벌어지고 있다.

💰 엑스알피(리플, XRP): 국제 송금에 특화된 코인

5초!

엑스알피XRP(얼마 전까지 리플로 불리던 코인)가 블록체인을 통해 어디든 도달하는 데 걸리는 평균 시간이다. 인터넷의 등장으로 과거 편지나 전보 등의 수단을 통한 정보전달 효율성은 드라마틱한 개선을 이루었다. 이메일을 통해 단 몇 초 만에 전세계 어느 나라에 있는 사람과도 정보를 교류할 수 있게 되면서 물리적인 제약이 더 이상 큰 장애요인이 아니게 변화되었다. 그리고 스마트폰의 등장과 인터넷 속도의 비약적인 발전을 통해 이 물리적인 거리는 더 간편하고 더 빠르게 초연결 사회로 진화하여 현재에 이르고 있다.

그러나 국제 송금은 이러한 인터넷의 진화 속도에 이르고 있지 못하고 있었다. 국제 송금을 위해서는 여러 중개기관(은행, 감독기구 등)을 거쳐야 하며, 거래 통화가 지원되지 않는 경우 불필요한 환전을 위해 수수료를 지불해야 했다. 이러한 문제 의식에서 출발하여 2012년 출시된 프로젝트가 바로 25년 2월 7일 이전까지는 리플XRP로 알려져 있던 엑스알피이다.

비트코인의 총 발행량이 2,100만 개이듯 엑스알피XRP도 처음에 1,000억 개의 엑스알피XRP가 발행되었다. 이렇게 사전에 블록체인의 모든 코인을 다 발행하는 것을 프리마인Pre-mine이라 한다. 이후 추가발행은 없고 거래 수수료의 일부가 소각되어 영구히 사라지는 구조를 가지고 있다. 점진적이기는 하지만 네트워크 내에 있는 1,000억 개의 엑스알피XRP 수량은 서서히 줄어들게 설계되었다. 물론 이것이 엑스알피XRP 수량의 감소를 의미하지는 않는다. 왜냐하면, 아직도 발행된

수량 중 상당 부분은 리플Ripple사가 에스크로(판매자와 구매자 사이에 신뢰할 수 있는 제3의 중개인을 통해 안전하게 거래할 수 있도록 도와주는 서비스) 계정에 넣어두고 매달 일정 수량을 해제하여 시장에 공급하고 있다.

엑스알피는 은행 간 송금의 혁신을 통해 글로벌 금융 시스템의 변화를 추구하며 시작된 블록체인이다. 빠른 속도와 낮은 수수료를 통해 거래비용을 획기적으로 낮추는 국제 송금 네트워크가 탄생한 것이다. 빠르면 몇 시간, 길면 며칠씩 걸리던 국제 송금을 평균 5초 내외로 가능하게 설계되었다. 환전도 따로 필요없다. 보내는 쪽에서 엑스알피로 보내면 받는 쪽에서는 엑스알피로 받으면 거래가 종결된다. 필요할 경우 엑스알피를 받은 쪽에서는 현지의 거래소를 통해 원하는 통화나 암호화폐로 바꾸면 그만이다. 엑스알피 거래를 통하면 중개기관의 개입 없이 소액 송금도 얼마든지 편리하게 가능해진다. 인터넷 혁명, 모바일 혁명과 같은 국제 송금 시스템 혁명이 엑스알피를 통해 시작되었다.

25년 초 엑스알피 블록체인에서 쓰이는 암호화폐의 이름이 리플XRP에서 엑스알피XRP로 바뀐 이유가 있다. 리플Ripple은 크리스 라슨Chris Larsen과 제드 맥케일럽Jed McCaleb이 설립한 기업의 이름이다. 그리고 이 리플Ripple이라는 회사의 블록체인에서 쓰이는 암호화폐의 이름이 리플XRP이었다. 이 두 가지가 부르는 명칭은 같은데 다른 개념을 이야기하다 보니 종종 혼돈을 불러일으켰다. 이러한 혼돈을 바로잡고자 하는 이유로 지금의 엑스알피XRP로 바뀌게 된 것이다.

비트코인과 이더리움(2022년 더 머지The Merge를 통해 지분증명방식을 전환PoS)은 채굴을 통해 블록체인을 유지하는 시스템인 반면, 리플은 채굴 없이 신뢰할 수 있는 검증자Validators에 의한 합의로 블록을 검증하고 생성하는 방식으로 설계되었다. 이를 통해 다른 블록체인보다 에너지 효율과 처리 속도의 비약적인 향상을 이룰 수 있었다. 다만, 탈중앙화 관점에서 다른 블록체인에 비해서는 리플사의 영향력이 크다는 비판도 존재한다.

엑스알피를 이야기할 때 항상 함께 따라오는 이슈가 있다. 바로 SEC(미국증권거래위원회)와의 소송이다. SEC가 리플사의 경영진에게 제기한 소송의 내용은 엑스알피의 증권성 여부이다. 여기서 말하는 증권성이라는 것은 엑스알피가 디지털 자산이면서 동시에 SEC의 규제를 받아야하는 증권이라는 것이다. 증권에 해당하면 리플사는 엑스알피로 자금을 조달한 행위가 증권법을 따랐어야 하는데 그러지 않았기 때문에 잘못되었다라는 것이 SEC의 주장이다. 한마디로, 리플이 발행한 엑스알피도 증권에 해당하는데 다른 증권들을 발행할 때처럼 절차를 지키지 않았기 때문에 위법을 저질렀다고 지적하는 것이다.

규제 당국 역시도 새로운 디지털 자산의 세계에서 혼란스러운 모습을 보이는 것이라고 지적할 수도 있다. 하지만 이러한 논쟁은 긍정적으로 해석하자면, 새로운 세상에 적응해가는 과정이라고도 볼 수 있다. 아직 리플사와 SEC의 소송은 완전히 끝나지는 않았지만 어떤 식으로든 머지 않은 시일 내에 결론이 날 것이고, 이 결론은 디지털 자산의 성장 과정에 있어서 커다란 파장을 남길 것은 거의 확실하다.

솔라나(SOL) : 빠른 거래 속도가 특징

솔라나Solana는 초당 스만 건의 블록체인 거래를 처리할 수 있는 빠른 속도와 저렴한 수수료의 장점을 가진 레이어1Layer1(레이어1 블록체인은 비트코인, 이더리움, 엑스알피처럼 자체 메인넷을 가지고 있는 블록체인 네트워크) 블록체인이다.

퀄컴Qualcomm 엔지니어 출신인 아나톨리 야코벤코Anatoly Yakovenko라는 컴퓨터 엔지니어가 솔라나 랩스Solana Labs라는 회사를 창업하면서 솔라나의 본격적인 역사가 시작되었다. 기본적으로는 이더리움과 같이 스마트 컨트랙트를 지원하지만, 압도적인 처리 속도를 차별화의 포인트로 내세워 프로젝트를 개발해 나갔다. 이후 2020년 3월에 메인넷 베타 버전을 런칭하여 솔라나를 세상에 본격적으로 알리기 시작했다. 이더리움이나 비트코인 블록체인은 탈중앙화라는 가치에 집중했기 때문에 반대급부로 낮은 처리 속도의 문제점을 안고 있었다. 솔라나는 PoHProof of History(역사증명)(블록체인 시스템의 새로운 시간 기록 방식을 암호학적으로 증명하여 네트워크의 거래가 신속하게 이루어질 수 있도록 하는 기술)라는 혁신을 통해 아주 빠른 처리 속도를 구현해낼 수 있었다. 솔라나 블록체인에서 쓰이는 솔라나SOL 코인은 네트워크의 가스 수수료와 스테이킹 토큰의 역할을 하며 성장하였고, 2025년 10월 현재 디지털 자산 중 시가총액 6위의 규모로 성장하였다.

솔라나가 가지고 있는 빠른 처리 속도(처리량)와 낮은 처리 수수료로 인해 블록체인 상에서 구동되는 다양한 DApp들과의 확장성이 증가하고, 대량의 거래를 안정적으로 처리할 수 있게 되면서 빠르게 성장할 수 있었다. PoS 방식으로 전환이 이루어지기 전에 이더리움의 가장 큰 문제점 중 하나였던, 트래픽이 몰리는 구간에서 가스비가 폭등하는 단점을 솔라나 네트워크가 획기적으로 개선하였다.

2021년 당시 하루에도 수십 개의 NFT 프로젝트, 디파이DeFi 프로젝트들이 쏟아지면서 블록체인 네트워크는 과부하 상태에 놓이게 되었다. 그러나 사람들의 욕망은 이러한 환경에도 아랑곳하지 않고 새로운 NFT를 민팅하고 투자하는 데 열을 올렸다. 이더리움이 감당할 수 없었던 가스비 폭등과 처리 속도 지연 등의 문제로 인해 많은 DeFi 개발자들과 NFT 프로젝트들이 솔라나 네트워크로 옮겨갈 이유가 생기게 된 것이다.

뿐만 아니라 빠른 네트워크의 장점과 저렴한 수수료는 결제, 금융과 같은 분야와 너무나 궁합이 잘맞는 특성이다. 2022년 발표된 솔라나 페이^{Solana Pay}는 결제 수단으로 활용되기 시작했다. 온라인 스토어인 쇼피파이^{Shopify}에서 스테이블 코인인 USDC 결제 서비스를 제공했다. 또한 글로벌 결제 기업인 비자^{Visa}와 제휴해 솔라나 블록체인의 활용성을 테스트하기도 했다.

최근에는 솔라나 창업자인 아나톨리 야코벤코가 밈코인과 NFT를 디지털 쓰레기라고 발언하여 비난을 받기도 했다. 이 주장에 대한 정확한 배경에 대해서는 알려지지 않았다. 하지만 이후 며칠 뒤 인터넷 금융 시장 로드맵을 발표하며 스마트 컨트랙트를 밀리초 단위까지 거래 제어할 수 있는 시스템을 도입하겠다고 밝혔다. 밈코인으로 성장 발판을 마련한 솔라나의 네트워크 정체성을 금융 인터넷으로 확장하고자 하는 의도가 있지 않았나 추측해볼 수 있는 대목이다.

기타 암호화폐들

이더리움, 솔라나, 엑스알피처럼 자체 생태계를 가진 레이어1^{Layer1} 코인 외에도, 특정한 사용 목적을 가진 다양한 코인들이 존재한다.

● **바이낸스 코인(BNB)**

바이낸스 코인^{BNB}은 세계 최대 규모의 디지털 자산 거래소인 바이낸스^{Binance} 생태계에서 다양한 용도로 활용할 수 있는 유틸리티 토큰이다. 2017년 토큰 발행 이후 거래 수수료 지불 용도로 시작되었으나 이후 거래소 내 다양한 이벤트나 혜택을 제공하는 형태로 계속 확장 중이다. 초기 플랫폼은 이더리움 블록체인의 ERC-20 기반 아래 출발하였으나, 이후 2019년 바이낸스 체인 Binance Chain, BSC의 메인넷을 출시하면서 자체 블록체인으로 진화하였다.

바이낸스 코인은 수익의 일부를 주기적으로 BNB 코인을 바이백 Buyback(암호화폐 발행 주체가 시장에서 유통되고 있는 코인을 다시 사들이는 것)한 후 소각하는 절차를 통해 코인의 가치를 유지하거나 높이기 위한 거버넌스 정책을 가지고 있다. 이는 주식 바이백이 주주의 이익 가치를 높이는 것과 마찬가지로 코인 보유자들에게 BNB 코인 감소에 따른, 토큰 보유자들의 가치 제고 활동으로 이해할 수 있다. 거래소 이용자들의 편의를 위해 기획된 유틸리티 토큰이지만 지금은 보다 더 넓은 사용처를 확보해 나가는 중이다.

● **도지코인(Doge)**

특별한 프로젝트의 목표나 실용성을 갖추기보다는 커뮤니티의 재미와 유행 등에 기반한 암호화폐를 앞서 밈코인이라고 정의했다. 현재는 셀 수 없을 정도로 많은 밈코인이 존재하며, 매일 새로운 밈코인이 탄생하고 없어지기를 반복하고 있다. 이러한 밈코인의 원조라 할 수 있는 것이 바로 도지코인 Doge이다. 2014년 소프트웨어 엔지니어인 빌리 마커스와 잭슨 팔머가 말 그대로 재미로 시작하게 된 것이 그 기원이다.

당시 인터넷상에서 인기가 많았던 '시바견'을 대상으로 유머러스한 풍자를 하려고 만든 재미 위주의 코인이 커뮤니티의 확산 등으로 그 규모가 급격히 확대되었다.

테슬라의 CEO인 일론 머스크가 언급하며 급등한 적도 있고 레딧, X 같은 소셜미디어 공간에서 소액의 팁을 주는 용도로도 쓰였다. 일부 기업에서는 도지코인을 결제 수단으로 도입한 경우도 있고, 기부 캠페인을 통해 기부용 코인으로 활용되기도 했다. 장난으로 시작한 일이 장난이 아니게 된 셈이다. 현재는 대부분의 거래소에서 구매할 수 있고, 채굴도 가능하다. 최근 암호화폐 중 10위 이내의 시가총액 규모로 성장했다.

도지코인은 빠르고 저렴한 P2P(개인 간) 결제 수단으로 현재 그 쓰임새를 넓혀 가고 있으며 거대한 커뮤니티의 지지를 기반으로 하고 있다. 다만, 공급량이 제한되지 않고 밈코인의 특성상 변동성이 크다는 점은 주의해야 할 점이다.

Rank	Name	Symbol	Market Cap	Price	24h	7d	Price (30 days)
1	Bitcoin	BTC	$2.116 T	$106,163	-4.71%	-12.69%	
2	Ethereum	ETH	$458.72 B	$3,800	-6.11%	-12.38%	
3	Tether	USDT	$181.63 B	$1	0.01%	0.01%	
4	Binance Coin	BNB	$147.8 B	$1,061	-9.74%	-16.26%	
5	XRP	XRP	$136.39 B	$2.28	-6.98%	-19.27%	
6	Solana	SOL	$99.51 B	$181.98	-7.09%	-17.64%	
7	USD Coin	USDC	$75.97 B	$1	0.08%	0.06%	
8	stETH (Lido)	STETH	$34.45 B	$3,602	1.27%	2.95%	
9	TRON	TRX	$29.32 B	$0.31	-4.13%	-7.56%	
10	Dogecoin	DOGE	$27.69 B	$0.18	-8.20%	-26.91%	

그림 3-2 · 크립토마켓 시가총액(25년 10월)

레이어2(Layer 2, L2) 솔루션 : 더 빠르고 효율적인 블록체인

암호화폐의 세계를 더 잘 이해하기 위해 '블록체인 트릴레마'라는 핵심 개념을 알아야 할 필요가 있다. 이더리움 블록체인의 창시자인 비탈릭 부테린이 2017년 제시한 이 개념은 블록체인이 가지고 있는 딜레마를 설명한다.

블록체인 트릴레마란 확장성 Scalability, 보안성 Security, 탈중앙화 Decentralization 세 가지 핵심 가치를 모두 완벽하게 달성하기 어렵다는 개념이다. 이는 경제학의 '불가능의 삼각형'과 유사한 원리로, 세 가지 중 최대 두 가지만 동시에 달성할 수 있다는 것이다.

확장성은 블록체인이 얼마나 많은 거래를 빠르게 처리할 수 있는지를 의미한다. 우리가 일상에서 사용하는 결제 시스템과 비교해 보면 그 차이가 극명하다. 비자 Visa는 초당 최대 24,000건, 마스터카드 Mastercard는 초당 5,000건 처리가 가능하다. 반면 비트코인은 초당 7건, 이더리움은 초당 15건 수준이다. 이는 마치 8차선 고속도로에서 수용 가능한 교통량을 갑자기 2차선 도로 위에 가져다 놓는 것과 같다. 사용자가 늘어날수록 거래는 밀리게 되고, 수수료는 치솟게 된다. 실제로 2021년 NFT 열풍 당시 이더리움에서 간단한 거래 하나에 수십만 원의 가스비가 발생했던 것이 대표적인 사례다.

보안성은 블록체인 네트워크가 해킹이나 악의적인 공격으로부터 얼마나 안전한지를 나타낸다. 이는 은행 금고의 두께와 같은 개념이다. 더 두꺼운 금고일수록 안전하지만 열고 닫는 데 더 많은 시간이 걸린다. 블록체인에서 보안성은 네트워크 참여자(노드)의 수와 분포, 합의 알고리즘의 강도, 51% 공격에 대한 저항성(해시 파워나 지분의 과반 장악 방지) 같은 요소들로 결정된다.

탈중앙화는 권력의 분산을 나타낸다. 네트워크를 운영하는 권한이 특정 개인이나 집단에 집중되지 않고 여러 참여자에게 분산되어 있는 정도를 의미한다. 이는 민주주의와 독재의 차이와 같다. 민주주의는 더 공정하지만 의사결정에 시간이 오래 걸린다.

트릴레마가 발생하는 이유는 노드(네트워크 참여자)가 많아질수록 더 많은 검증이 필요해 탈중앙화와 보안성은 높아지지만 그만큼 거래 처리 속도는 느려지기 때문이다. 반대로 처리 속도를 높이려면 검증 과정을 간소화하거나 일부 노드만 거래를 처리하게 해야 하는데 이는 보안성이나 탈중앙화를 포기해야 함을 의미한다.

비트코인의 경우 보안성과 탈중앙화에 집중하여 확장성을 포기하였고, 여러 알트코인들에서는 확장성을 높이기 위해 탈중앙화를 일부 희생한 사례들이 많다. 또한 프라이빗 블록체인에서는 확장성과 효율성을 극대화하는 대신 탈중앙화와 개방성을 포기하는 경우도 있다. 바로 이런 문제들을 해결하기 위해 등장한 것이 레이어2 솔루션이다.

레이어2는 기본 블록체인(레이어1) 위에 구축되는 또 다른 별도의 네트워크로, 메인 블록체인의 보안성과 탈중앙화의 특징은 그대로 활용하면서도 확장성 문제를 해결하는 혁신을 추구하는 기술이다. 기존 블록체인(이더리움, 솔라나, 엑스알피 등) 메인넷(레이어1)이 고속도로라면 레이어2는 그 고속도로 위의 또 다른 운영체계인 버스전용차선 같은 개념으로 이해해볼 수 있다. 메인 고속 도로의 교통 체증을 해소하기 위해 더 효율성이 높은 추가적인 서비스를 제공하여 효율성을 높인 개념으로 볼 수 있다. 이를 통해 본래 메인넷이 제공하는 보안성과 탈중앙화된 블록체인 네트워크의 장점을 그대로 활용되는 가운데, 메인넷 위에 또 다른 블록체인 체계를 구축하는 개념이 바로 레이어2이다.

이더리움과 같은 레이어1 블록체인들은 탈중앙화와 강력한 보안이라는 가치를 실현했지만 반면 '확장성'이라는 숙제를 안게 되었다. 고속도로에 한꺼번에 예상보다 너무 많은 차가 몰리면 교통체증이 발생하고, 그에 따른 사회적 비용이 증가한다. 블록체인 네트워크 역시 사용자가 일시에 몰리게 되면 거래 처리 속도가 느려지고 가스비가 상식적인 범위를 넘어서는 일이 발생할 수 있다.

레이어2는 다수의 거래를 레이어1 바깥의 별도 공간(레이어2, Layer2)에서 빠르고 저렴하게 처리한 뒤, 그 최종 결과를 묶어서 안전한 레이어1에 기록하는 방식이 일반적이다. 이를 통해 레이어1의 보안성은 그대로 유지하면서도 확장성 문제를 동시에 해결하여 사용자들에게 훨씬 편리하고 쾌적한 블록체인 거래 경험을 제공한다. 현재 수백억 달러 이상의 자산이 레이어2 위에 예치되어 있으며 이더리움에서 발생하는 상당량의 거래가 레이어2를 통해 처리되고 있다. 이는 레이어2 블록체인의 장점이 실제 사용과 결합하여 발생하는 긍정적인 현상으로 이해할 수 있다.

● **롤업(Rollup) 기술 : 레이어2를 설명할 수 있는 가장 핵심적인 개념**

레이어2의 대표적인 구현 방식 중 하나가 롤업Rollup이다. 롤업이라는 이름 그대로 "말아서 묶는다"는 뜻으로, 여러 개의 거래를 한데 모아 하나의 묶음으로 처리하는 기술이다.

일반적인 블록체인 거래를 각각의 개별 택배 배송이라 생각해 보자. 100명이 각각 거래를 하면 메인넷에는 100번의 개별 기록이 필요하다. 하지만 롤업을 이용하면 100개의 거래를 레이어2에서 먼저 처리한다. 그리고 나서 이 거래들을 하나의 큰 블록에 담아 압축한다. 그리고 마지막으로 그 블록 하나만 메인넷에 기록한다. 이렇게 하면 메인넷의 공간 사용과 수수료 부담을 100분의 1로 줄일 수 있다.

롤업은 두 가지 방식이 주로 쓰인다. 옵티미스틱 롤업Optimistic Rollup과 ZK 롤업Zero-Knowledge Rollup이다.

옵티미스틱 롤업은 거래를 일단 정확한 것으로 받아들인 뒤, 사후 검증을 통해 문제를 걸러내는 낙관적인 구조를 가지고 있다. 별도의 복잡한 검증 없이 일단 거래를 묶어 처리하되, 사후에 잘못된 거래가 발견되면 되돌리는 구조를 갖는다. 이른바 선 믿음, 후검증 방식이다. 블록체인상에 거래가 발생하면 일단 모든 거래를 올바르다고 가정하고 처리하며 추후 문제가 발견되면 이의 제기를 통해 무효화하는 방식을 취한다. 신용카드로 먼저 결제한 후 결제일에 대금정산을 하는 것과도 유사한 방식일 수 있다. 장점은 별도 증명 연산이 없어 처리 속도가 빠르고, 기존 이더리움 EVM(스마트 컨트랙트를 실행하는 가상 컴퓨터로, 분산된 네트워크상의 수천 개 노드에서 동일한 코드를 동일하게 실행할 수 있게 하여, 탈중앙화와 신뢰성을 보장하는 핵심 기술)과 호환성이 높다. 반면, 단점은 출금 시 7일 정도의 대기 시간(챌린지 기간)이 필요하다. 이 기간 동안 문제가 없으면 거래가 최종 확정된다.

옵티미스틱 롤업은 사기 증명Fraud Proof 시스템을 통해 만약 잘못된 거래가 포함된 경우, 사기 증명을 통해 이를 적발하고 롤업 체인 상태를 롤백Rollback(잘못된 거래나 오류가 발생했을 때, 블록체인의 상태를 문제 발생 이전의 정상적인 상태로 되돌리는 과정)할 수 있다. 레이어 2 블록체인 중에 하나인 아비트럼Arbitrum의 경우 '다단계 분할 - 단일 단계 증명'이라는 혁신적인 방법을 사용하는데 그 절차는 다음과 같다.

먼저 분할 단계를 통해 문제 소지가 있는 거래 묶음을 여러 단계에 걸쳐 점점 더 작은 단위로 분할한다. 그 다음 단계인 이분 탐색에서는 이분법적으로 어떤 부분에 문제가 있는지 좁혀 나간다. 마지막으로 단일 단계 증명에서 최종적으로 단 하나의 연산만 이더리움 메인넷에서 재실행하여 그 옳고 그름을 증명한다. 이 방식 덕분에 전체 롤업 거래를 모두 검증하지 않아도 효율적으로 문제를 잡

아낼 수 있다. 단일 연산 검증만으로도 잘못된 거래를 적발하면 해당 롤업 거래 전체를 무효화하고 롤업 운영자는 페널티를 받는다.

ZK 롤업은 모든 거래에 대해 암호학적 증명(ZK 증명)을 첨부하여 검증하는 방식이다. 이름의 'Zero-Knowledge(영지식)'가 의미하듯, 거래 내용의 자세한 정보를 노출하지 않으면서도 거래가 유효하다는 증거를 함께 올린다. 즉, 수학적으로 '거짓이 아님'을 증명해 빠르게 신뢰를 얻는 방법이다. ZK롤업의 기술적인 작동 방식은 각 거래 묶음마다 영지식 증명(유효성 증명)을 생성하여 메인넷에 제출한다. 메인넷은 이 증명만으로 롤업 거래의 진위여부를 검증한다. 장점은 모든 거래가 사전에 검증되므로 즉시 출금이 가능하며, 보안성이 매우 높다. 또한 증명 압축을 통해 이론적으로 옵티미스틱 롤업보다 더 높은 확장성을 제공할 수 있다. 단점은 복잡한 수학적 증명을 생성해야 하므로 계산 비용이 크고, 현재는 EVM 호환성 측면의 제약 등의 일부 한계가 남아 있다. 그러나 기술 발전으로 이러한 제약은 점차 해소되는 추세다.

영지식 증명(Zero-Knowledge Proof) 완전 해부

영지식 증명은 비밀을 공개하지 않고도 그 비밀을 알고 있음을 증명하는 암호학 기술이다. ZK 롤업의 근간을 이루는 개념이기도 하다. 이해하기 어려운 개념이지만, 비유를 통해 쉽게 풀어보자. 디지털 금고 비밀번호 예시를 통해 영지식 증명에 대해 살펴보자.

어떤 회사에 중요한 문서가 보관되어 있는 디지털 금고가 있다. 이 금고는 아주 복잡한 비밀번호로만 열 수 있다. 영지식 증명을 위한 상황 설정은 다음과 같다.

- 마이클(증명자) : 디지털 금고의 비밀번호를 알고 있다고 주장하는 직원
- 빌(검증자) : 마이클이 정말 비밀번호를 아는지 확인해야 하는 보안 담당자
- 목표 : 마이클은 비밀번호 자체는 절대 공개하지 않으면서, 자신이 그 비밀번호를 알고 있다

는 것을 빌에게 증명해야 함.

증명 과정은 다음과 같다.
① 빌이 마이클에게 금고 안에 있는 문서 중 하나를 무작위로 선택해 가져와 보라고 요청한다. 빌은 문서 안에 보관되어 있는 문서의 리스트만 알고 있다.
② 마이클은 비밀번호를 입력해 금고를 열고, 빌이 요청한 문서를 가져온다.
③ 빌은 마이클이 가져온 문서가 실제 금고 안에 있던 것인지 확인하는 검증 과정을 거친다.
④ 이 과정을 여러 차례 반복하되, 매번 다른 문서를 요청한다.

만약 마이클이 비밀번호를 모른다면 빌의 요구에 우연히 맞출 확률은 운으로 가능할 수는 있다. 하지만 이 과정을 수차례 반복하게 되면 수학적으로는 거의 0에 가까운 확률로 수렴하게 된다. 비밀번호를 마이클이 알아야만 어떠한 요청에도 100%에 맞는 문서를 가져올 수 있는 것이다. 이는 수학적으로 마이클이 정말로 비밀번호를 알고 있음을 의미한다. 빌은 마이클이 비밀번호를 알고 있다는 확신을 얻지만, 비밀번호가 무엇인지는 끝내 알 수 없다. 이처럼 비밀 그 자체를 공개하지 않고도 상대방이 그 비밀을 알고 있음을 수학적 확률로 증명하는 것이 영지식 증명의 핵심이다.

또 다른 쉬운 예시로는 유명한 퍼즐 게임 "월리를 찾아라"로도 영지식 증명을 설명할 수 있다. 예를 들어, 증명자가 복잡한 그림 속에 숨겨진 월리(Wally)를 찾았다고 주장해도, 검증자는 그 말을 바로 믿기 어렵다. 이 때 영지식 증명 방식을 적용하면 다음과 같은 절차가 가능하다.

① 증명자는 그림에서 월리가 있는 부분만 오려내어 검증자에게 보여준다. (월리가 그림 어디에 있는지는 노출하지 않음)
② 검증자는 그 오려낸 조각이 진짜 원본 그림의 월리와 일치하는지 확인한다.
③ 증명자는 월리의 정확한 위치 정보는 숨긴 채, 자신이 월리를 찾았다는 사실을 증명하게 된다.

영지식 증명의 세 가지 조건은 첫 번째 완전성이다. 명제가 참이라면, 증명자는 검증자를 설득시킬 수 있어야 한다. (거짓이 아닌 이상 제대로 증명만 하면 검증자가 믿게 된다는 조건) 두 번째는 건전성이다. 명제가 거짓이라면, 증명자가 검증자를 속일 수 없어야 한다. (증명 과정이 빈틈없어 거짓 주장일 경우 들통나게 된다는 조건) 마지막으로 영지식성(Zero-knowledge)이다. 검증자는 증명 과정에서 해당 명제가 참이라는 사실 외에는 아무런 추가 정보도 얻지 못해야 한다. (비밀은 그대로 비밀로

남아야 함)
블록체인상에서는 영지식 증명을 적용함으로써, "이 거래가 올바르다"는 것을 거래의 모든 세부 정보를 공개하지 않고도 증명할 수 있다. 이는 거래의 프라이버시를 보호하면서도 네트워크 상에서 공개 검증을 가능하게 해주는 혁신적인 기술이다.

● 이더리움 레이어2

이더리움은 스마트 컨트랙트 플랫폼의 가장 중심 위치를 차지했지만 그 인기의 부작용으로 네트워크 과부하와 살인적인 가스비 문제가 발생했다. 2021년 디파이와 NFT 열풍 당시, 간단한 토큰 교환 한 번에 수십만 원의 가스비가 나오는 상황은 이더리움의 대중화에 가장 큰 걸림돌이었다. 이더리움 레이어2는 바로 이 문제를 해결하기 위해 탄생했으며 현재 가장 활발하고 다양한 기술들이 경쟁하는 블록체인 확장의 가장 중심이 되는 레이어1 블록체인이 되었다.

현재 이더리움 레이어2 시장에는 수많은 프로젝트들이 존재하지만, 그중에서도 폴리곤, 아비트럼, 옵티미즘이 가장 대표적인 프로젝트들로 꼽힌다. 각각의 특징은 다음과 같다.

폴리곤(Polygon, MATIC) : 다양성의 플랫폼

폴리곤은 '이더리움의 인터넷'이라 불리며 다중 확장 솔루션을 한데 아우르는 종합 플랫폼으로 자리매김했다. 초기에는 PoS 사이드체인인 Polygon PoS(구 Matic Network)만으로 빠른 처리 속도와 낮은 수수료를 구현하면서 DeFi, NFT, 게임 등 수많은 애플리케이션을 유치하였다.

그러나 사이드체인 방식의 한계로 메인체인의 보안을 완전히 상속받지 못하자, 개발진은 ZK 롤업 기반의 zkEVM을 도입했다. zkEVM은 영지식 증명을 통해 거래의 유효성을 오프체인에서 수학적으로 증명한 뒤, 이더리움 메인넷에 단일 증명만 제출함으로써 기존 롤업보다 훨씬 높은 보안성을 확보했다. 이로써 PoS 체인의 강점인 저렴한 수수료, 빠른 처리의 이점과 ZK 롤업의 강점인 메인넷 보안 상속, 즉시 출금 등의 장점을 결합하여 진정한 의미의 '모듈형 확장 플랫폼'으로 진화했다.

폴리곤 네트워크를 이용할 때 자산 인출은 PoS 브릿지 기준으로 2~3시간 정도 걸리지만, zkEVM 체인에서는 거의 즉시 혹은 수 분 내에 자산 이동이 가능하다. POL 토큰은 네트워크 수수료 지불은 물론이고, 스테이킹 보상과 거버넌스 참여에 사용되며, 거래량이 많아질수록 POL이 소각되는 메커니즘을 갖추고 있어 장기적 디플레이션 압력을 기대할 수 있다.

현재 폴리곤 생태계에는 Aave, Curve, OpenSea 등 굵직한 DeFi·NFT 프로젝트뿐 아니라 Decentraland, The Sandbox 같은 메타버스 그리고 Skyweaver, Illuvium 같은 블록체인 게임까지 폭넓은 영역에 걸쳐 수천 개의 DApp이 구축돼 있다.

아비트럼(Arbitrum, ARB) : 성숙한 옵티미즘

아비트럼은 'DeFi의 월스트리트'라 불릴 만큼 이더리움 레이어2 시장에서 가장 많은 예치 자산(TVL 180억 달러 이상)을 보유하고 있으며, 수만 건의 일일 거래가 오가는 금융 생태계를 구축했다. 아비트럼 One 체인은 Uniswap, SushiSwap, Balancer같은 메인스트림 DeFi 프로토콜을, Nova 체인은 TradFi 기업이나 대규모 게임 프로젝트가 낮은 수수료로 단기 이벤트를 운영하는 데 최적화된 환경을 제공한다.

아비트럼의 핵심 기술인 '다단계 사기 증명'은 한 번에 전체 거래를 검증하는 대신, 의심되는 거래 묶음을 반으로 나누며 문제 지점을 좁혀가는 절차를 반복함으로써 최소한의 온체인 검증만으로도 잘못된 상태를 효율적으로 찾아낸다. 이 방식은 옵티미스틱 롤업의 단점을 상쇄하면서도 처리 속도를 유지하는 혁신으로 평가받는다.

ARB 토큰은 거버넌스 권한을 부여하여 프로토콜 업데이트, 재무금고 관리, 커뮤니티 그랜트 배분Community Grant Distribution(크립토 프로젝트가 발전하고 활성화하는데 도움을 주는 팀이나 개발자 등에게 자체 자금을 활용해 지원하는 프로그램) 등에 사용된다. 100억 개로 한정된 ARB의 공급량은 시간이 지날수록 희소성을 키워 장기 투자 매력도를 높이는 토크노믹스를 보유하고 있다. 또한, 검증된 롤업 코드베이스를 활용하는 신규 프로젝트들의 참여 수요가 계속 늘고 있다.

옵티미즘(Optimism, OP) : 개방형 생태계 구축자

옵티미즘은 '오픈소스의 전도사'로서 OP 스택이라는 모듈형 프레임워크를 공개해 누구나 맞춤형 옵티미스틱 롤업을 손쉽게 구축하도록 지원한다. 이같은 개방형 철학으로 인해 수천 개의 OP 스택 기반 체인이 속속 등장하면서 마치 웹사이트 생태계가 비약적으로 확장된 것과 유사한 상황을 만들었다.

대표적으로 코인베이스가 OP 스택으로 구축한 Base 체인은 출시 6개월 만에 TVL Total Value Locked(디지털 자산 플랫폼에 참여자들이 예치해 둔 디지털 자산의 총액으로 은행에 맡겨져 있는 예금과 유사한 개념이며, 해당 플랫폼에 얼마나 많은 자금이 모여 있는지를 나타내는 수치)이 15억 달러를 넘어설 정도로 성공적이었다. 이러한 개방형 접근은 단일 프로젝트를 넘어 옵티미즘 생태계 전체의 네트워크 효과를 키우는 기반이 되었다. 옵티미즘의 장기 비전은 슈퍼체인으로의 진화를 목표로 하고 있다. OP 스택 위에 구축된 모든 롤업이 자산·데이터를 자유롭게 공유하고, 개발자가 단일 배포로 복수 체인을 관리하는 환경을 구현하는 것이다.

옵티미즘이 그리는 비전은 단순히 블록체인 속도를 높이는 데서 그치지 않는다. '모두가 기여하고, 그 기여가 정당하게 보상받는 생태계'를 추구하고 있으며, 이 목표를 실현하기 위해 사용되는 핵심 도구가 바로 OP 토큰이다. OP 토큰은 단순한 코인이 아니라, 옵티미즘 생태계를 움직이는 에너지이자 연결고리로 세

가지 중요한 역할을 맡고 있다.

첫째는 거버넌스Governance 기능이다. 옵티미즘은 소수의 중앙기관이 아니라, 커뮤니티 구성원 모두가 함께 방향을 결정하는 구조를 지향한다. OP 토큰을 가진 사람은 단순한 소유자가 아니라 프로토콜 업그레이드, 예산 배분, 인센티브 정책 등 중요한 의사결정 과정에 투표를 통해 참여할 수 있는 구성원이다. 즉, 토큰은 이 생태계 안에서 의무와 권리를 상징하는 수단이다.

둘째는 기여자 보상 시스템, 즉 RetroPGFRetrospective Public Goods Funding이다. 이는 옵티미즘 파운데이션의 공식 로드맵에서 소개된 핵심 내용이다. RetroPGF는 이름 그대로 '뒤늦은 보상 제도'다. 옵티미즘 생태계의 발전을 위해 의미 있는 기여를 한 개인이나 단체에게 그 기여에 대해 사후적으로 평가하고 그에 합당한 OP 토큰으로 보상한다. 예를 들어, 오픈소스 코드를 만들어 생태계 보안에 기여했거나, 커뮤니티를 활발하게 만든 참여자라면 RetroPGF를 통해 토큰을 받을 수 있다. 이는 단기적인 수익보다 '지속적인 공헌'에 가치를 두는 지속가능한 분배 구조라 평가할 수 있다.

셋째는 생태계 인센티브 펀드다. 새로운 서비스나 DApp을 옵티미즘 위에서 시작하려는 개발자들에게 일종의 스타트업 지원금을 제공한다. 이 덕분에 개발자는 기술적 실험에 집중할 수 있고, 사용자는 더 많은 프로젝트를 경험하며 보상을 공유하게 된다. 결과적으로 토큰은 단순한 투자 자산이 아니라, 생태계의 순환을 이끄는 인센티브로 기능하게 된다.

OP 토큰의 총 발행량은 40억 개로 제한되어 있다. 이는 인플레이션을 방지하고, 네트워크의 안정적 성장을 돕기 위한 설계다. 또한 일정 시점 이후에는 거래 수수료의 일부가 소각되어 시간이 지날수록 시장에 남는 토큰의 수가 줄어들게 된다. 이 과정은 자연스럽게 토큰의 희소성을 높여 가치 상승을 유도하는 효과를 낸다. 이처럼 옵티미즘의 토큰 구조는 단순한 '가상화폐 설계'를 넘어, 커뮤니티와 경제가 함께 진화하는 하나의 사회적 실험에 가깝다. 즉, 기술을 통한 효율보다 사람을 중심으로 한 공정한 성장 구조를 만들어가고 있다는 점에서 그 의미가 깊다.

브릿지(Bridge)

레이어2를 사용하는 것은 생각보다 간단하다. 핵심은 브릿지라는 개념에 있다. 브릿지는 레이어1(예: 이더리움)에 있는 자산을 레이어2(예 : 아비트럼)로 이동시키거나, 반대로 레이어2의 자산을 레이어1으로 옮길 수 있게 해주는 양방향 통로이다. 다양한 통화들에 대한 교환이 원활하게 되기가 어려운 것처럼 블록체인 간 자산이 이동 역시 복잡한 과정을 거치게 되는데 이러한 과정을 통칭하여 브릿지라고 부른다. 기술적으로는 아주 복잡하지만 실제 활용은 많이 편리하게 점차 개선되고 있다. 일반적인 브릿지 단계별 가이드는 다음과 같이 정리해 볼 수 있다.

1단계는 지갑 준비 단계로 MetaMask와 같은 개인 지갑을 설치 및 준비한다. 지갑 네트워크가 이더리움 메인넷에 연결되어 있는지 확인한다. 브릿지 수수료 지불용 ETH를 지갑에 조금 마련해 둔다(보통 10~30달러 상당).

2단계는 레이어2 네트워크 추가단계로 사용하려는 레이어2 네트워크(예: 아비트럼)를 MetaMask에 추가한다. 대부분의 레이어2 공식 홈페이지에서 'Add to MetaMask' 버튼 클릭 한 번으로 네트워크를 손쉽게 추가할 수 있다.

3단계는 공식 브릿지 접속으로 해당 레이어2 프로젝트의 공식 브릿지 웹사이트에 접속한다. 반드시 공식 링크를 사용할 것. 검색 결과에 뜨는 가짜 사이트를 주의해야 한다.

4단계는 자산 전송(L1 → L2)으로 지갑을 브릿지 사이트에 연결하고, 이더리움 메인넷에서 레이어2로 보낼 자산과 수량을 선택한다. 전송에 필요한 이더리움 메인넷 수수료(가스비)를 확인한 후 전송을 실행한다. 이 과정에서 한 번의 이더리움 메인넷 트랜잭션이 발생하며, 가스비가 소모된다. 보통 전송 요청 후 10~30분 이내에 레이어2 지갑으로 자산이 입금된다(네트워크 혼잡도에 따라 변동).

5단계는 레이어2에서 저렴하게 활동하는 과정으로 지갑 네트워크를 이더리움에서 해당 레이어2로 전환한다(MetaMask 네트워크 목록에서 아비트럼 등 선택). 이제 해당 레이어2 내에서 DApp을 이용할 때 이더리움 대비 10분의 1 혹은 100분의 1 수준의 저렴한 수수료로 거래할 수 있다.

6단계는 자산 인출(L2 → L1) 단계로 레이어2에서 얻은 자산을 다시 메인넷으로 가져오고 싶다면 브릿지 사이트에서 반대 방향(레이어2 → 이더리움)의 전송을 요청한다. 옵티미스틱 롤업 계열(L2)의 경우 보안을 위해 약 7일간의 출금 대기 기간이 있다. 이 기간 동안 이의 제기가 없으면 출금이 완료된다(폴리곤 PoS나 대부분의 ZK 롤업은 비교적 즉시 출금 가능).

브릿지 사용 시 주의사항은 다음과 같다. 첫 이용은 소액으로 테스트를 반드시 먼저 해야 한다. 브릿지를 처음 사용할 때는 반드시 10달러 이하의 적은 금액으로 시도하여 절차를 익힌다. 그리고 공식 브릿지를 이용해야 한다. 가짜 브릿지 사이트로 인한 해킹 사례가 많으므로 출처가 확실한 공식 경로로 접속한다.

네트워크 선택 확인도 반드시 주의해야 한다. 같은 토큰이라도 어떤 네트워크에서 발행되었느냐에 따라 전송 경로가 다르다(예: USDT를 폴리곤으로 보내려면 ERC-20이 아닌 폴리곤 네트워크용 USDT를 선택). 또한 옵티미스틱 롤업 기반 레이어2는 출금 대기시간이 오래 걸리는 것을 인지하여 미리 계획을 철저히 세운 후 브릿지를 한다. 이 경우 7일 대기가 부담된다면 바이낸스나 코인베이스 같은 중앙화 거래소(CEX)를 통해 해당 레이어2로 직접 입출금하는 방법도 있다. 이 경우에는 몇 분 내로 빠르게 이동이 가능하다.

브릿지는 두 블록체인을 연결하는 연결고리인 만큼 해커들의 표적이 되기도 한다. 실제로 2024년까지 브릿지 해킹으로 인한 피해액이 약 14억 달러에 달했다. 따라서 브릿지 이용 시 다음 사항을 항상 유념해야 한다. 먼저, 과도한 금액 전송을 지양해야 한다. 한 번에 큰 금액을 옮기지 말고, 가능하면 여러 차례에 나눠서 전송한다. 또한 여러 차례 강조했듯, 검증된 브릿지를 사용해야 한다. 이미 많은 사람들이 사용 중이고 보안 감사를 거친 유명 브릿지를 선택한다. 브릿지 사용 중 지갑에서 이상한 토큰의 무제한 승인을 요구하면 거절한다. 또한 가능하다면 프로젝트의 공식 문서나 커뮤니티를 통해 브릿지 스마트 컨트랙트의 보안 감사 보고서가 있는지 확인하면 상대적으로 안심하고 거래를 진행할 수 있다.

● **비트코인 레이어2**

비트코인은 가장 오래되고 안정적인 블록체인이지만 설계 상 처리 속도가 느리고 스마트 컨트랙트 기능이 제한적이었다. 이러한 한계로 비트코인은 주로 '디지털 금'처럼 가치 저장 수단으로 주로 인식되어 왔다. 그러나 최근 비트코인의 잠재력을 결제 수단을 넘어 DeFi와 NFT 같은 다양한 활용 분야로 넓히려는 비트코인 레이어2 생태계가 빠르게 성장하고 있다.

라이트닝 네트워크Lightning Network는 비트코인의 가장 대표적인 레이어2 솔루션으로, 소액 결제를 거의 즉각적이고 수수료 없이 처리할 수 있게 만들어 준 혁신적인 기술이다. 비트코인 메인넷에서 한 번 거래하려면 10분 이상 걸리고 적지 않은 수수료를 내야 하는데 라이트닝 네트워크를 사용하면 편의점에서 물품을 사는 것과 같은 일상 생활에서의 간단한 결제를 1초 내에 0원에 가깝게 완료할 수 있다.

일반적인 비트코인 온체인 거래가 매번 은행을 통해 송금하는 것이라면, 라이트닝 네트워크는 단골 식당에서 외상 장부를 이용하는 것과 비슷하다. 단골손님과 식당주인이 0.01 BTC씩 공동 예치하여 둘만의 지불 채널을 만든다. 이 채널은 두 사람이 공유하는 일종의 공동 지갑과 같은 것이다.

단골손님이 식당에서 밥을 먹을 때마다 0.0001 BTC씩을 채널 내 장부에서 식당주인에게 옮겨줬다고 기록한다. 이 기록은 아직 온체인에 기록되지는 않은 상태이다. 10번의 거래가 일어나는 동안 채널 내에서는 10건의 거래가 일어나지만, 비트코인 메인넷에는 아직 아무 영향도 없는 상태이다. 나중에 둘 중 한 명이 채널을 닫기로 하면, 그때서야 채널의 최종 잔액 상태로 단골손님 0.009BTC, 식당주인 0.011BTC를 한 번의 거래로 비트코인 메인넷에 기록한다. 이렇게 하면 10번의 거래를 하고도 온체인에는 단 1번의 기록만 남기게 되므로 속도와 수수료 문제를 획기적으로 개선할 수 있다.

라이트닝 네트워크는 X (구 트위터)의 라이트닝 팁 기능으로 소셜 미디어 상에서 몇 백 원 정도를 즉석에서 주고받는 팁 문화에 활용되고 있다. 엘살바도르는 비트코인 법정화폐 결제의 일환으로 상점에서 라이트닝 지갑으로 소액 결제를 지원하고 있다. 또한 금융 인프라가 부족한 국가들 사이에서 중개 은행 없이 즉각적인 송금의 수단으로도 활용되고 있다. 이외에도 라이트닝 게임, 팟캐스트 후

원 등 초소액 결제가 필요한 다양한 애플리케이션들에도 활용되고 있다.

비트코인의 레이어2는 라이트닝 네트워크뿐만 아니라 사이드체인Sidechain과 스테이트 채널State Channel 등의 개념으로 다양하게 발전하고 있다.

스테이트 채널은 라이트닝 네트워크의 기반 아이디어가 되는 일반적인 개념으로, 특정 참여자들끼리 블록체인의 상태를 오프체인에 잠시 옮겨서 서로 자유롭게 거래한 후, 나중에 그 최종 결과만 온체인에 기록하는 방식이다. 라이트닝의 지불 채널도 일종의 스테이트 채널이다. 장점은 지불 채널이 열려 있는 동안은 즉각적인 거래 처리가 가능하며, 별도 수수료가 거의 들지 않는다. 거래 내역이 오프체인에만 있으므로 프라이버시도 높다. 또한 단순 송금 외에 게임, 경매 등 복잡한 상호작용도 채널 내에서 가능하다. 단점은 채널을 여닫을 때는 온체인 거래(수수료)가 필요하고, 참여자들은 거래 기간 내내 온라인 상태를 유지해야 한다. 채널을 늘릴수록 관리가 복잡하며, 다수 인원이 동시에 참여하는 데는 한계가 있다.

사이드체인은 비트코인 메인넷과 양방향 가치 고정으로 연결된 독립적인 블록체인이다. 사용자는 비트코인을 사이드체인으로 보내서(메인넷에 잠그고 사이드체인 상에 동일한 가치의 토큰 발행) 그 체인 위에서 스마트 컨트랙트, DeFi 등 비트코인 메인넷에 없는 다양한 기능을 활용할 수 있다. 다시 사이드체인에서 메인넷으로 나오면, 잠궈두었던 비트코인이 풀리며 사이드체인 토큰은 소각된다.

주요 비트코인 사이드체인 프로젝트 중 하나가 스택스Stacks이다. 비트코인 블록체인에 데이터를 기록하는 프루프 오브 트랜스퍼(PoX) 방식을 사용해 스마트 컨트랙트를 구현한 플랫폼이다. 스택스 토큰(STX)을 사용하며 NFT와 DeFi 애플

리케이션이 이미 생태계를 형성하고 있다

● **솔라나 레이어2**

솔라나는 애초에 초당 수만 건의 거래를 처리할 수 있는 초고속 레이어1 블록체인으로 유명하다. 그래서 한때는 "솔라나에 과연 레이어2가 필요할까?"라는 의문도 있었다. 이더리움이나 비트코인과 달리 솔라나의 레이어2 추진은 단순히 거래 속도 향상을 위한 것이 아니다.

솔라나는 레이어2라는 용어 대신 네트워크 확장이라는 개념을 사용한다. 별도의 독립적인 2층 체인을 만들기보다는 솔라나 메인넷의 가치를 극대화하는 확장 모듈을 구축한다는 철학에 오히려 가깝다. 솔라나가 레이어2를 필요로 하는 이유는 세 가지 정도로 정리해 볼 수 있다.

첫째, 특정 앱에 전용 처리 공간을 제공하기 위해서이다. 솔라나 메인넷이 매우 빠르더라도, 인기 NFT 민팅처럼 특정 DApp에 갑자기 트래픽이 몰리면 네트워크 전체가 일시적으로 영향을 받을 수 있다. 레이어2 확장은 특정 앱의 트랜잭션을 별도의 공간에서 처리함으로써 메인넷의 부담을 덜어준다는 이점을 확보할 수 있다.

둘째, 다른 블록체인과의 연결성 강화이다. 솔라나를 고립된 섬이 아닌, 거대한 블록체인 인터넷의 일부로 만들기 위한 인프라의 확장이다. 이더리움, 폴카닷 등 다른 네트워크와 솔라나를 이어주는 다리 또는 중간층 역할을 원활하게 하기 위함이다.

셋째, 맞춤형 실행 환경 제공이다. 특정 용도에 최적화된 별도 실행 환경을 제공함으로써 사용자 경험(UX)을 개선할 수 있다. 예를 들어, 기관 투자자 대상

서비스는 지연 시간보다 일관성과 프라이버시를 더 중요시할 수 있는데, 이런 요구에 맞춘 체인을 별도로 운용할 수 있다.

솔라나의 네트워크 확장 철학은 다음과 같은 특징으로 요약된다. 유동성 및 사용자 경험(UX) 단편화 방지를 위해 별도의 체인을 만들더라도 솔라나 메인넷의 자산과 유동성, 사용자 경험이 단절되지 않도록 한다. 솔라나 가치를 높이는 맞춤 로직을 통해 특정 사용 사례에 특화된 커스텀 로직을 구현하여 메인넷의 가치를 보완한다. 레이어1과 직접 연계된 정산으로 별도 확장 네트워크에서 처리된 거래 결과를 솔라나 블록체인에 직접 기록하여 일관된 보안성과 최종성을 확보한다. 유연한 파라미터 조정으로 지연 시간, 블록 시간, 보상 구조 등 블록체인의 각종 매개변수를 확장 모듈에서 조정이 가능하게 한다. 이를 통해 메인넷 기본 설정을 변경하지 않고도 다양한 실험이 가능할 수 있다.

솔라나 생태계에서는 이러한 철학을 바탕으로 다양한 프로젝트와 확장 솔루션들에 대한 고민의 결과들이 나타나고 있다. Pyth, Eclipse, NeonEVM에 대해 간략히 살펴보자.

피스 네트워크(Pyth Network)

솔라나의 확장은 단순 TPS(초당 거래 처리량) 향상 외에도 실세계 데이터 연계를 통한 생태계 확장으로도 나타난다. 그 예로 피스 네트워크를 들 수 있다. 2025년 8월 미국 상무부는 피스 네트워크와 협력하여 분기별 GDP 데이터등을 블록체인에 발표하기로 했다. 미국 상무부와의 공식 제휴를 통해 GDP 등 정부 경제 데이터를 블록체인에 올리는 오라클^{Oracle} 역할을 수행하고 있다. 이는 블록체인과 실세계 데이터를 연결하는 핵심 인프라로, 향후 정부 및 금융 데이터 시장에서 피스 네트워크의 위상은 상당히 강화될 전망이다. 블록체인의 또 다른 활용처가 현실 세계에 있음을 널리 알린 또 다른 중요한 사건이다.

블록체인은 본질적으로 폐쇄형 시스템이며 외부 데이터에 직접 접근할 수 없는 구조적 한계를 갖고 있다. 스마트 컨트랙트가 실시간 가격 정보, 경제 지표, IoT 센서 데이터 등 실세계 정보를 활용하려면 오라클이 필수적이다. 오라클은 외부 데이터를 수집하고, 암호학적으로 검증한 뒤 블록체인 네트워크에 안전하게 전달하는 미들웨어 역할을 한다. 이 과정에서 데이터의 정확성과 신뢰성을 보장하며, 스마트 컨트랙트가 사전에 정의된 조건에 따라 자동으로 실행되도록 트리거를 제공한다.

블록체인 자체는 과거 장부 데이터만을 기반으로 거래를 검증할 수 있지만, 실시간으로 변동하는 외부 정보는 처리할 수 없다. 따라서 DeFi, 예측 시장, 토큰화된 증권, 보험 등 실세계와 상호작용이 필요한 모든 애플리케이션은 오라클에 의존한다.

피스 네트워크는 기존 오라클과 다르게 1차 데이터 제공자 모델을 채택했다. 금융기관, 거래소, 정부 기관이 직접 데이터를 퍼블리싱하며, 이는 중개자 없이 원천 데이터에 접근할 수 있어 신뢰도와 속도 면에서 우위를 갖는다. 피스 네트워크는 현재 100개 이상의 블록체인과 많은 애플리케이션, 프로젝트에 블록체인 데이터를 공급하고 있다. 이를 통해 2025년 1분기 기준, 기존 블록체인 오라클 시장의 탑 플레이어였던 체인링크Chainlink의 점유율인 20%대를 넘어서는 32%의 점유율을 기록하게 되었다.

미국 상무부가 피스 네트워크를 선택해 GDP, PCE 물가지수 등 공식 경제 통계를 9개 주요 블록체인(비트코인, 이더리움, 솔라나 등)에 배포하기로 한 것은 정부 차원의 검증을 의미한다. 이는 피스 네트워크가 단순한 DeFi 도구를 넘어 공공기관이 신뢰할 수 있는 데이터 인프라로 자리매김했음을 보여준다.

피스 네트워크는 상무부와의 협력을 통해 분기별 GDP 데이터(과거 5년 치)를 제공하며 향후 고용, 인플레이션 등 더 광범위한 경제 데이터셋으로 확장할 계획이다. 이는 정부 데이터의 투명성, 접근성, 조합 가능성을 획기적으로 향상시킬 것으로 예상된다. 정부가 블록체인을 통해 데이터를 공개하면 종이 기반 계약이 스마트 컨트랙트로 대체되고, 토큰화된 증권 거래부터 새로운 금융 혁신까지 다양한 디지털 거래가 가능해진다. 피스 네트워크는 이러한 변화의 핵심 인프라로 자리 잡을 가능성을 크게 높여 나가고 있는 프로젝트로 발전해 나가고 있다.

금융 데이터 시장에서의 경쟁 우위를 위해 피스 네트워크는 현재 비트코인, 이더리움, 솔라나, 아발란체^{Avalanche}, 폴리곤 등 9개 이상의 주요 블록체인에서 데이터를 제공하며, 인플레이션과 연계된 토큰 설계, 자동화된 거시경제 기반 투자 등 실시간 애플리케이션을 가능하게 한다. 이는 멀티체인 환경에서 단일 신뢰 소스로 기능할 수 있는 위치를 확보했음을 의미한다. 이를 통해 크로스체인 생태계 리더십을 리드해 나가고 있다.

피스 네트워크 토큰은 거버넌스, 스테이킹, 데이터 검증에 사용되며 더 많은 DeFi 프로토콜이 Pyth를 통합할수록 수요가 증가하는 플라이휠 효과를 갖는다. 정부 파트너십 발표 후 토큰 가격은 상승했으며 VanEck의 ETN, Grayscale의 신탁 상품 출시 등 기관 투자자 유입이 가속화되고 있다. 미국 정부의 'Deploying American Blockchains Act of 2025'는 규제 마찰을 줄이고, 프로그래머블 금융 분야에서 미국을 글로벌 리더로 자리매김시키려는 계획이다. 이는 피스 네트워크가 더 많은 정부 기관 및 전통 금융 기관과 협력할 수 있는 우호적인 환경을 조성하는 중요한 근거가 될 수 있다.

시장 변동성과 규제 변화는 여전히 위험 요소로 남아 있으며, 기관 투자자의 지속적인 관심을 유지하려면 지속적인 혁신이 필요하다. 또한, Chainlink 등 경쟁 오라클과의 차별화를 계속 강화해야 한다는 점은 극복해야할 리스크 요인이기도 하다.

이클립스(Eclipse)와 네온(Neon) EVM : 솔라나와 이더리움의 혁신적 결합

이클립스는 솔라나의 실행 환경인 Sealevel VM(SVM, 솔라나 블록체인의 핵심 실행 엔진으로, 서로 충돌하지 않는 트랜잭션을 동시에 처리함으로써 초고속 처리와 대용량 처리를 가능하게 설계된 가상 머신)을 이더리움 레이어2에 모듈형 롤업 형태로 구현한 프로젝트로, 초당 수천 건의 거래 처리 속도를 이더리움 생태계에도 고스란히 가져올 수 있다는 점에서 주목받고 있다.

애플리케이션 레이어에서는 솔라나의 빠른 병렬 처리 방식을 활용해 복잡한 스마트 컨트랙트 호출과 토큰 전송을 지연 없이 처리하며, 정산 레이어에서는 모든 거래 결과와 상태 변화를 이더리움 메인넷에 기록함으로써 완전한 보안성과 불변성을 보장한다. 또한 충분히 분리된 데이터 가용성 체인으로 Celestia를 선택해 롤업 데이터 저장 비용을 최적화하고, 검증·합의 단계에는 RISC Zero의 영지식 기반 가상 머신을 도입하여 탈중앙화된 검증 환경을 구축했다.

이러한 설계 덕분에 개발자는 솔라나용으로 이미 개발된 DApp을 큰 수정 없이 이클립스 체인으로 이전해 구동할 수 있으며 오픈된 인터페이스를 통해 기존 이더리움 개발 도구와 지갑, 인프라 에코시스템과도 완벽하게 호환된다. 2023년 시리즈 A 라운드에서 5천만 달러 규모의 투자를 유치하며 SVM 기반 롤업이 온체인 확장성 문제를 풀어줄 핵심 솔루션임을 시장에 입증했다.

이클립스와 함께 솔라나 레이어2 혁신을 이끄는 또 다른 사례로는 네온EVM이 있다. 네온 EVM은 솔라나 블록체인 위에 이더리움 가상 머신을 직접 배포하여, 이더리움 네이티브 스마트 컨트랙트를 솔라나 네트워크에서 실행하도록 만든 프로젝트다. 이를 통해 이더리움 DApp은 별도 포팅porting(소프트웨어나 애플리케이션을 한 플랫폼(환경)에서 다른 플랫폼으로 옮겨서 그곳에서도 정상적으로 작동하도록 수정하는 과정) 없이 솔라나의 낮은 거래 수수료와 빠른 최종 확정성을 누릴 수 있으며 솔라나 노드 운영자가 이더리움 트랜잭션을 검증하는 형태로 양 체인의 시너지를 극대화한다. 네온 EVM은 이미 주요 디파이 프로토콜과 지갑, NFT 마켓플레이스에 통합되어 솔라나 생태계 확장을 가속화하고 있다.

솔라나의 속도와 이더리움의 보안을 유기적으로 결합한 이클립스와 네온 EVM은 모두 멀티체인 시대를 앞당기며 향후 크로스체인 디파이, 대체 불가능 토큰, 탈중앙 금융 인프라 전반에 새로운 가능성을 열어가고 있다.

이더리움의 대안 – 솔라나의 독자적 확장 전략

이더리움이 레이어2를 통해 확장성 문제를 해결하는 동안, 솔라나와 같은 고성능 레이어1 블록체인들은 독자적인 방식으로 생태계를 확장하고 있다. 솔라나는 이더리움의 레이어2와는 다른 '네트워크 확장(Network Extensions, NE)'이라는 개념을 통해, 유동성과 사용자 기반의 파편화 없이 특정 목적에 최적화된 환경을 구축하는 전략을 취하고 있다.

모든 거래가 솔라나 메인넷에서 직접 정산되므로 사용자는 네트워크를 전환하거나 자산을 브릿징할 필요 없이 통합된 경험을 유지할 수 있다. 이러한 접근 방식은 다음과 같은 특수한 요구에 맞는 환경을 만들어내고 있다.

● **고빈도 매매(HFT) 전용 블록체인 환경**
초단타 거래와 같이 마이크로초 단위의 속도를 다투는 금융 거래를 위한 전용 체인을 구축할 수 있다. 예를 들어 점프 크립토(Jump Crypto)와 같은 트레이딩 회사들은 솔라나 기술을 응용한 별도 환경에서 초고속 알고리즘 매매를 실행할 수 있다. 마이크로초 수준의 정확한 타이밍 주문 우선순위 제어를 위한 특수 스케줄링 시스템, 솔라나 메인넷과 병행 운영으로 전체 네트워크에 지장 없이 HFT를 진행할 수 있는 특징이 있다.

● 프라이빗 온체인 오더북
디파이 거래소의 주문서를 프라이빗하게 운영하는 솔루션도 등장했다. 예를 들어 Raicu와 같은 확장 모듈은 거래 내용은 솔라나 L1에 공개하지 않으면서도 체인 상에서 거래 매칭은 수행하는 프라이빗 DEX를 가능하게 한다. 이러한 솔루션은 다양한 장점을 가지게 된다. 기관 투자자들이 대량 주문을 실행할 때 가격 충격을 최소화할 수 있고, MEV(Maximal Extractable Value) 공격을 예방하여 공정한 거래를 보장한다. 또한 거래 세부내역이 공개되지 않아 프라이버시가 향상된다.

● 크로스체인 상호운용성 허브
솔라나 확장 솔루션 중에는 여러 블록체인의 자산과 정보를 연결하는 인터체인 허브 역할을 하는 것들도 있다. 이것은 일종의 초고속 브릿지 체인으로, 사용자들이 솔라나 지갑 하나만 가지고도 이더리움, BNB체인 등 다른 네트워크의 자산을 손쉽게 교환하거나 활용할 수 있게 해준다. 웜홀(Wormhole) 같은 크로스체인 브릿지 프로토콜과 연계하여 멀티체인 자산 이동을 간편화할 수 있다. 다양한 체인의 DApp들을 하나의 인터페이스에서 이용, 여러 체인의 유동성을 한데 모아 더 깊은 유동성 풀 형성 등의 기능을 수행할 수도 있다.

● 레이어2의 미래와 전망

레이어2 기술은 블록체인의 대중화를 위한 열쇠로 여겨지며 앞으로도 계속 진화할 것으로 기대된다. 특히 다음과 같은 발전이 주목된다.

기술적 발전의 측면에서 현재 대부분 레이어2는 한두 명의 운영자가 거래 순서를 정하고 있지만 앞으로는 다수의 노드가 참여하는 탈중앙 시퀀싱을 통해 보안성과 신뢰성이 높아질 전망이다. 또한, 다양한 L2 간 그리고 L1과 L2 간 메시지 전송 프로토콜이 표준화되면서 서로 다른 체인 간의 자산 이동과 스마트 컨트랙트 호출이 더욱 원활해질 것으로 보인다. 양자 컴퓨팅 시대를 대비해, 영지식 증명 등 암호 기술을 한층 강화하거나 새로운 암호 알고리즘을 도입함으로써 미래의 위협에도 안전한 레이어2가 구축될 것이다.

사용자 경험의 혁신 측면에서는 트랜잭션을 보낼 때 AI가 가장 적절한 L2와 수수료를 자동으로 선택해주는 가스비 예측 및 최적화 기능이 보편화될 가능성이 높다. 한두 번의 클릭만으로 여러 네트워크 간 자산을 이동시키는 초간편 브릿지 UX(여러 블록체인 네트워크 간에 자산을 쉽게 이동할 수 있도록 도와주는 사용자 인터페이스)가 등장하고, 현재처럼 네트워크마다 지갑을 전환해야 하는 번거로움 없이 하나의 지갑 앱에서 여러 L2를 자동으로 관리해주는 통합 지갑 솔루션이 표준이 될 것으로 보인다. 사용자들은 자신이 L1이나 L2를 사용하는지조차 의식하지 못할 정도로, 서비스들은 백그라운드에서 레이어를 추상화해 사용자 편의성을 극대화할 것이다.

생태계의 확장 측면에서는 특정 기능에 특화된 레이어3, 즉 레이어2 위에 또 하나의 전문화된 체인이 등장할 것으로 예상된다. 이러한 특화된 L3는 프라이버시 또는 AI 연산에 집중될 수 있으며, 이처럼 역할이 분리된 모듈형 체인이 늘어나면서 프로젝트별로 최적의 조합을 갖춘 블록체인을 구축하는 것이 가능해질 것이다. 각기 독립적으로 발전하던 블록체인들이 표준화된 프로토콜을 통해 연결됨에 따라, 각각의 네트워크가 하나의 거대한 멀티체인으로 이어지는 시대가 열릴 전망이다.

결론적으로, 레이어2 솔루션은 블록체인 기술이 직면한 확장성 문제를 해결할 가장 현실적이고 강력한 해법으로 부상했다. 이더리움에게 레이어2는 생존을 위한 필수 도구였고, 비트코인에게 레이어2는 새로운 가능성을 열어주는 날개가 되었으며, 솔라나에게 레이어2는 미래 성장을 위한 또 다른 추진력이 되고 있다.

현재 레이어2 솔루션들은 각 블록체인의 특성에 맞추어 다른 방향으로 진화 중이다. 이더리움은 롤업 중심의 모듈형 구조로, 비트코인은 결제와 금융 특화 채널 위주로, 솔라나는 통합된 확장 모듈 철학으로 발전하고 있다. 이러한 다양한 접근 방식은 블록체인 기술의 실용성을 높이고, 일반 사용자들도 복잡한 기술을 의식하지 않고 사용할 수 있는 친숙한 환경을 만들어 가고 있다.

이 복잡하고 빠르게 진화하는 레이어2의 세계를 이해하는 것은 앞으로 펼쳐질 블록체인 대중화 시대를 항해하는 데 필수적인 나침반이 되어줄 것이다. 레이어1과 레이어2에 대한 이해의 확장은 블록체인의 현재와 미래를 조망하는 데 반드시 필요하다.

지금까지의 설명에 등장한 각각의 프로젝트를 이렇게까지 깊이 알아야 할까?라고 생각할 수 있다. 하지만 크립토의 미래는 레이어1이라는 큰 뼈대 위에서 전개될 가능성이 크다. 그래서 '묻지마 투자'식으로 신규 알트코인에 접근하는 태도는 위험하다. 이를 피하려면 레이어1의 기본과 그 위에서 확장되는 레이어2를 함께 이해해야 한다. 이는 투자든 학습이든 모두에 필수적이다.

블록체인 생태계의 금융 심장이라 불리는 디파이(DeFi)

　블록체인에서 탈중앙화된 금융 생태계의 핵심은 바로 디파이^{DeFi, Decentralized Finance}(탈중앙화 금융)이다. 우리가 현재 익숙한 금융 시스템은 중앙화된 관리 주체가 있고, 그 주체에게 우리의 개인 정보를 제공하고 대신 반대급부로 자산의 관리와 보관을 위탁하는 것이 일반적이다. 그리고 보안에 대한 관리 주체도 은행, 증권사 등과 같은 중앙화된 금융 기관이다. 디파이^{DeFi}는 중앙화된 기관 없이 블록체인 상에서 스마트 컨트랙트를 중심으로 이루어지는 금융을 지칭한다. 지금은 다양한 블록체인에서 디파이 프로젝트가 활발하게 운영되고 있다. 하지만 초기에는 대부분 이더리움 네트워크에 론칭되는 경우가 많았다. 이는 이더리움이 '스마트 컨트랙트'라는 독특한 기능을 가지고 있었기 때문이었다.

디파이(DeFi)의 개념

디파이를 이용하면 중앙화된 기관의 개입 없이도, 지갑 간 블록체인 네트워크 내에서 거래를 실행할 수 있게 된다. 비용이 저렴하고 속도가 빠르며 물리적인 공간(국가 등)에 대한 제약이 없어서 웹 연결만 가능하면 모든 사람들이 24시간 365일 이용할 수 있는 금융 서비스이다.

이러한 일들을 편리하게 해주는 다양한 서비스가 출시되어 있다. 주요 디파이 서비스 중 하나는 유동성풀Liquidity Pool을 제공하는 스테이킹이다. 코인이나 토큰이 초기 출시되면 성공 여부를 장담할 수 없고, 많은 사람들이 사용하지 않기 때문에 거래 유동성이 부족할 수 밖에 없다. 예를 들어 테더USDT로 비트코인이나 이더리움을 구입하는 것은 어느 거래소에서든 어렵지 않게 할 수 있다. 그러나 신규로 나온 토큰을 다른 코인과 거래하는 것은 어려움이 많다. 시장에 유동성이 부족하기 때문이다. 이럴 때 일정한 계약 조건을 토대로 유동성을 제공하게 되면 보상으로 신규 출시된 코인을 지급해주는 것이 바로 유동성풀 스테이킹이다.

이러한 거래를 할 때 주의할 점은 락업Lock-Up(DeFi 서비스 환경에서 자산을 일정 기간 동안 묶어주는 것을 의미하며 주로 스테이킹을 통해 이루어진다) 기간이 있어서 일정 기간 동안 인출이 불가한 경우가 있기 때문에 사전에 꼼꼼히 살펴보고 거래를 실행해야 한다. 탈중앙화된 금융이기 때문에 혹시 실수로 잘못된 계약이 실행되어도 이것을 바로잡을 수가 없다. 또한 개인 지갑을 연결해 거래를 해야 하는 경우가 많기 때문에 보안에 대한 관리책임도 스스로 져야 한다.

특히나 디파이 섹터는 많은 해킹과 러그풀Rug Pool(양탄자 빼기)(개발자나 운영진이 참여자들을 속여 암호화폐나 디지털 자산을 가지고 잠적하는 사기 사건) 사건이 끊임없이 발생하고 있는 분야이기도 하다. 초기 프로젝트들이 비정상적으로 높은 수익률을 제공하는 경우가 많기 때문에 피해자들이 꾸준히 발생한다. 따라서 디파이에 대한 제도적 규제에 관한 논의도 있지만, 모든 디파이를 규제하고 감시하는 것은 사실상 불가능하다. 따라서, 디파이와 같은 크립토 거래 시에는 DYOR^{Do Your Own Research}이라는 원칙을 반드시 지켜야 한다.

DYOR(Do Your Own Research)

● **크립토 시장에서 가장 강력한 무기**

DYOR은 단순한 정보 수집 행위가 아니다. 넘쳐나는 다양한 정보 속에서 검증되지 않은 사실이나 과장된 홍보를 스스로 판단하여 걸러내고, 비판적 사고로 본인만의 독립적 판단을 내릴 수 있는 태도를 의미한다. 주체적으로 판단하고 스스로 투자 결정을 내릴 수 있는 투자 근육이라 할 수 있다.

DYOR은 소셜미디어(SNS)나 온라인 토론 공간의 정보에만 의존하지 말고, 프로젝트의 공식 백서(White Paper), 토큰 이코노미(Tokenomics), 추구하는 프로젝트의 방향성, 기술 작동 방식, 해당 프로젝트의 필요성에 대한 사업계획 분석이 필요하다. 이런 정보들을 스스로 읽고 분석하는 능력이 크립토 시장에서 투자활동을 함에 있어 가장 강력한 무기가 된다.

프로젝트가 해결하고자 하는 현실 문제의 명확성, 기술 타당성, 프로젝트의 차별성 그리고 결정적으로 해당 프로젝트가 꼭 블록체인 기술과 결합해야 하는지 여부이다. 모든 프로젝트가 블록체인 기술을 필요로 하는 것은 아니기 때문에 분산원장 기술이 필요한지 여부는 기본적이지만 꼭 체크해야 하는 부분이다. 수요 없는 공급을 창출할 필요는 없기 때문이다.

만약 백서(White Paper)가 프로젝트의 목표를 보여주는 '설명서'라면, 토큰 이코노미(Tokenomics)는 그 목표를 달성하기 위한 '경제 시스템'이라고 할 수 있다. 프로젝트의 장기적 성공 여부를 좌우하는 핵심 요소이기 때문에 다음 항목들을 꼼꼼히 살펴봐야 한다.

- 토큰 공급 : 총 공급량, 유통 공급량, 신규 토큰 발행 기준에 대해 파악해야 한다. 비트코인처럼 공급량이 정해져 있는 하드캡 모델과 이더리움처럼 발행 한도가 정해져있지 않은 모델의 차이를 구분해야 한다.

- 토큰 유틸리티 : 토큰이 프로젝트 생태계 안에서 어떤 기능을 수행하는지 확인해야 한다. 강력한 활용성은 토큰에 대한 수요를 만들어내고 이는 곧 가치의 증가로 이어질 수 있다.
- 토큰 분배 방식 : 토큰이 설립자, 개발자, 초기 투자자, 커뮤니티 등의 관련 참여자들에게 어떻게 분배되는지, 락업되는 물량 비중은 어떠한지 파악해야 한다. 그리고 프로젝트 주요 참여자들이 일시에 해당 토큰을 처분하지 못하도록 하는 장치들이 있는지도 살펴봐야 한다.
- 거버넌스(Governance) 및 보안 : 프로젝트 프로토콜 업그레이드 등의 주요 의사결정에 대한 투표 권한을 어떻게 부여하는지 그리고 그것은 형평성과 동등성 원칙이 지켜지는지 여부에 대해 조사해야 한다.

디파이(DeFi) 주요 서비스들

디파이 생태계는 전통 금융에서 불가능했던 과감한 시도들을 이어가고 있다. 시장 규모가 상당히 커지면서 서비스 종류도 다양해지고 있다.

● 탈중앙화 거래소(DEX, Decentralized Exchange)

중앙 관리조직이나 운영 주체없이 사용자들끼리 직접 디지털 자산을 거래할 수 있게 해주는 서비스이다. DEX와 대비되는 개념을 CEX$^{Centralized\ Exchange}$라 하며 CEX는 업비트, 빗썸, 바이낸스, 코인베이스와 같은 디지털 자산을 거래할 수 있는 거래소를 의미한다. CEX에서 할 수 없는 거래들은 DEX를 통해 얼마든지 할 수 있다. 유니스왑^{UniSwap}, 스시스왑^{SushiSwap} 등이 대표적인 예이다.

● 대출, 차입 프로젝트

은행을 통해 대출을 받거나 예금을 통해 이자를 받을 수 있는 것처럼 디파이를 통해 디지털 자산을 예치하고 이자를 받거나 담보를 제공하고 대출을 받을 수도 있다. 현실 세계에서 작동하는 은행 거래 방식과 유사하지만, 탈중앙화되어 있는 블록체인의 특성으로 인해 경우에 따라서 리스크가 높을 수 있다. 따라서 리스크를 낮추기 위해 오래되었거나 다양하게 검증이 된 프로젝트 위주로 이용해야 한다. 메이커다오^{MakerDAO}, 컴파운드^{Compound} 등의 서비스가 있다.

이 외에도 다양한 아이디어로 무장한 팀들이 수많은 프로젝트로 도전과 실험을 하고 있는 곳이 바로 이 분야이다. 새로움에 대한 갈증과 모험심이 있는 크립토 유저에게 끊임없는 지적 호기심을 자극하는 섹터라 할 수 있다.

토큰화 경제
(Tokenization Era)

토큰화Tokenization는 현실 세계의 자산 소유권을 블록체인 기반의 디지털 자산으로 변환하는 것이라 할 수 있다. 미술품, 저작권, 부동산 소유권 등의 권리를 블록체인 네트워크 내에서 토큰 형태로 만들어 작은 단위로도 거래가 가능하도록 만든 것이다. 커다란 하나의 소유권을 여러 개의 작은 단위 소유권으로 쪼개어 조각화하면 더 작은 단위로 거래가 가능해지는 장점이 생긴다. 또한 블록체인 상에 이 기록을 남김으로써 거래의 투명성이 확보되고, 디지털 소유권도 명확해질 수 있다.

💰 RWA(Real World Asset) : 현실 세계가 블록체인 속으로

RWA는 현실 세계의 실물 자산을 블록체인 기술을 활용해 디지털 토큰으로 변환하는 것을 의미하며 현실 세계의 자산을 크립토 세계로 옮기는 것으로 이해할 수 있다. 여기서 자산은 주식, 채권, 부동산, 미술품, 음악 저작권, 원자재 소유권, 기타 계약 관계 등을 아우르는 거의 모든 자산이 해당된다.

RWA를 통해 산물 자산을 토큰화하면 특히, 거래 단위가 큰 부동산이나 미술품 같은 자산에 대한 소유권을 작게 쪼갤 수 있게 된다. 예를들어 2,000억 원에 해당하는 강남에 위치한 빌딩을 소유한 사람은 이 빌딩에 대한 소유권을 전부는 포기하고 싶지 않고, 자금이 필요하여 일부 지분을 현금화하고 싶다고 가정하자. 그러면 2,000억 원 빌딩의 소유권을 토큰화하여 그 중 1/4에 해당하는 500억 원만큼을 이 빌딩의 지분을 일부 소유하고 싶은 투자자들에게 팔 수 있다. 그렇게 되면 75%의 소유권은 유지한 상태에서 25%의 지분을 매각하여 현금화할 수 있게 된다.

투자자들은 소액으로 규모가 큰 부동산에 일부를 투자할 수 있는 이점이 생긴다. RWA 없이는 이러한 유형의 거래는 이루어지기 어렵다. 복잡한 권리 관계와 법률 검토 비용, 절차적인 번거로움, 등기의 위험성 등 살펴야할 부분이 많기 때문이다. 반면, RWA 토큰은 블록체인 상에 소유권, 거래내역 등이 투명하게 보관, 관리되기 때문에 위험 요인이 상당히 줄어들게 된다. 또한 중개인을 통하지 않아도 되는 경우가 많아서 수수료가 적고, 거래를 빠르게 거래를 마무리 할 수 있게 된다.

전 세계 최대 자산운용사인 블랙록 자산운용이 만든 '비들^{BUIDL}' 토큰이 바로 대표적인 RWA 성공 사례이다. 이 토큰은 MMF 펀드의 지분을 토큰화하여 거래할 수 있는 시스템에 활용된다. 과거에는 펀드에 투자하거나 현금화하는 과정이 며칠씩 걸렸다. 비들은 블록체인의 장점인 빠른 거래를 활용해 시간 제약 없이 펀드 거래를 할 수 있게 만들었다. 특히, 써클Circle의 스테이블코인USDC과 연동되어 펀드 투자와 해지를 훨씬 투명하고 신속하게 처리할 수 있다.

2025년 10월 기준으로 이 비들의 규모는 28억 달러를 넘어서며 가파른 성장세를 보여주고 있다. 가능성을 넘어서는 실제 현실에서의 성장성을 보여주기 시작하면서 JP모건, 프랭클린템플턴 등의 주요 운용사들도 펀드 토큰화 사업에 뛰어들기 시작했다. 더 많은 투자자들이 RWA 펀드에 노출된다면 상당수의 펀드들이 현실 세계에서 블록체인 위로 넘어갈 것이라는 전망에 힘이 실리고 있다.

디지털 자산의 한계 중 하나인 실제 가치를 어떻게 담보하느냐에 대한 논쟁도 RWA 토큰에서는 크게 이슈가 되지 않는다. 기초 자산이 되는 현실 세계의 자산이 토큰의 기초 자산으로 담보가 되어 있기 때문이다. 이런 특징이 블록체인에 익숙치않는 투자자들에게 어필할 수 있는 포인트가 되고 있다. RWA 시장이 점점 더 성장하게 되면 디파이, NFT 등 다른 크립토 자산들과 유기적으로 연계되어 더욱 파급력이 확대될 것으로 전망된다.

💰 STO(Security Token Offering) : 주식이 토큰으로

RWA 토큰 중에서도 특히 디지털화된 유가증권에 해당하는 증권형 토큰을 'STC'라고 한다. 가장 쉬운 예가 주식이나 채권과 같은 유가증권을 블록체인 기술을 활용해 토큰화한 것이라 할 수 있다. 해당 유가증권에 대한 소유권, 배당권, 의결권 등 실질적으로 유가증권이 가지고 있는 권한을 토큰화하여 소유할 수 있는 것이다.

2017년에 비트코인을 중심으로 디지털 자산 가격이 폭등하는 시기에 수많은 블록체인 프로젝트가 우후죽순 생겨났다. 이 틈을 타 나쁜 의도를 가진 참여자들이 무분별하게 코인을 만들어 상장하는 이른바 묻지마 ICO^{Initial Coin Offering}(주식 IPO와 같이 새로운 코인을 거래소에 상장하여 거래가 이루어질 있도록 하는 것)가 한 때 열풍이었다. 이를 통해 블록체인 섹터로 수많은 자금이 모이며 현재의 토대가 이루어지는 결정적인 계기가 되기도 하였지만 반면에 이 시기에 피해를 본 많은 투자자들도 생겨나게 된다. ICO는 법적인 보호와 규제장치가 없었기 때문에 이런 피해사례들이 많이 만들어지게 되었다.

이런 단점을 극복하고자 증권형 토큰이 등장하게 되었다. STO는 '증권형' 토큰이기 때문에 증권법의 적용을 받게된다. 최초 발행부터 중간관리 과정, 유통에 이르기까지 전반적인 규제의 틀이 적용될 수 있는 셈이다. 이를 통해 투자자들은 법적인 틀 안에서 적법한 절차에 의해 발행되는 증권형 토큰에 노출되기 때문에 권리의 명확성과 사기의 위험성을 크게 낮출 수 있는 계기가 되었다. 그리고 여전히 블록체인이 가지고 있는 거래 신속성과 투명성 같은 이점은 그대로 누릴 수 있었다.

증권형 토큰이 일상화되면 부동산이나 미술품, 비상장 주식, 저작권처럼 유동성이 낮았던 자산들도 훨씬 폭넓게 거래될 수 있다. 이러한 변화는 이미 현실에서 일어나고 있다. 해외에서는 로빈후드나 크라켄 거래소가 주식의 토큰 거래를 도입했고, 국내에서는 '뮤직카우'가 음악 저작권을 토큰화해 거래하며, 저작권료를 분배하고 있다.

RWA와 STO는 토큰화 시대를 이끄는 중요한 개념으로, 현실 세계의 자산을 디지털 공간인 블록체인으로 옮기는 것을 가속화하는 패러다임의 전환을 이끌고 있다. 이 변화의 속도에 따라 앞으로 우리가 마주하게 될 디지털 자산 대전환의 시기가 결정될 것이다.

CHAPTER
4

현실 세계로 들어온 크립토

스테이블코인(Stable Coin)

크립토 진화의 서막

사토시 나카모토는 "순수한 P2P(개인과 개인 간 거래) 버전의 전자화폐는 금융기관을 거치지 않고 한쪽에서 다른 쪽으로 직접 온라인 결제를 가능하게 할 것이다."라는 비전을 제시하며 비트코인을 이 세상에 내놓았다. 비트코인은 2009년 이후 지금까지 큰 흐름에서 우상향하는 방향성을 보여주고 있으며, 변동성도 점차 줄어드는 추세를 보여주고 있다. 하지만, 매 순간 멈추지 않고 가격이 변동하는 디지털 자산인 것도 사실이다.

개인 간 거래를 위한 전자화폐의 비전을 달성하기에는 비트코인의 가격 자체도 너무 높아졌고, 가격의 변동폭도 커서 활용도가 떨어진다. 이러한 단점을 획기적으로 개선한 디지털 자산이 바로 스테이블코인(Stable Coin)이다. 일반적으로 우리가 언급하는 스테이블코인은 달러에 가치가 연계되어 있는 달러 스테이블코인(Dollar Stable Coin)이다. 달러 스테이블코인은 달러와 가치가 1:1로 연동되어 있기 때문에 일상생활의 거래에 큰 어려움 없이 활용할 수 있다.

종이로 된 화폐나 은행에 보관된 예금과 동일한 가치를 지니고 있으며, 다만 블록체인 상에 존재하는 디지털 자산이라는 것이 차이점이다. 2025년 들어 특히 스테이블코인이 큰 화두를 형성하고 있다. 미국을 포함한 여러 국가가 스테이블코인을 법적으로 인정하고 제도권으로 편입하려는 움직임으로 활발하다. 비트코인이 크립토의 시작이었다면, 스테이블코인은 크립토의 본격적인 대중화의 시작이 아닐까 예상해 본다.

스테이블코인(Stable Coin)이 뭔가요?

    스테이블코인은 비트코인이나 이더리움과 같은 암호화폐와는 다르게 그 가치가 안정적으로 유지될 수 있도록 만들어진 디지털 자산이다. 가치의 안정성은 다른 말로 바꾸면 기준이 되는 자산에 그 가치가 연동되어 있다는 뜻이다. 24시간 쉬지 않고 거래되는 크립토 시장에서 스테이블코인은 오아시스와 같은 역할을 한다. 변동성에 노출되고 싶지 않은 디지털 자산에 대해 스테이블코인으로 바꾸어 보유하고 있으면 시장 가격과 무관하게 가치를 유지할 수 있기 때문이다. 이러한 가격 안정성으로 스테이블코인은 디지털 세상을 넘어서 현실 세계에까지 확장할 수 있는 기반을 마련하게 되었다.

    스테이블코인은 가치를 연동하는 방식에 따라서 여러가지로 분류해볼 수 있다.

💰 법정화폐 담보 스테이블코인

법정화폐 담보 스테이블코인은 현재 가장 일반적으로 널리 사용되고 있는 유형이다. 달러USD, 유로화EUR 등의 법정화폐와 그 가치를 1:1로 연동시킨 가장 직관적으로 이해하기 쉽게 만들어진 스테이블코인이다. 이 유형의 스테이블코인이 총액 기준으로 대부분 달러와 가치가 연동되어 있다. 달러와 연동되어 가치를 유지하기 위해 달러USD현금, 미국 단기 국채, MMF 등 유동성이 가장 좋은 달러 자산들을 담보로 유지한다. 또한 스테이블코인 운영 기업들은 주기적으로 담보 자산의 구성과 관리 현황에 대해 공개하며 투명성을 높이는 노력을 하고 있다.

그리고 2025년 7월 18일, 이러한 스테이블코인과 관련한 보다 명확한 법적 정의, 발행 절차, 공시 의무 등을 규정하는 지니어스 법안GENIUS Act이 미국에서 발표되는 역사적인 사건이 발생했다. 이를 통해 미국은 디지털 달러를 공식화하고 스테이블코인을 본격적으로 제도권 안으로 들여놓는 포석을 마련하게 되었다. 가장 대표적인 법정화폐 담보 스테이블코인은 USDTTethet와 USDCCircle가 있다.

USDT, USDC 모두 별도의 블록체인 메인넷을 가지고 있는 것은 아니다. 이더리움의 ERC-20 프로토콜을 기반으로 만들어졌으며, USDT의 경우 TronTRX 블록체인을 비롯한 다양한 블록체인 기반으로도 발행 및 거래가 이루어지고 있다. 지금과 같이 USDT와 USDC의 성장세가 이어진다면 이더리움 블록체인의 강력한 존재 이유를 스테이블코인이 만들어 줄 수도 있다.

그림 4-1 · 테더(Tether) 비즈니스 생태계

USDC 생성(발행) 메커니즘은 다음과 같다. 써클Circle사는 고객이 토큰 발행사인 써클의 계좌로 미국 달러USD를 보낸다. 써클Circle은 USDC 스마트 컨트랙트를 사용하여 입금된 달러에 해당하는 USDC를 생성한다. 생성된 USDC는 고객의 암호화폐 지갑으로 전달되고, 미국 달러USD는 현금으로 들고 있거나, 미국 단기 국채, MMF 등의 준비금으로 보관된다. USDC를 현물 달러USD로 바꾸는 과정은 USDC 생성과 역순으로 이해할 수 있다.

💰 산물 자산 담보 스테이블코인

금, 은, 국채, 원유, 금 등 실물 자산을 담보로 하는 스테이블코인이다. 담보 자산으로는 현재 금이 주로 사용되고 있다. 실물 금은 전문 보관기관, 수탁기관의 금고에 안전하게 제3자의 검증을 받아 보관되어 있다. 법정화폐 스테이블코인은 명목 화폐의 가치에 연동되어 있기 때문에 금과 같은 실물 자산에 가치가 연동되게 설계하면, 인플레이션 헷지(인플레이션으로 인한 화폐가치 하락에 대비해 주식, 부동산, 금 등과 같은 자산에 투자하여 자산의 가치를 유지하거나 높여서 화폐의 구매력 하락을 줄이는 것)를 할 수 있는 등의 장점을 가질 수 있다. 또한 실물 금을 보관하는 데 따르는 여러 가지 불편함을 디지털 자산화해서 소유하고, 운반하고, 거래할 수 있다. 담보의 가치가 시장 가격 변동성에 노출되기 때문에 법정화폐 스테이블코인에 비해 가치 변동이 클 수 있으며 사용처나 거래량이 상대적으로 적다는 단점도 있다.

가장 대표적인 프로젝트는 팍소스골드 Pax Gold, PAXG와 테더골드 Tether Gold, XAUt가 있다. PAXG는 미국에 위치한 블록체인 플랫폼 기업인 팍소스 Paxos Trust Company가 2019년 가을에 출시한 금 가치 연계 스테이블코인이다. 1 PAXG는 금 1온스와 그 가치가 연동되어 있고, 실물 금은 최고 수준의 보안이 유지되는 브링크스 Brink's의 금고에 보관되어 있다. 또한 PAXG 토큰 총량과 실제 금의 총량이 일치함을 중빙하기 위해 주기적으로 감사를 실시하고, 그 결과를 공개하고 있다.

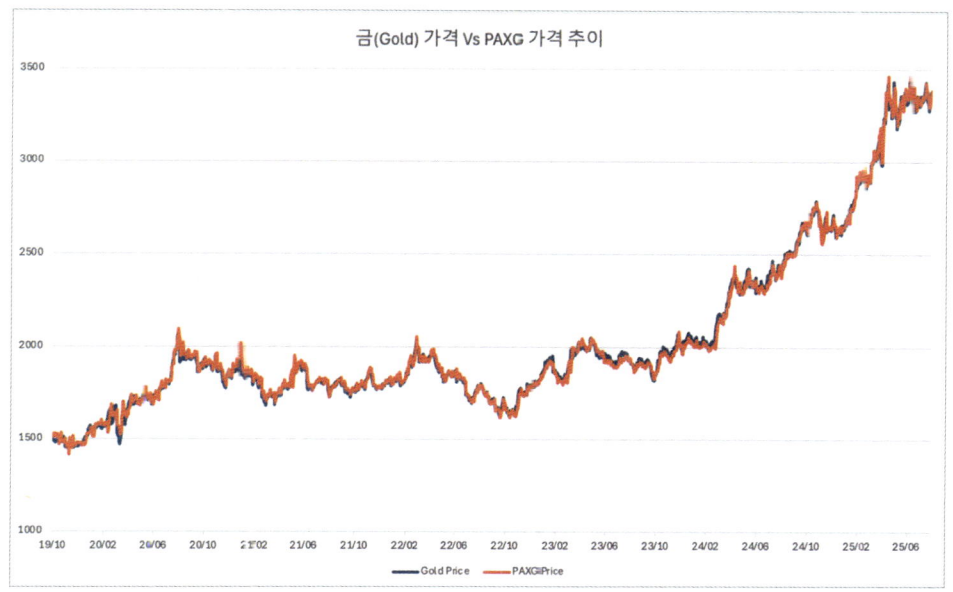

그림 4-2 · 금(Gold) 가격과 금 담보 스테이블코인(PAXG) 가격 추이

💰 암호화폐 담보 스테이블코인

비트코인이나 이더리움과 같은 디지털 자산을 담보로 발행되는 형태를 암호화폐 담보 스테이블코인이라고 한다. 담보 대상이 되는 암호화폐의 가격 변동성으로부터 안정적인 가격을 확보하기 위해 발행되는 스테이블코인의 가치보다 훨씬 큰 가치의 담보를 설정하게 된다. 이를 통해 어느 정도의 가격 변동에는 담보 가치의 훼손이 발생하지 않도록 설계된 것이다.

탈중앙화된 블록체인 스마트 컨트랙트를 통해 담보 가치의 급격한 하락 시 자동 청산하여 가치를 유지할 수 있도록 하였다. 관리에 있어서 다른 스테이블코인에 비해 탈중앙화되어 있다는 장점이 있다. 가장 대표적인 프로젝트가 메이커 DAO^{Maker DAO}(이더리움 블록체인을 기반으로 달러 연동 스테이블코인인 다이^{DAI}를 발행하는 탈중앙화된 자율 조직)가 발행하는 다이DAI이다. 중앙화된 운영 주체가 관리하지 않는다는 장점 때문에 DeFi 프로젝트들과의 상호연동성이 좋아서 많이 활용되고 있다.

알고리즘 기반 스테이블코인

별도의 담보 자산이 없이 발행량과 소각량을 자동으로 조절하는 알고리즘에 의해 운영되는 스테이블코인의 형태가 알고리즘 기반 스테이블코인이다. 거버넌스 토큰과 스테이블코인을 만들어 스테이블코인의 가격이 1달러보다 내려가면 코인을 사서 소각을 하게된다. 소각을 통해 공급량을 줄여서 수요와 매핑하게되면 가격이 다시 1달러로 유지가 되고, 1달러보다 스테이블코인의 가격이 올라가게 되면 공급량을 늘려서 스테이블코인의 가치를 유지하는 시스템을 갖추고 있다. 의사결정이나 개입없이 자동항법장치와 같이 미리 설계된 방식에 따라 토큰들의 유기적인 생성과 소각으로 수급 균형을 맞추는 이상적인 작동 방식을 가지고 있다.

하지만, 2022년에 있었던 테라·루나 사태에서 보았듯이, 외부의 대규모 공격에 매우 취약하다는 치명적인 단점이 있다. 많은 장점이 있음에도 불구하고 이러한 치명적인 단점으로 인해 현재는 알고리즘 기반 스테이블코인은 널리 쓰이지 못하고 있다. 알고리즘적인 요소가 디지털 자산 또는 크립토 프로젝트에는 필요한 요소이지만, 이것만 가지고는 모든 것을 다 충족하는 생태계를 갖추기 어렵다. 기술적 어려움, 역사적 배경으로 인해 스테이블코인 중 가장 도전적인 섹터라 생각한다.

테라·루나 사건, 들여다보기

● **코드로 만들어낸 신기루**

2022년 봄, 암호화폐 세계는 대략 50조 원 규모의 '테라(Terra)' 플랫폼이 선보인 마법과도 같은 아이디어에 매료되어 있었다. 그 마법의 핵심은 실제 달러 없이 오직 코드, 즉 알고리즘만으로 1달러의 가치를 영원히 지키겠다는 '알고리즘 스테이블코인'이라는 대담한 기획에 있었다. 이는 금고에 1달러를 보관하고 1코인을 발행하는 USDT 같은 법정화폐 기반 스테이블코인의 상식을 뒤엎는, 금융계의 연금술과도 같은 도전이었다.

테라의 시스템은 '테라USD(UST)'와 '루나(LUNA)'라는 두 개의 암호화폐가 서로를 지탱하는 구조였다. 이 둘의 관계는 간단한 규칙 하나로 정의되었다.

"언제든 1 UST는 1달러 가치의 LUNA와 교환할 수 있다."

이 마법의 알고리즘은 시장의 보이지 않는 손을 이용했다.

- UST 가치가 1.2달러로 오르면? 차익 거래자들이 1달러어치 LUNA를 시스템에 주고 1.2달러 가치의 UST 1개를 받아 시장에 판다. 이 과정에서 LUNA는 소각되고 UST가 새로 발행되거 공급이 늘어나니, 가격은 다시 1달러로 돌아온다.
- UST 가치가 0.8달러로 떨어지면? 거래자들은 시장에서 0.8달러에 UST 1개를 사서 시스템에 주고 1달러어치 LUNA를 받는다. UST는 소각되어 공급이 줄어들고, 가격은 다시 1달러로 회복된다.

이론적으로 완벽해 보이는 이 구조는 UST 수요가 늘수록 LUNA의 가치가 오르는 선순환을 만들었다. 하지만 시스템의 담보(LUNA)가 담보해야 할 대상(UST)의 성장에 자신의 가치를 의존하는 치명적인 모순을 내포하고 있었다.

테라 플랫폼을 더욱 거대한 규모로 확장시키는 데 큰 역할을 한 것이 바로 '앵커 프로토콜(Anchor Protocol)'이다. 한 때, 크립토를 좀 안다고 하는 사람이라면 이 앵커 프로토콜을 많이 활용하고 있었다. UST를 예치하면 연 20%라는 비현실적인 고정 이자를 지급하겠다는 약속은 전세계 투자자들을 끌어모으는 달콤한 약속이었다. 이 막대한 이자는 외부 자금으로 적자를 메우는 지속 불가능한 구조였지만 덕분에 UST 수요는 폭발적으로 증가했고 LUNA의 가격은 하늘로 치솟았다. 그리고 이 아름다운 알고리즘 스테이블코인이 극단적인 상황을 맞이하기 전까지 이 구조는 계속될 것만 같았다.

붕괴는 2022년 5월 7일, 작은 균열에서 시작되었다. 익명의 거대 자본이 외부 거래소인 '커브 파이낸스'에서 수억 달러의 UST를 한꺼번에 매도하며 처음으로 1달러의 믿음을 깨뜨렸다. 이 작은 '디페깅(De-pegging)'은 시장 공포 확산의 도화선이 되었다.
투자자들은 앵커 프로토콜에서 빠르게 UST를 인출하는 디지털 뱅크런을 일으켰다. 테라 측은 비상시를 대비하여 보유하던 수십억 달러의 비트코인을 팔아 방어에 나섰지만, 이미 무너진 신뢰로 인한 투자자들의 공포의 파도는 그보다 거세고 폭발적이었다.
결국 시스템의 심장이 멈추기 시작했다. UST를 매도하고 LUNA로 교환하려는 거래가 끝도 없이 이어지자, 알고리즘은 정해진 약속대로 LUNA를 무한정 찍어내야만 했다. LUNA의 가격이 폭락할수록 1달러 가치를 맞추기 위해 더 많은 LUNA를 발행해야 하는 '죽음의 소용돌이'가 시작된 것이다. LUNA의 가치는 0으로 수렴했고, 플랫폼을 떠받치던 담보는 먼지처럼 사라졌다. 2022년 5월 13일, 주요 거래소들은 LUNA와 UST를 상장 폐지했고, 50조 원의 거대한 플랫폼은 짧은 시간 동안 완전히 멸망했다.

테라·루나 사태는 단 며칠 만에 50조 원이 넘는 가치를 증발시켰고, 한국에서만 28만 명의 피해자를 낳았다. 이 붕괴는 암호화폐 대출 기업 셀시우스와 헤지펀드 쓰리애로우캐피탈 등의 연쇄 파산으로 이어지며 시장 전체를 '크립토 겨울'로 몰아넣었다.
이 비극은 전 세계 규제 당국을 각성시켜 스테이블코인에 대한 본격적인 규제 논의를 촉발했다. 알고리즘에 대한 맹신이 무너진 자리에 법정 화폐를 담보로 하는 스테이블코인의 안정성이 본격적으로 부각되기 시작했다.
테라 사태는 하나의 거대하고 값비싼 실험이었다. 이 실험은 금융 시스템의 신뢰가 정교한 코드만으로는 구축될 수 없으며, 인간의 공포 앞에서 이론은 무력할 수 있다는 뼈아픈 교훈을 남겼다. 그 폐허 위에서 암호화폐 시장은 한층 성숙하게되는 계기를 가지게 되었다. 참으로 역설적이다.

그리고 알고리즘 스테이블코인의 실패가 지금의 법정화폐 담보 스테이블코인(USDT, USDC등)의 시장점유율을 만들게된 원인이 되었을 수 있다. 대부분의 사용자들은 스테이블코인을 대할 때 탈중앙화의 이점보다 가치유지에 주목하고 있음이 확인되는 역사적 계기가 되기도 하였다. 탈중앙화는 필요하고 긍정적인 요인이지만, 항상 그런것은 아니라는 이상과 현실 사이의 괴리가 교차하는 사건이었다.

단위 : 달러

스테이블코인	시가총액
테더(USDT)	181,533,778,762
써클(USDC)	72,925,738,496
Ethena USDe(USDE)	12,326,534,424
Sky(USDS)	8,337,976,938
메이커다오(DAI)	4,574,646,045

표 4-1 · 주요 스테이블코인 시가총액 순위(2025. 10. 17 기준)

스테이블코인의 활용은 트레이딩/DeFi, 국제 송금, 실물 결제, 기타 목적 등으로 다양하다. 가장 큰 비중을 차지하는 것은 역시나 크립토 시장에서 거래 시 활용되는 트레이딩/DeFi 분야이다. 시시각각 변동하는 크립토 시장에서 평온함을 유지시켜 줄 수 있는 피난처이자 교환 시 가치가 변하지 않는 현실 세계의 달러와 같은 존재이기 때문이다.

이러한 스테이블코인에 대한 커다란 신뢰는 스테이블코인 발행회사에 대한 회계감사, 지니어스 법안과 같은 준비자산에 대한 의무 법제화, 주기적인 보유 준비 자산 공개 등의 규제가 긍정적인 영향을 미쳤다. 금융기관에 준하는 경영상 의무 규정들은 스테이블코인 발행회사 입장에서는 부담일 수 있다. 하지만 전체 크립토 생태계의 안정적 유지와 거래참여자들의 디지털 자산 확대 등의 긍정적인 부분이 더 크기 때문에 앞으로 더욱 강화되는 추세가 이어질 것으로 예상된다. 또한, 블록체인이라는 특성상 향후에는 이러한 규제 준수에 대한 부분도 거의 실시간에 가깝게 모니터링되는 방향으로 진화하지 않을까 예상된다.

스테이블코인은 단어의 뜻 그대로 안정적인 가치를 유지하는 코인이지만, 이 안정적인 가치는 자연적으로 이루어지는 것이 아니다. 가치를 유지하기 위한 블록체인 관리 능력, 담보 능력 확보를 위한 준비 자산 관리, 유동성 사태(일시적 대규모 인출, 환매)에 대비하기 위한 수단 확보 등의 역량을 지속적으로 증명하는 스테이블코인이 결국 생존하게 될 것이다.

테더(USDT)란?

● 1달러와 1:1로 연동되는 스테이블코인의 대장

테더(USDT)는 세계 최대 규모의 법정화폐 기반 스테이블코인으로, 현재 크립토 시장에서 가장 확실한 성장성을 증명하고 있는 프로젝트다. 디지털 자산의 기축통화와 같은 역할을 하는 핵심 인프라로서 달러(USD) 가치와 1:1로 연동되어있는 USDT의 발행, 소각 등의 관리를 하는 운영 주체이다.

달러 가치와에 대한 정확한 가치 고정은 크립토 시장 참여자들에게 안정적인 교환의 수단을 제공하며, 변동성이 큰 시장에서의 회피처 내지 거래 안정성을 위한 매개체로 기능한다. 또한 현실 세계의 달러를 디지털 세계의 달러로 변환해주는 리얼월드와 디지털월드의 다리 역할도 하며, 디지털 자산 시장의 금융(DeFi, DEX, CEX, NFT 등) 확장을 위한 토양으로도 기능한다.

2014년 브룩피어스(Brook Pierce), 리브 콜린스(Reeve Collins), 크레이그 셀러스(Craig Sellars)에 의해 만들어졌다. 처음 리얼코인(Realcoin)이라는 이름으로 탄생했지만, 이후 테더(Tether)로 브랜드를 바꾸었다. 'Tether'는 밧줄이라는 뜻으로 현실 세계 달러와의 강력한 가치 연동을 의미한다고 유추해 볼 수 있다. USDT는 블록체인 위에서 구동되는 디지털 달러를 구현하고자 했다. 이를 위해 안정적인 가치 유지, 신속하고 저렴한 결제 수단 제공, 다양한 디지털 자산들에 대한 거래 유동성 공급이라는 해결책을 제시하면서 확장해 나갔다.

시간을 거슬러 올라가보면, USDT는 비트코인 블록체인 위에서 처음 발행되었지만, 2017년 이더리움 ERC-20 도입 이후 이더리움 블록체인으로 확장했다. USDT의 시장규모는 꾸준히 성장하였으며 특히 2020년부터 시작된 디파이 시장의 성장과 함께 성장의 속도를 더욱 높이게 된다. 그리고 2023년 실리콘밸리은행(SVB)의 파산 사건으로 인해 2위 스테이블코인인 USDC의 달러 연동성이 훼손되는 디페깅(De-pegging)이 발생하게 된다. 이 사건 발생 당시 USDT는 정상적인 달러 견동 상태를 유지하며, 투자자들이 USDT로 옮겨가는 이벤트가 발생하게 된다. SVB 사건 이후 USDT의 시장 영향력은 한층 강화된 것으로 평가받는다.

USDT가 발행되는 것을 민팅(Minting)이라 하고 발행된 USDT가 없어지는(혹은 소각된다고 표현한다) 것을 소각(Burning)이라고 한다.

- 민팅 프로세스는 기관 투자자나 거래소 등 검증된 고객이 테더로 달러를 입금하고, 그에 상응하는 금액만큼의 USDT 발행을 요청한다.
- 테더는 내부 프로세스상 고객확인(KYC)과 자금세탁방지(AML)에 대한 확인을 통해 입금된 자금의 적법성을 검증한다.
- 검증 완료 후 입금된 달러 금액만큼의 USDT를 블록체인에 생성한 후, 고객 지갑에 USDT를 전송한다. 이때 생성되는 USDT는 이더리움, 트론 등 다양한 체인 위에서 만들어질 수 있다.
- 입금된 달러는 테더의 준비금 계좌로 이동되며, 미국 단기 국채, MMF, 암호화폐 등 다양한 달러 유동성 자산으로 보관되며, 스테이블 코인의 가치 유지를 위한 담보로 활용된다.
소각은 민팅의 역순으로 진행되며, USDT가 유통 수량에서 제거되며 총 유통 수량이 줄어들어 준비금 가치와 발행되어 있는 USDT의 총량이 유지된다.

일반적으로 한 개의 프로젝트는 하나의 블록체인에 존재한다. 하지만 USDT는 여러 개의 블록체인 위에서 발행이 가능하며, 이를 멀티 블록체인(Multi Blockchain) 구조라 한다. 이용상의 유연함을 통해 사용자에게 복잡한 과정 없이 이용 편리성을 제공할 수 있을 뿐 아니라, 수수료 등을 고려한 다양한 전송 옵션을 제공할 수 있는 이점을 가지고 있다. 가장 많은 양의 USDT는 트론과 이더리움 체인에서 발행 및 유통되고 있다. 이외에도 솔라나, 폴리곤, 아발란체 등 10개 이상의 블록체인에서 발행, 소각, 거래가 가능하다.

테더는 준비금을 다양한 자산으로 구성하고 있다. 과거에는 상대적으로 리스크가 조금 더 있는 자산들의 비중이 현재보다는 조금 더 높았지만, 현재는 매우 보수적으로 포트폴리오를 관리하고 있다. 80% 내외는 현금에 준하는 자산을 보유하고 있고, 나머지 자산들도 유동성이나 신뢰도가 높은 자산으로 구성되어 있다. 또한 이러한 준비금 내역은 독립적인 회계법인을 통해 분기별로 검증을 받고, 그 결과를 공개하고 있다.

2025년 10월 기준 테더의 스테이블코인 시장 점유율은 약 58% 이상으로 여전히 스테이블코인 시장에서 절대적인 비중을 차지하고 있다. 최근 테더는 비트코인 채굴 관련 공격적인 사업 전략 발표, 금광 채굴과 관련한 사업 검토, USDT를 통한 멀티체인 간 전송 확장 시도 등의 성장 전략을 취하며 발전해 가고 있다.

Reserves

Reserve reports are published for transparency purposes only and are published on a quarterly basis. Reserve reports and the information included in them are prepared by Tether management. The information below is derived from the latest published Reserves report and has not been updated regardless of any material changes in composition or values following the report date. For more information about reported assets, please refer to the applicable Reserves report[6]. The information set out below is current as of the most recent published Reserves report.

Total Reserves as of the last Reserves Report

Total Assets[7] $162,574,933,798.00
Total Liabilities[8] $157,108,000,474.00
Net Equity[9] $5,466,933,324.00

Reserves Breakdown as of the last Reserves Report

79.94%	0.01%	5.37%	5.49%	2.96%	6.24%
Cash & Cash Equivalents & Other Short-Term Deposits	Corporate Bonds	Precious Metals	Bitcoins	Other Investments	Secured Loans (None To Affiliated Entities)

Cash & Cash Equivalents & Other Short-Term Deposits	81.2%	12.58%	1.28%	4.88%	0.02%	0.04%
	U.S. Treasury Bills	Overnight Reverse Repurchase Agreements	Term Reverse Repurchase Agreements	Money Market Funds	Cash & Bank Deposits	Non-U.S. Treasury Bills

그림 4-3 · 테더(Tether) 준비금(Reserve) 구성 내역_25년 6월말 기준

스테이블코인 시대의 시작

스테이블코인은 디지털 자산 시장의 달러 역할을 훌륭하게 수행해왔다. 하지만, 앞으로는 점점 더 디지털 자산 시장의 경계를 넘어 현실 세계에까지 그 사용 범위를 확장해 갈 것이다. 이미 그 가능성을 확인한 사례들이 많이 나타나고 있다. 금융인프라가 부족하거나 금융안정성이 떨어지는 국가에서는 스테이블코인이 이미 자국 화폐보다 더 높은 가격에 프리미엄이 형성되어 거래되고 있다. 정확한 통계가 있는 것은 아니지만 우리나라의 경우도 일부 시장에서는 해외상인 간 거래에 스테이블코인이 이미 상당히 많이 사용되고 있다는 언론의 보도와 여러 사례들이 등장하고 있다.

이러한 활용 사례를 통해 알 수 있는 점은 국경의 제약 없이 이러한 거래들이 발생한다는 점이다. 블록체인이라는 것이 애초에 국경의 개념이 없기 때문이다. 이는 국가가 통제할 수 없게 되는 또 다른 달러 거래가 증가하게 될 개연성을 의미하고, 이로 인한 예상하기 힘든 커다란 변화들이 앞으로 발생할 것임을 예고하고 있다.

스테이블코인 활용/응용 사례

● 수수료가 낮고 속도도 빠른 국경 간 거래

전통 금융의 영역에서 해외 송금은 상당히 복잡하고 많은 수수료가 발생하는 일이다. 여러 중개은행을 거쳐야하고, 각 은행을 거치는 동안 확인 절차와 규정을 준수해야 한다. 당연히 과정이 복잡하기 때문에 오래 걸리고 수수료도 많이 발생하게 된다. 하지만 스테이블코인은 이 모든 과정을 단번에 해결한다. 받는 사람의 암호화폐 지갑 주소만 알면 원하는 금액을 단 몇 초 만에 즉시 보낼 수 있고, 수수료도 매우 저렴하다. 이는 기존 전통 금융이 절대 넘을 수 없는 혁신이다. 물론 이러한 거래 속도와 자유로운 국경 간 거래가 많은 부작용을 양산할 수 있고, 자금세탁의 수단으로 활용될 여지도 존재한다. 하지만, 이런 단점은 점차 정부차원의 규제와 스테이블코인 발행 주체의 자체적인 체계가 갖춰지는 것에 따라 점차 줄어들 것이다.

반면, 금융인프라 자체가 존재하지 않거나 열악한 국가에게는 스테이블코인은 반드시 필요한 금융인프라의 특성을 가지기도 한다. 금융 시스템이 제대로 확보되지 못한 아프리카 국가들은 스스로의 힘으로는 국제결제망을 구축 및 유지하기 어렵고, 수수료도 감당하기 너무 크다. 스테이블코인의 존재가 바로 새로운 형태의 금융시스템이 탄생된 것과 동일한 파급효과를 제공한다.

● 인플레이션에 대응하기 위한 수단

　남미의 베네수엘라, 니카라과, 볼리비아, 아르헨티나 등은 높은 인플레이션에 시달리며 경제적 어려움을 겪고 있다. 자고 일어나면 가격이 변한다는 말처럼 자국 화폐의 가치가 말 그대로 무너져 내려가고 있는 상황에 처해있다. 이런 국가에서는 국민들에게 스테이블코인이 중요한 거래의 기준이 될 뿐 아니라 인플레이션에 대응하기 위한 수단으로 활용되고 있다. 또한 이러한 경제적 어려움을 겪는 나라들은 대부분 외환 거래(달러의 국경 간 거래)를 국가가 엄격히 통제하고 있을 가능성이 높다. 그렇게 때문에 이런 국가에서는 스테이블코인에 프리미엄이 형성되어 본질 가치보다도 높은 가격에 거래가 이루어지기도 한다.

　베네수엘라의 경우, 전문직에 종사하는 사람들이 급여를 스테이블코인으로 지급받는 경우도 많아지고 있다. 또한 상점에서 거래를 자국 화폐가 아닌 스테이블코인 가격 표시로 결제가 이루어지는 일이 심심찮게 벌어지고 있다.

　자국화폐를 보유하고 있는 것 자체가 떨어지는 화폐의 가치에 속수구책인 상황이기 때문에 이러한 국가에 있는 사람들은 자국화폐를 취득하게되면 바로 스테이블코인으로 바꾸어 지갑에 보관하는 방법으로 인플레이션에 대응할 수 있는 여력을 확보하기도 한다. 통계에 따라 다를 수 있지만, 일부 연구에 의하면 아르헨티나 암호화폐 거래의 60%이상이 스테이블코인이라는 점을 통해 우리는 이들에게 스테이블코인이 디지털 자산이라는 개념을 넘어서는 가치가 부여된 것으로 이해할 수 있다. 이러한 예는 남미를 넘어 우크라이나, 튀르키예에 이르기까지 전 세계에 걸쳐 광범위하게 나타나는 현상이다. 보관과 거래가 어려웠던 현실 세계의 달러를 블록체인상의 디지털 달러로 전환하게 된 스테이블코인의 등장으로 가능해진 일이다.

이런 현상이 강화되면 각 국가가 운영하는 통화시스템은 제대로 작동하지 않아 통화 주권이 약화되는 부작용을 초래할 수도 있다. 극단적으로 이러한 스테이블코인의 사용이 특정 국가에서 더 광범위하게 발생할 경우, 공식적인 그 나라의 통화가 완전히 달러 스테이블코인으로 대체될 수도 있다는 점에 대해 우려하고 있는 상황이다. 중국의 경우 이러한 경계심에 대한 조치로 스테이블코인을 포함한 암호화폐의 사용을 현재 차단하고 있다. 글로벌 달러화 현상이 강화되는 것에 대한 경계의 의미도 가지고 있을 것이다.

이러한 변화에 대응하고자 현재 국내에서도 원화 스테이블코인과 관련된 다양한 논의와 제도적인 정비를 시작했다. 이를 놓고 다양한 의견이 쏟아져 나오고 있다. 여러 회사들이 협력하고 도전하는 일을 시작했다. 하지만 원화 스테이블코인이 자국 통화의 안정성을 유지하고, 더 나아가 국제 금융 시장에서 원화의 영역을 확장할 수 있을지는 미지수다. 이를 위해서는 관련 법률 정비와 지원 체계 확보가 반드시 필요하다.

● 실생활로 파고드는 스테이블코인

스테이블코인은 전자상거래, 오프라인 상점 결제, 국제 간 무역 결제 등에서도 활용되고 있다. 엘살바도르는 비트코인을 적극적으로 수용한 이후 상점에서 스테이블코인 결제가 많아지고 있다. 베네수엘라를 포함한 인플레이션이 극심한 국가에서는 USDT가 병행하여 일상적으로 쓰이기도 한다. 아직은 사용처가 제한적이지만 리닷페이, 문페이 등은 신용카드사와 연계하여 스테이블코인 결제 카드를 출시하였고, 이용자가 점차 증가 추세에 있다.

실제로 스테이블코인을 활용한 결제 기술은 빠르게 발전하고 있다. 우리가 복잡한 기술적 과정을 모두 알 필요는 없지만, 스테이블코인이 일생생활 속에서 편리하게 쓰일 수 있도록 그 기반이 마련되고 있다는 점은 분명하다. 가장 대표적인 혁신은 바로 결제 정산 속도이다. 현재 신용카드 결제는 카드사와 가맹점 간의 자금 정산에 며칠씩 소요되지만, 스테이블코인이 사용되면 이 시간이 단 몇 분으로 줄어든다. 이는 자영업자와 기업들에게 자금 유동성을 확보해줄 수 있는 변화가 될 수 있다.

스테이블코인의 미래

● CBDC vs 스테이블코인

스테이블코인과 함께 항상 논의되는 디지털 통화는 CBDC$^{\text{Centra. Bank Digital Currency}}$이다. CBDC는 중앙은행이 발행 및 관리의 주체가 되는 디지털 법정화폐다. 실제 현금이 디지털 공간으로 확장된 형태이고, 법정화폐와 동등한 지위를 가지게 된다. 스테이블코인은 극단적인 상황이 발생하게 되면 가치를 유지할 수 없게 되지만 CBDC는 그 가치가 항상 법으로 보호된다는 특징을 가지고 있다.

또한, CBDC는 불법 자금 추적 등 거래의 투명성을 강화할 수 있고, 이를 통한 조세 확대 및 국가 경제 자금 흐름의 효율성을 개선할 수 있는 등의 장점도 있다.

하지만, 중앙은행이 모든 거래를 관리하기 때문에 개인 정보에 대한 침해 우려가 크게 존재한다. 현재 시중은행을 통한 간접적인 화폐 유통 관리와 통화량 관리 정책들을 중앙은행이 직접 수행하게 되면, 중앙은행이 최종 대부자가 아닌 시중은행의 가장 강력한 경쟁자가 되는 구도가 만들어질 수도 있다. 은행 사업의 핵심인 예금이 스테이블코인으로 유입되면 은행 유동성이 지금보다 감소할 수 있다. 이는 은행의 자금 조달 환경을 변화시키게 될 것이며, 신용창출 기능의 저하를 가져올 수 있는 문제를 동반할 수 있다. 또한 확장성에 있어서도 CBDC

는 네트워크 이용 및 활용에 대한 허가된 업체에 대해서만 플랫폼을 열어줄 가능성이 있기 때문에 사용자 입장에서는 스테이블코인 대비 사용 효율성이 떨어질 수 있다.

그리고, 결정적으로 이 분야에서 지니어스 법안GENIUS Act 등을 발빠르게 추진한 미국에서 CBDC 대신 스테이블코인에 무게를 두고 있다는 점도 우리나라의 입장에서 고려해 봐야 할 사항이다. 반면, 중국은 디지털 위안을 CBDC로 도입하여 적극적으로 활용하고 있다. 개인 정보에 대한 민감도, 그에 따른 국민들의 수용성, 기존 화폐 시스템과의 충돌 없는 시스템 구축 등도 CBDC가 극복해야 할 과제이다. 국가적인 상황에 따라 필요성을 면밀히 따져서 CBDC의 도입과 스테이블코인의 도입이 나뉠 것으로 예상된다. 앞으로도 일정 시간 동안은 두 시스템이 공존하며 진화될 것으로 예상된다.

● **기업차원에서의 변화**

아마존, 월마트와 같은 거대 기업들이 자체 스테이블코인 발행을 적극적으로 검토하고 있다. 이를 통해 기존의 카드 결제 플랫폼에 지급하던 2~3%의 수수료를 절감하고, 국가 간 거래를 간소화하는 것을 목표로 하고 있다. 이미 JP모건은 기관 고객을 위한 JPM코인을 운영하며 1.5조 달러가 넘는 결제를 이미 처리했고, 앞으로도 은행 시스템의 효율성을 극대화하는 도구로 활용할 가능성이 커졌다.

이러한 기업들의 적극적인 변화는 '지니어스 법안'의 통과로 가속도가 붙을 것으로 예상된다. 기업에서 활용하는 스테이블코인은 단지 가치를 안정적으로 유지하는 기술이라는 의미 외에도 기업의 운영과 결제 시스템 전반에 큰 변화를 줄 수 있는 변수가 될 것이다.

예를들어 자동차 보험을 보험사와 가입자 간 스테이블코인이라는 매개를 통해 계약이 체결되어 있다면, '자동차 사고' 발생 시, 지금처럼 보험금을 청구하고 받는 번거로운 협상 과정이 없어진다. 스테이블코인의 장점인 프로그램 가능한 디지털 자산이라는 이점을 십분 활용해 스마트 컨트랙트로 사전에 보험금 지급과 관련된 보험 약관 내용을 미리 프로그래밍하여 사고 발생 시 자동 지급하게 하는 등의 변화가 발생할 수 있다.

구매, 결제, 환불의 과정도 지금처럼 카드사를 중개하는 경우 며칠이나 소요되지만 스테이블코인으로 결제를 하면 구매나 환불과 같은 이벤트 발생 시에 바로 처리가 가능해진다. 경제의 많은 부분에서 전에 없던 효율성이 생기게 되는 긍정의 효과가 기대된다.

● **새로운 글로벌 금융질서의 중심**

현재 점유율이 99% 수준에 달하는 달러 기반의 스테이블코인의 확산은 결과적으로 달러에 대한 국제적 영향력을 더욱 강화시키는 효과가 있다는 견해도 있다. 즉, 달러 스테이블코인의 확장은 달러 시스템의 강화와 같다. 중국은 C3DC를, 미국은 스테이블코인을 도입하는 것만 봐도 각 국가가 어떤 유틸리에 따른 스탠스를 취하고 있는지 알 수 있다.

달러 기반의 스테이블코인을 소유한 사람들은 원하지 않아도 미국 연준의 달러 통화 정책에 직·간접적인 영향을 받게 된다. 이는 미국의 달러 패권을 강화해주는 근거가 되며 실제로 테더, 써클 등의 달러 기반 스테이블코인 발행사들은 미국 단기 국채를 매수하는 큰 주체가 되고 있다. 미국의 입장에서는 미국채를 소화해줄 수 있는 새로운 수요처를 가지게 된 셈이다. 미국 재무부 산하 TBAC(Treasury Borrowing Advisory Committee)의 연구에 따르면 2028년 스테이블코인 발행사들이 보유하게 될 미국 국채의 규모가 1조 달러에 이를 것으로 예측하고 있으며 이 규모가 2조 달러에 이르게 될 것이라고 전망하는 곳도 있다. 이는 현재 기준으로 일본과 중국이 보유한 미국채 보유량의 합과 거의 같은 규모이다. 스테이블코인 발행사가 경제 규모가 상당히 큰 국가를 대체하고도 남는 수준의 미국 국채에 대한 매수 주체가 되는 것이다.

스테이블코인의 영향력이 확대되면 무역 거래에 있어서도 환전 필요성이 상당히 줄어들게 되고, 그에 따른 수수료 비용도 사라지는 등의 장점이 있다. 하지만 운영 부실이나 예상치 못한 대규모 환매와 같은 이벤트가 전 세계적으로 발생했을 때 그 파급 효과 또한 지금까지 우리가 경험해보지 못한 수준일 것이다. 따라서 관련 법 제정을 통해 충분히 준비금 관리 및 운영 등에 대해 모니터링해야 하며, 현재 대형 은행 못지않은 수준의 규제가 점차 필요해 질 수도 있다. 스테이블코인은 현실 경제와 크립토 경제를 잇는 가교로서 가능성은 이미 증명했으며, 점점 더 그 영향력이 확대될 것으로 보는 시각이 많다.

새로운 질서는 기존 시스템에 대한 위협이지만 새로운 질서를 받아들이는 쪽에서는 새로운 기회가 열리는 것이다. 보다 열린 태도로 스테이블코인을 바라보는 자세가 필요하다.

CHAPTER 5

변화하는 미국의 비트코인 생태계

법률과 사회의 수용

규제에서 포용으로, 미국의 정책 변화

시간은 과거에서 현재를 거쳐 미래로 흐른다. 현재는 과거 일들의 합이고, 미래는 현재 일들의 합이다. 이 과정은 결코 역으로 일어날 수 없으며 우리는 이러한 현상을 비가역적(irreversible)이라고 말한다.

많은 정부와 금융기관들은 크립토 산업에 대해 곱지 않은 시선을 보내왔던 것이 사실이다. 여기에는 당연한 원인이 존재한다. 바로 크립토 시장 참여자들 중 부적절한 방법과 사기와 같은 형태로 시장의 질서를 어지럽히고, 익숙하지 않은 투자자들의 부를 빼앗아 간 사례들이 다수 존재하기 때문이다.

이러한 연장선에서 미국 금융기관 중 가장 큰 기관인 미국 증권거래위원회(SEC)는 암호화폐와 관련한 기업들과 다수의 소송전을 진행했다. 또한 비트코인 상장지수펀드(BTC ETF)에 대한 승인을 여러 차례 거부하는 등의 태도를 보여왔다. 가장 대표적인 사건이 리플(Ripple)과의 기나긴 소송 사례이다.

그러나 2024년부터 이러한 미국의 정책적인 태도들이 상당히 전향적으로 바뀌기 시작했다. 그리고 지금은 세계에서 가장 친 크립토적인 정책을 적극 도입하려는 움직임을 시행하기 시작했다. 비트코인 ETF 승인을 통해 짧은 기간 동안 비트코인을 빠르게 미국 회사의 펀드로 모으기 시작했으며, 지니어스 법안(GENIUS ACT)으로 스테이블코인과 관련한 법률 체계를 정비하고 있다. 또한 연금에서도 디지털 자산에 대한 투자를 할 수 있도록 하는 행정명령도 시행하였다. 이러한 법과 제도의 변화와 사람들의 인식전환 그리고 사회적인 크립토에 대한 수용도가 높아지는 현상이 잠시 벌어지는 하나의 현상일지, 영구히 바뀌기 어려운 비가역적인 것일지 진지하게 고민해 봐야 하는 시점이 아닐까 싶다.

비트코인을 전략 비축자산으로 : 새로운 법안들

크립토 산업을 이야기하면서 미국 위주의 논의를 펴는 이유는 간단하다. 미국의 금융, 경제적 영향력이 전 세계에 미치는 파급효과가 가장 크기 때문이다. 그리고 이러한 미국이 트럼프 정부의 재집권을 전후하여 반反 크립토에서 적극적인 친親 크립토 국가로의 변모를 시도하고 있기 때문이기도 하다. 2024년 7월 미국 상원의원인 신시아 루미스Cynthia Lummis는 비트코인 법안(BITCOIN Act of 2024)을 발의하였다. 비트코인을 미국 연방 차원에서 전략적 비축 자산으로 지정하고 매입하자는 내용의 법안이다. 물론 반대하는 의원들로 인해 이 법안이 통과되지는 못했지만, 비트코인을 금과 같은 국가적 차원의 전략 자산으로 볼 수 있다는 논의의 토대를 만든 일이었다. 그리고 이 법안은 수정하여 재발의될 가능성도 언제나 가지고 있다.

미국 정부가 현재 보유하고 있는 비트코인은 대부분 범죄 조직으로부터 압수한 것이며, 과거에는 이러한 보유 비트코인을 매도하는 일도 있었을 테지만, 앞으로는 정부 보유 비트코인을 함부로 처분하는 것은 쉽지 않을 수 있다. 또한 트럼프 정부는 행정명령을 통해 정부가 보유 비트코인을 매각하지 않고 전략자산화하여 영구 보관하겠다는 것을 공식화하기도 했다. 또한 세금이나 국고를 이용한 재정에 부담을 주지 않는 선에서 비트코인 보유량을 더 늘릴 방법을 찾아 시행하겠다고 언급하였다. 재정중립적으로 비트코인의 보유 수량을 늘리게 되면, 향후 비트코인의 가격 상승 시에 미국 부채 해결에 일부라도 도움이 될 수 있다는 분석도 있다. 하지만 이는 어디까지나 전망일 뿐, 아직까지는 음모론으로 보는 시각도 여전하다. 그렇지만 우리가 부정할 수 없는 사실은 전략 비축 자산은 금과 같은 금속, 우라늄, 오일과 같이 국가의 비상 상황에 대비하여 보유하는 핵심적이고 필수적인 것들에 적용되는 개념인데, 이를 비트코인에도 적용한다는 발상은 꽤 의미 있는 변화의 시작일 수 있다.

　미국 26개 주州 정부에서는 이미 비트코인 비축과 관련한 법안을 발의하였다. 뉴햄프셔, 애리조나, 텍사스 같은 주에서는 주 정부 입장에서 비트코인 등 디지털 자산에 투자하거나 비축할 수 있도록 제도화했다. 여전히 반대 의견이 많은 주州 정부들도 있지만, 시간의 문제일 뿐 이 역시도 거스를 수 없는 상황이 될 것으로 보인다. 이 외에도 다양한 방향으로 디지털 자산과 관련된 법적, 제도적인 논의가 활발히 진행되고 있는 중이다. 이러한 방향으로의 시대적 흐름이 미국 정부가 원하는 혹은 유리한 국면까지 진행이 되면 현재 달러를 중심으로 이루어지고 있는 미국의 패권이 비트코인을 중심으로 한 기축통화 체제로 변모할 수 있을 것이라는 주장도 제기되고 있다. 그리고 이러한 논의가 더이상 변방의 망상이라고 치부하기에는 점점 더 구체적인 변화의 흐름이 가볍지 않게 다가오고 있다.

기축통화란? - 경제로 세계를 지배하는 통화의 변천사

기축통화(Key Currency)는 국제 외환 시장에서 금융 거래 또는 국제 결제의 중심이 되는 통화로 정의할 수 있으며, 현재는 미국 달러(USD, $)가 이에 해당한다. 그리고 기축통화는 항상 고정되어 있지 않고 변해왔다. 그 이유는 기축통화로서의 기능을 원활하게 수행하려면 해당 통화를 발행하는 국가가 막강한 군사력과 안정적인 정치 시스템, 발전된 금융 시스템 등을 갖추고 있어야 하기 때문이다. 또한 필요할 때 언제든 대량으로 매수와 매도를 할 수 있는 외환 시장도 갖추고 있어야 하기 때문이다. 이를 토대로 전세계 어디에서든 기축통화는 자유로이 거래의 매개 수단으로 활용될 수 있게 된다. 19세기부터 20세기 초까지는 해가 지지 않는 나라였던 '대영제국'의 막강한 국력과 금 보유량을 기반으로 영국의 파운드 스털링(Pound Sterling)이 현재의 달러와 같은 기축통화 지위를 가지고 있었다.

그러나 이후 두 차례의 세계 대전을 거치며, 유럽을 기반으로 한 영국의 힘은 약화되었다. 반면, 미국이 새로운 패권국으로 급부상하였다. 결국 1944년 '브레튼우즈(Bretton Woods)' 협정을 기점으로 미국의 달러가 기축통화로 새롭게 채택이 되었다. 이후 1971년 닉슨 대통령의 금 태환 정지로 브레튼우즈 체제가 무너지며, 달러의 기축통화 지위가 흔들리는 듯 하였다. 하지만 곧 미국은 사우디아라비아와 전략적 동맹을 통해 석유 거래에 있어서 달러만을 사용할 수 있도록 하는 '페트로 달러(Petro Dollar)' 체계를 곧바로 구축하며 기축통화의 지위를 이어갔다.

그리고 현재까지 달러는 기축통화 지위를 유지하고 있다. 2000년대 초반 시작된 중국 경제의 부상으로 미국의 기축통화 지위에 대한 위기론이 잠시 있었지만, 현재는 다시 인공지능, 보호무역, 관세 정책 등을 동원하여 위기에 대응하고 있다. 그리고 여전히 많은 국가에서 가장 큰 외환 보유고의 대상으로 미국 달러 또는 미국채를 보유하고 있다. 다음 기축통화가 과거 금, 원유, 국채로 변화해왔던 것처럼 비트코인과 같은 디지털 자산에 기반할 수 있을지는 아직 알 수 없다. 다만 머지않은 시일 내에 이러한 변화를 목격하게 될 것이라고 기대하는 사람들도 적지 않다.

다양한 국가들의 BTC를 축적하기 위한 전략

미국만 비트코인 확보 전략에 몰두하는 것은 아니다. 여러 국가에서 공식적 또는 비공식적으로 비트코인 보유 전략을 실행하고 있다.

2021년 9월, 중앙아메리카에 위치한 엘살바도르는 전 세계에서 최초로 비트코인을 법정 통화로 채택했다. 나이브 부켈레Nayib Armando Bukele Ortez 대통령은 젊은 리더십을 바탕으로 과감한 비트코인 매수 정책을 시행했다. 엘살바도르의 경우 국민의 70% 정도가 은행 계좌도 없는 금융 소외 문제를 겪고 있었으며 막대한 수준의 송금 비용, 각종 명목의 수수료에 대한 절감 목적을 가지고 이 정책을 시행했다.

현재까지는 6,250개가 넘는 비트코인을 엘살바도르 정부가 보유하고 있는 것으로 알려져 있다. 평균 매입가격이 50,000달러 이하로 평가되고 있어서 현재까지는 매우 성공적인 정책 실행의 결과를 얻고 있는 것으로 알려져 있다. 나이브 부켈레 대통령은 독재자 스러운 면모를 가지고 있음에도 불구하고, 80%가 넘는 지지율을 유지하고 있어서 이러한 정책이 장기집권과 함께 더 공고해질 가능성이 큰 것으로 보인다. 국제통화기금IMF은 구제금융으로 비트코인을 매집하는 것에 동의할 수 없다며 우려와 경고를 보냈고, 2025년 1월 도소매 업종 종사자들이 비트코인을 지불수단으로 의무적으로 채택하도록 하는 법률 조항은 삭제를 하며 한 발 물러났다. 하지만 비트코인의 법정 통화 지위는 여전히 유지되고 있다.

남아시아 히말라야 산맥에 위치한 내륙 국가 부탄은 조용히 비트코인을 축적해오고 있다. 부탄은 높은 해발고도와 풍부한 수력 자원의 이점을 최대한 활용해 국가 차원에서 비트코인을 채굴해 온 것으로 알려져 있다. 현재까지 13,000개의 비트코인을 보유한 것으로 추정된다. 이는 부탄 GDP의 3분의 1에 달하는 큰 규모이다. 부탄은 이렇게 축적한 비트코인을 이용해 공무원 임금을 인상하는 등 현실 세계에 비트코인을 활용하며, 경제 성장의 발판을 마련하고 있다. 비트코인 채굴에 필요한 막대한 전기를 국가적 차원에서 효율성 있게 활용하면 어떠한 긍정적인 면이 있는지 확실히 보여주는 사례로 평가받는다.

아랍에미리트, 러시아, 북한 등도 공식적이지는 않지만 상당량의 비트코인을 국가 단위에서 보유하고 있을 것으로 추정된다. 이처럼 비트코인이 새로운 도약의 발판 또는 국가의 생존을 위한 수단으로 다양하게 활용될 수 있음을 확인할 수 있다. 그리고 이는 비트코인뿐만 아니라 디지털 자산이 현실 세계와 만났을 때 어떻게 확장할 수 있는 지에 관한 여러 가지 의미를 제공한다고 볼 수 있다.

비트코인 현물 ETF 승인의 의미

　2024년 1월 미국 증권거래위원회(SEC)는 비트코인 현물 ETF 출시를 승인하였다. 이는 크립토 역사에 있어 큰 획을 긋는 사건으로 기록되었다. 비트코인 현물 ETF가 처음 제안된 이후 약 10년 만에 거둔 성과였다. 미국에 앞서 캐나다와 유럽에서 비트코인 현물 ETF가 출시되기는 했지만, 전 세계 금융의 중심지인 미국 시장에서의 승인은 그 의미와 무게가 전혀 달랐다. 이는 마침내 비트코인이라는 자산이 월스트리트 제도권에 공식 편입되었다는 상징적인 의미를 지닌다.

　미국에서 2024년 1월 출시된 11개의 현물 ETF 시가총액의 합은 2025년 10월 기준으로 대략 1,450억 달러 규모로 성장했다. 이 중 가장 규모가 큰 블랙록 BlackRock의 'IBIT' ETF는 870억 달러 규모로 급성장하며 블랙록이 운용하는 ETF 가운데 가장 많은 운용보수를 안겨주는 상품이 되었다. 비트코인 현물 ETF 출시 1년 반만에 달성한 성과였다.

비트코인 현물 ETF 승인의 역사

비트코인 현물 ETF가 정식으로 제도권에 편입되기까지는 수많은 시도와 좌절이 있었다. 지금의 메타Meta, 과거 페이스북Facebook의 아이디어를 착안한 것으로 알려진 윙클보스 형제는 2013년 일찌감치 비트코인 현물 ETF에 대한 가능성을 염두하며, 상장을 신청했다. 미국증권거래위원회로부터 '시장 조작 가능성' 등을 이유로 거절당했다. 이후 많은 자산운용사들이 각자의 논리와 설득 포인트를 가지고 비트코인 현물 ETF 설정을 위해 도전했지만, 미국증권거래위원회의 완강한 태도를 이기지는 못하였다. 투자자보호에 대한 미흡과 시장 조작 가능성을 이유로 매번 거절당하는 일이 반복되었다.

이 균형이 깨지게 되는 사건이 발생하게 되는데 바로 2021년에 미국증권거래위원회가 비트코인 선물 ETF를 승인한 것이다. 선물 ETF는 실제 비트코인을 펀드가 직접 보유하지 않고 파생상품의 형태로 비트코인을 간접 소유하는 구조이다. 이 때문에 애초에 구조적인 한계점을 가지고 있는 상품이었다. 이 부분은 지금 생각해 보면 이해가 잘 되지 않는 측면이 있다. 투자자 입장에서 더 위험성이 큰 금융상품인 선물 기반 비트코인 ETF는 출시가 허용되었는데, 그보다 안전한 현물 기반 비트코인 ETF의 승인이 번번히 거절된다는 것은 쉽게 납득이 잘 가지는 않기 때문이다. 이런 현상은 현재 우리나라에서도 동일하게 나타나고 있는 일이다. 국내에서도 비트코인 선물 ETF는 매매가 가능하지만 비트코인 현물 ETF는 제도적 미비 등으로 매매가 불가능한 상황이다.

비트코인 선물 ETF 출시 이후 현물 ETF에 대한 미국증권거래위원회의 진전이 크게 없었다. 그러던중 2023년 8월 29일 세계 최대 암호화폐 펀드 운용사 가운데 하나인 그레이스케일(Grayscale)이 운용중이던 비트코인 신탁 상품(GBTC)을 ETF로 전환하려다, 미국증권거래위원회에 거부당해 소송을 제기했던 사건에 대한 판결이 있었다. 미국 연방 법원은 미국증권거래위원회의 거부가 정당한 사유가 없는 자의적인 판단이라고 지적하며 재검토를 명령하게 된다. 논리적으로 일관성이 없다는 지적이었다. 미국증권거래위원회는 이후 법원의 판결에 이의를 제기할 수 있는 기간이 있었지만 항소하지 않았다.

결국 2024년 1월 10일 미국증권거래위원회는 마침내 비트코인 현물 ETF를 승인하게 되었다. 블랙록, 피델리티, 반에크 등의 운용사들은 오랜 세월에 걸친 도전에 대한 결실을 맺었다. 이를 통해 투자자들은 직접 비트코인을 매수하고 관리하는 등의 복잡한 절차와 위험을 전문적 역량을 갖춘 운용사의 펀드를 통해 쉽게 접근할 수 있는 계기가 마련되었다. 비트코인에 대한 투자 저변이 단숨에 주식매수와 같이 쉽고 문턱이 낮춰지는 결과가 만들어졌다. 출시 이후 하버드 대학은 자체 기금 운용사를 통해 직접 1억 달러 이상을 블랙록 비트코인 ETF에 투자했다. 브레이스브리지 캐피탈, 미국 주요 연기금인 위스콘신 주 투자위원회, 글로벌 퀀트 트레이딩 및 투자회사인 서스쿼하나 인터내셔널 그룹 등도 큰 규모의 자금을 비트코인 현물 ETF에 투자하며 제도권 편입을 대중들에게 제대로 각인시켰다.

ETF란? - 주식처럼 거래하는 펀드

ETF는 상장지수펀드라고 한다. 상장, 지수, 펀드 도두 어려운 말로 이루어진 개념이라 더 어렵게 느껴진다. 원래 단어인 ETF를 가지고 이해하는게 더 편할 수 있다. Exchange Traded Fund(ETF)는 펀드를 거래할 수 있게 만들어 놓은 것이다. 펀드는 주식, 채권, 부동산, 원자재 등의 다양한 자산을 금융전문가인 펀드매니저가 운용/관리하는 상품이다. 펀드는 자금을 넣는 설정과 자금을 펀드로부터 회수하는 해지의 과정이 있다. 이 절차를 거쳐 자금이 펀드로 드나들게 되는데 이 과정이 번거롭고 펀드에 따라 시간이 상당히 소요되기도 하는 등의 불편함이 있다. 이러한 유동성에 대한 단점을 주식처럼 편리하게 거래할 수 있도록 만들어 놓은 상품이 바로 ETF다.

또한 ETF는 분산투자를 쉽게할 수 있다. S&P500 지수에 투자하려면 해당지수를 구성하고 있는 종목들을 비율대로 매수해야만 그 효과를 누릴 수가 있다. 하지만 S&P500 지수를 추종하도록 설계된 ETF를 매수하면 바로 지수에 투자한 것과 거의 동일한 효용을 얻을 수 있다.

상대적으로 저렴한 비용도 ETF의 매력 중 하나이다. 일반 액티브 펀드보다 상대적으로 보수가 저렴한 편이다. 특히 국내의 경우, 자산운용사간 ETF 시장점유율 경쟁으로 인해 투자자들에게는 더없이 낮은 수수료가 책정되고 있어 ETF 투자를 고려해볼만한 시기이다.

ETF를 활용해 다양한 투자전략을 추구하는 것도 수월하다. 주식시장 지수뿐 아니라, 특정한 산업(2차전지 반도체, 조선 등)이나 특정 테마(AI, 로보틱스 등), 특정 자산(금, 원유, 비트코인 등)에 쉽게 투자가 가능하다. 또한 시장의 하락을 예상할 때는 시장이 하락할 때 수익이 발생하는 인버스(Inverse) 전략의 ETF를 매수할 수 있다. 반대로 시즌의 강한 상승을 예상할 때는 레버리지(Leverage) ETF 매수를 통해 시장 상승률보다 더 많은 수익을 추구하는 전략을 구사할 수도 있다. 이외에도 배당에 집중하는 ETF에 투자하는 것을 통해 예금 이자를 초과하는 목표 달성 전략을 실행해 볼 수도 있다.

알트코인 ETF의 서막

비트코인 현물 ETF의 출시는 디지털 자산 투자 대중화를 본격적으로 견인하며, 크립토 시장 및 산업의 성장 단계를 레벨업하는 마중물이 되고 있다. 비트코인 ETF의 성공적인 시장 안착과 가파른 성장은 Beyond Bitcoin(비욘드 비트코인, 비트코인 다음으로 비트코인 ETF의 뒤를 이을 디지털 자산 ETF)으로 확장되고 있다.

비트코인 현물 ETF 승인 이후 6개월 뒤인 2024년 7월 미국증권거래위원회는 이더리움 현물 ETF를 승인한다. 비트코인 현물 ETF 출시 이후 크립토 섹터의 제도권 편입이 본격화되는 변곡점이자, 시장 참여자들이 기대하던 흐름의 신호탄이었다. 트럼프 행정부에서 전략 비축 자산 목록으로 언급되었던 다섯 가지 코인(BTC, ETH, SOL, XRP, ADA)은 시간 문제일 뿐 순차적으로 현물 ETF로 출시는 무난할 것이라는 전망이 우세하다.

현재 캐나다에서는 이미 솔라나 현물 ETF가 출시되었으나, 미국의 경우 솔라나 선물 ETF와 레버리지 ETF만 상장되어 있으며 현물 ETF 승인은 아직 이뤄지지 않았다. 미국에 상장되어 있는 솔라나 ETF는 솔라나의 가격을 추종하는 SOLZ, 2배 레버리지의 구조를 가지고 있는 SOLT, SLON 등이 있다. 모두 솔라나 선물 계약이 기초자산이기 때문에 시장의 급변동에 따른 청산(가능성이 아주 낮지만 ETF의 가치가 0(zero)에 수렴할 가능성)의 위험이 항상 있음을 알고 투자 대상으로 검토해야 한다.

이처럼 선물 ETF는 구조적으로 투자자에게 훨씬 더 큰 위험을 내포하는 상품인데도, 왜 모든 크립토 ETF에서 선물 ETF가 현물 ETF보다 먼저 승인되는 것일까? 그 이유는 바로 선물과 현물을 규제하는 체계에 있다. 현물 자산은 미국

증권거래위원회에서 주로 관리 및 담당하며 선물과 같은 파생상품의 경우에는 CFTC Commodity Futures Trading Commission(미 상품선물거래위원회)의 관리 감독 하에 있다. 미국증권거래위원회의 승인 절차가 본질적으로 CFTC에 비해 더 엄격하고 투자자 보호적인 성격의 법적 구조를 갖고 있기 때문으로 이해할 수 있다. 물론 직접적으로 알 방법은 없지만 정치적인 고려 등도 아마 미국증권거래위원회의 행동에 영향을 직간접적으로 미쳤을 것으로 합리적 의심을 해볼 수 있을 것이다.

예컨대 XRP의 경우에도 선물 ETF는 XRPI, XRPT(2배 레버리지)는 상장되어 거래되고 있지만, 현물 ETF의 승인은 아직 진행형이다. 이외에도 최근에는 밈 meme 코인을 기반으로 하는 ETF의 출시까지 검토 및 현실화되고 있는 상황에 이르렀다. 크립토 관련 ETF의 출시는 향후 점차 영역을 확장하며, 더 다양한 섹터로 성장할 것으로 예상된다.

이러한 디지털 자산들의 제도권 편입을 가능케 한 데에는 중요한 기술적인 진화가 있었다. 2024년 1월 미국증권거래위원회가 11개의 비트코인 현물 ETF를 최초 승인할 때는 현금 기반 Cash-only 설정 및 환매 방식만 허용하였다. 그러나 이후 2025년 7월 현물 기반 in-kind 방식이 추가로 승인되었다. 현금 기반 ETF 설정, 환매 방식은 현금으로 설정된 자금을 가지고 크립토 시장에서 직접 비트코인을 매입하여 ETF의 포트폴리오를 구성해야만 했다. 규모가 작을 때는 시장에 영향을 크게 미치지 않겠지만, ETF의 규모가 커지게 되면 이러한 현금 방식의 설정 해지는 어쩔 수 없이 크립토 시장의 가격에 영향을 직접적으로 미칠 수 밖이 없는 원인이 된다. 이에 반해 현물 방식은 증권사가 현금이 아닌 비트코인과 같은 현물 디지털 자산을 운용사에 전달(설정)하고 ETF를 발행받는 형태로 운영된다. 이 방식은 금이나 원유의 ETF에서도 활용되는 방식이며 거래비용을 줄이고 시장 충격을 최소화할 수 있다.

앞으로 변화를 앞두고 있는 알트코인 ETF 시장에서 예상되는 변화 중 하나는 스테이킹 수익률의 반영 여부가 될 것이다. 이더리움과 솔라나 같이 지분증명 Pos 방식으로 블록체인을 운영하는 네트워크의 경우, 스테이킹을 통해 ETF의 수익률을 향상시킬 수 있는 여지가 남아있다. 스테이킹을 통해 블록체인 검증자로 참여하여 네트워크 유지 및 강화에 참여하는 동시에 이를 통해 추가적인 스테이킹 수익도 추구할 수 있다. 현재 스테이킹에 대한 부분은 소위 말하는 증권성 논란(암호화폐가 증권 시장에서 거래되는 증권으로 분류되어야 하는지 여부를 둘러싼 논쟁)으로 인해 이더리움 현물 ETF의 경우에는 빠져있다.

즉, 이더리움의 가격 변동만 ETF에 반영되며 스테이킹 수익은 인정되지 않는다. 현재 이 부분에 대한 것을 개선하기 위해 ETF 발행사들은 ETF에 스테이킹까지 가능하도록 하는 수정안을 미국증권거래위원회에 제출하였다. 향후 이 수정안이 통과가 되면 지분증명 기반의 블록체인 암호화폐들을 기초자산으로 하는 ETF의 수익률 향상 및 수요 창출에 많은 기여를 하게 될 것으로 추정된다. 이는 장기투자를 통해 스테이킹 수익을 향유할 수 있는 새로운 툴을 제공하는 것은 물론 가격 상승에 더해 전통자산의 이자나 배당과 같은 스테이킹 수익을 접목할 수 있는 하이브리드형 크립토 ETF를 탄생시키는 촉매가 될 것이다.

이렇게 되면 비트코인은 진정한 의미의 투자 자산군으로서 주식, 채권과 같은 전통 자산과 어깨를 나란히 하며 그 입지가 확고해지는 또 하나의 계기가 마련될 것이다. 비트코인 현물 ETF의 제도권 편입이라는 변화가 이뤄지기까지는 10년이라는 적지 않은 시간이 걸렸다. 그 이후 변화는 우리가 잘 아는 것처럼 막을 수 없는 거대한 물결처럼 우리에게 다가오고 있다. 규제는 변화의 속도를 어느 정도 조절할 수 있지만 막을 수는 없다. 넘치는 아이디어로 무장한 크립토 산업의 인력들이 이끄는 이 변화의 속도는 점점 더 빨라질 것이다.

새로운 기회를 만들어가는 월스트리트

비트코인 현물 ETF의 승인을 계기로 크립토 산업은 월스트리트라는 세계 금융의 허브에 진입하게 된다. 과거 디지털 자산에 대해 부정적인 시각과 회의론을 꾸준히 제기하던 이들이 이제는 시장에 적극적이며 거대 자본을 가진 참여자로 변화되었다. 크립토 시장은 더 이상 소수가 참여하는 언제 없어질지 모르는 산업이 아닌, 모두가 알아야 하는 하나의 산업 섹터로서 그 면모를 갖춰가고 있다.

월스트리트 대형 자산운용사의 참여

비트코인 현물 ETF의 출시는 상당한 성공을 거두게 된다. 미국에서 출시된 비트코인 관련 ETF의 순자산규모는 2025년 10월 1,450억 달러에 육박하는 수준으로 성장했다. 이 중에서 규모가 가장 큰 IBIT ETF(세계 최대 자산운용사인 블랙록 BlackRock에서 출시한 비트코인 현물 ETF)의 순자산 규모는 약 870억 달러 수준이다. 세계 최대 금 ETF인 GLD ETF(1,410억 달러 수준)와 규모면에서 그 격차를 점차 줄여가고 있다.

비트코인 현물 ETF의 큰 성공의 중심에는 세계 최대 자산운용사인 블랙록의 ETF인 IBIT와 피델리티Fidelity의 ETF인 FBTC가 있다. ETF 출시를 통해 비트코인 투자에 대한 잠재적 수요를 짧은 시간 내에 확인할 수 있었다. 이 외에도 그레이스케일, 아크인베스트, 비트와이즈, 반에크 등에서 출시한 ETF 상품들도 상당히 빠른 성장세를 나타내고 있다.

특히 블랙록이 비트코인 현물 ETF 시장에 뛰어든 것은 참여자들에게 큰 신뢰감을 형성하는 역할을 했다. 이는 블랙록의 큰 고객들 중 하나인 국부펀드, 연기금, 대학기금 등으로 하여금 비트코인 투자에 대해 진지한 고민의 화두를 던져주었다고 볼 수 있다. 실제로 이러한 자금들이 비트코인 ETF로 자금을 집행했다. 큰 규모와 긴 투자 호흡을 가진 이러한 자금의 유입은 비트코인 시장의 변동성을 줄여주는 역할을 하게 되며 장기적으로 비트코인 가격 상승의 압력으로 작용할 수 있다.

이외에도 다각화된 지수 기반 암호화폐 ETF도 등장하고 있다. 프랭클린 템플턴은 비트코인과 이더리움을 기반으로 크립토 인덱스를 활용한 ETF^{EZPZ}를 출시했다. 21셰어즈21Shares는 시가총액 상위 5개 암호화폐인 BTC, ETH, XRP, BNB, SOL의 가격을 추종하도록 설계된 크립토 바스켓 인덱스 ETP^{HODL}를 출시했다. 개별 크립토 자산에 투자하는 것에 익숙치 않은 투자자들에게는 이러한 ETF가 투자 대안이 될 수 있다. 향후 암호화폐의 가격을 추종하는 것을 넘어서서 DeFi,

NFT, 스테이킹 등 다양한 크립토 시장의 기초자산들을 활용한 ETF들이 출시되며 보다 다양하게 투자자 선택의 폭이 넓어질 것으로 예상한다.

새로운 비즈니스 모델 : 스트래티지(MSTR) 등 기업들의 비트코인 보유

1989년 지금의 스트래티지 회장인 마이클 세일러는 공동창업자들과 함께 마이크로 스트래티지를 설립했다. 데이터 마이닝, 비즈니스 인텔리전스, 소프트웨어 개발 등의 사업을 하는 IT 기업이었다. 현재도 이 영역의 사업은 회사의 핵심 역량 중 하나이다. 1990년대 후반 나스닥 상장이후 300 달러 수준까지 급등하는 버블 구간을 거쳤던 주가는 2001년 2 달러를 하회하기도 했다. 현재는 회사 이름을 스트래티지Strategy로 변경하며, 비트코인 기업으로 나아갈 것을 선언하였다.

이후 오랜 기간동안 크게 두각을 내지 못한 채, 회사의 실적은 투자자들에게 크게 눈에 띄지 않는 조용한 회사로 주식시장에서 생존하고 있었다. 또한 회사 비즈니스의 한 축인 데이터와 소프트웨어 관련 영역에는 IBM, 오라클과 같이 거대 기업들이 포진하고 있었다.

마이클 세일러는 IT 전문가였지만, 2020년 이전까지는 사실 비트코인에 오히려 회의적인 시각을 가지고 있었다는 평이 있다. 과거 SNS에서는 심지어 비트코인은 머지않아 사라질 것이라고 남기기도 했다. 이런 그의 생각은 COVID-19 기간을 거치며 전 세계 정부와 중앙은행들이 경기 부양이라는 명분으로 막대한 유동성을 공급하는 것을 목격한 이후 비트코인의 철학에 빠져들게 된 것으로 보인다. 현금을 '녹는 얼음'에 비유하고, 비트코인을 '디지털 금'에 비유하며 현재는 비트코인의 가장 강력한 전파자 중 한 명이 되었다.

2020년 8월 11일, 스트래티지는 약 2억 5,000만 달러에 21,454 BTC를 처음으로 매입한 사실을 발표하였다. 이때 평균 매입 단가는 11,863달러 수준이었다. 회사가 보유하고 있던 잉여현금을 비트코인으로 환원하는 최초의 비트코인 재무 전략을 활용하는 사례의 등장이었다. 이렇게 암호화폐를 매입하여 재무전략화하는 것을 최근에는 DAT$^{Digital\ Asset\ Treasury}$라고 하는 용어로 정의하지만, 당시에는 이러한 용어도 명확히 존재하지 않을 때였다.

2020년말 70,470 BTC 수준까지 매입을 하였고, 이후 시장 상황과 회사의 재무 여건에 따라 현재까지 수십 차례 비트코인을 꾸준히 매입하는 재무 전략을 구현하고 있는 중이다. 2025년 10월 중순 기준으로 64만 개가 넘는 비트코인을 보유하고 있는 기업으로 변모했다. 전체 비트코인 2,100만 개를 기준으로 3% 수준에 해당하는 상당한 양을 보유하고 있는 셈이다. 특히나 2024년과 2025년에는 더욱 더 적극적인 비트코인 매입 전략으로 연간 20만 개 이상씩을 늘리고 있는 중이다. 이 숫자는 또한 현재 기준 1년 비트코인 채굴량 예상치인 164,000개를 뛰어넘는 어마어마한 매입 수량과 속도임을 알 수 있다.

2025년 디지털 자산과 관련된 회계 기준을 도입하면서 스트래티지는 보유한 비트코인의 미실현 수익을 재무제표에 반영할 수 있는 전환을 맞이하게 되었다. 물론 가격 하락에 대해서도 동일하게 적용되기 때문에 스트래티지의 기업가치는 비트코인의 가격에 상당히 연동되는 흐름을 나타낼 수 밖에 없다. 하지만 이전에는 손실분만 반영할 수 있었던 회계적인 불리함을 극복할 수 있는 토대가 마련된 것이다. 스트래티지는 비트코인을 매입하기 위해 전환사채, 시장가 주식 발행, 비트코인 담보대출 그리고 기업의 잉여 영업 현금 흐름 등을 모두 활용 가능한 자원으로 사용한다. 창의적이고 시장 투자자들이 선호할 만한 자금 조달 방식을 고민하고 연구하여 새로운 상품을 출시했다. 또한 우선주(STRD, STRK, STRC, STRF)의 경우에는 이를 상장시켜 언제든 사고팔 수 있게 만들었다. 다양한 방법으로 스트래티지는 시장의 호응을 얻으며 자금조달을 하고 있다.

그리고 가장 중요한 것은 스트래티지의 이러한 비트코인 재무 전략이 실시간으로 모든 사람들에게 공개된다는 점이다. 홈페이지를 통해 비트코인의 매입과 관련된 내용, 현재 기업의 주가와 비트코인 가격 등의 정보가 공개되어 있다. 시가총액과 비트코인 보유량, 비중 등 다양하고 입체적인 정보가 실시간으로 공개되어 있다. 자세한 내용은 'https://www.strategy.com'에서 확인할 수 있다.

물론 이러한 스트래티지의 비트코인 재무 전략에 대한 회의적인 시각도 존재한다. 비트코인 가격이 급락하면 재무적 곤경에 빠질 수 있다. 이때 보유 비트코인을 시장에 급하게 팔아야 할 수도 있다. 이러한 대량 물량은 크립토 시장 자체를 위협할 수 있다는 우려를 낳기도한다. 심지어 현재의 스트래티지가 활용하고 있는 자금 조달 및 비트코인 투자 행태가 폰지사기와 같다고 주장하는 의견도 있다.

반면, 긍정적인 시각도 있다. 디지털 자산과 AI가 융합하는 시기가 오면 비트코인 블록체인의 가치는 우리가 상상하는 것을 뛰어넘을 수 있다. 현재까지 스트래티지의 실험적인 행보는 좋은 평가를 받고 있다. 이러한 전략을 벤치마킹하는 기업들도 2025년을 기점으로 늘고 있다. 앞으로 스트래티지와 이 기업들의 행보를 지켜봐야 할 것이다.

금융기관들의 디지털 자산 관련 서비스 확대

ETF를 통해 제도권에 편입된 크립토 자산은 이제 블록체인 기술 자체에 대한 새로운 평가를 받는 다음 단계로 나아가고 있다. 시장의 변동성이 심한 암호화폐 자체보다는, 그 암호화폐가 기반을 둔 블록체인 네트워크의 본질에 집중하며 블록체인 기술은 금융 시스템을 한 단계 더 발전시킬 수 있는 인프라로서 그 관심을 받고 있다. 엑스알피는 국경을 넘어서는 편리한 국제 결제 시스템의 축으로 그 역할을 준비하고 있는 중이다. 이더리움은 스테이블코인의 베이스 블록체인으로써 다양한 프로젝트의 기반 네트워크로서 없어서는 안될 스마트 컨트랙트의 중심 역할을 하고 있다.

이렇게 단순한 투자의 대상을 넘어 하나의 크립토 섹터로서의 변화를 시도하는 가운데, 제도권 금융기관들은 다양한 디지털 자산 관련 서비스를 확장하고 있다.

● **디지털 자산의 보관**

기관 투자자들이 디지털 자산 시장에 진입하면서 가장 먼저 부딪히는 문제가 바로 디지털 자산의 보관이다. 금융 자산을 맡아 대신하여 보관 및 관리해 주는 서비스를 수탁Custody이라고 하는데, 주로 전통 자산과 관련해 기관 투자자들을 대신하여 이런 서비스를 제공해왔다. 투자자 입장에서는 금융 자산을 직접관리하는 번거로움을 덜 수 있다. 또한 도난 및 분실에 대한 위험을 외주화하여 수탁회사에 의뢰하면 보다 안전하게 자산을 보관할 수 있게 된다.

디지털 자산은 관리에 대한 더욱 엄격한 기준이 필요하다. 보관에 따른 위험이 존재하기 때문이다. 콜드월렛으로 보관할 경우 시드구문이나 니모닉을 분실하게 되면 영원히 디지털 자산을 분실하게 되는 경우가 발생할 수도 있다. 따라서 크립토 자산은 전통 자산보다도 전문 수탁기관에 대한 필요성이 더 강조된다.

미국에서 가장 오래된 은행 중 하나인 BNY 멜론BNY Mellon, 스테이트 스트리트State Street는 비트코인, 이더리움 외 다른 디지털 자산까지도 수탁의 범위를 넓혀가고 있다. 연합인포맥스에 따르면 전세계 상위 5대 운용사인 피델리티 인베스트먼트는 2019년부터 기관투자자를 대상으로 하는 BTC 수탁 서비스를 시행중에 있다. 또한 미국 상장 회사인 백트Bakkt 역시 기관투자자 BTC 수탁 서비스를 제공하고 있다. 국내에도 은행들이 관련 기업들과의 제휴를 통해 커스터디 서비스를 준비중 또는 진행중에 있다. 2025년 8월에는 국내 가장 큰 암호화폐 거래소인 업비트에서도 기관투자자 대상 수탁업두 서비스를 론칭한다고 공지하기도 하였다.

수탁업무는 자산의 보관 및 관리라는 점에서 매우 기본적인 업무 영역에 해당한다. 이제 막 시작될 이 분야는 앞으로 지금보다 훨씬 큰 규모로 확장될 것이다. 그 과정에서 다양한 아이디어와 보안으로 무장한 회사들이 탄생될 것으로 예상된다. 단순히 원장에 자산의 거래 내역을 표시하는 중앙화되어있는 장부를 관리하는 것을 넘어 블록체인상의 디지털 자산을 관리하는 만큼 그 중요성이 더욱 커질 것이다.

● **자산토큰화와 블록체인 인프라**

현재 금융시스템의 가장 선도적인 역할을 하고있는 기관 중 하나인 JP모건은 금융 시스템을 근본적으로 변화시키는 일에 핵심 설계자로 참여하고 있다. JP모건은 키넥시스Kinexys(구 Onyx)라는 자체 블록체인 플랫폼을 구축하여 기존 금융을 재설계하고 있다. 이 플랫폼은 단순 금융 거래를 넘어 결제, 실물 자산 토큰화, 인프라 네트워크, 디지털 신원 확인 등 장기적인 블록체인 플랫폼으로 진화하기 위한 청사진을 그리고 있는 것으로 보인다.

JPM코인으로 알려진 키넥시스 디지털 페이먼트는 기관 고객들이 24시간 언제든 토큰화된 예금을 계좌 간 즉시 이체할 수 있는 예금 블록체인 플랫폼이다. 키넥시스 홈페이지 제공 자료에 의하면 키넥시스 플랫폼은 출시 후 1.5조 달러 이상의 거래를 처리하였다. 이는 하루 평균 20억 달러가 넘는 거래량에 해당한다. 거래 건수는 2024년 대비 2025년에 10배 이상의 성장세를 보이고 있다고 한다. 구상 단계를 넘어 실제 그 활용 사례가 의미있는 성장을 보이고 있는 것이다. 독일 지멘스Siemens의 경우 이 시스템을 통해 전 세계에 흩어져있는 자회사들 간의 자금 이동을 관리하고 있다. 또한 회사 전체의 유동성과 운전자본 관리에 있어서 최적화를 추구하고 있는 중이다. 또한 인도의 엑시스Axis 은행과 제휴를 통해 실시간 달러 거래 서비스를 제공하여 효율성을 획기적으로 개선했다.

키넥시스 생태계의 또 다른 주요 기능은 실물 자산 토큰화이다. 현재까지 9,000억 달러 이상의 미국 국채를 토큰화 처리했고, 레포Repo, Repurchase Agreement(환매조건부채권의 약자로, 일정 기간 후 사전에 정해진 금리로 채권을 되사기로 하는 거래) 거래에서 3,000억 달러 이상의 거래를 토큰화했다. 전통 방식의 레포거래는 여러 금융기관을 거치며 발생할 수 있는 데이터 오류, 담당자들의 거래 체결 시의 실수, 담보에 대한 질권의 시차 관리 등 여러 비효율적인 면이 발생한다. 이를 키넥시스의 디지털 파이낸싱을 통한 스마트 계약을 활용하여 증권과 대금이 동시에 결제될 수 있도록 만들어 결제 리스크를 원천적으로 제거하고 효율성을 극대화할 수 있다.

● **주요기관별 블록체인 서비스**

JP모건의 종합적인 생태계 구축 접근 방식과 달리, 다른 금융 기관들은 각자의 핵심 역량에 따라 차별화된 블록체인 전략을 구사하고 있다.

골드만삭스(GS DAP)

골드만삭스는 디지털 자산 플랫폼 GS DAP을 개발하였다. 이 플랫폼은 다양한 상품을 발행하고 거래할 수 있는 인프라 역할을 한다. 유럽투자은행 EIB을 위한 디지털 채권 발행과 BNY 멜론과의 협력을 통한 MMF, 주식 토큰화 등의 사례가 있다. 골드만삭스의 전략은 다른 기관들이 그 위에서 혁신을 이룰 수 있도록 핵심 기술 인프라를 제공하는 것이다. 이를 통해 블록체인 시장의 기초 인프라 제공자로 자리매김하고 있다.

씨티그룹(Citi Token Service)

씨티그룹은 기업 재무 고객들의 문제를 해결하는 데 초점을 맞추고 있다. 씨티 토큰 서비스는 토큰화된 예금을 활용해 기업 고객들이 국경을 넘어 24/7 글로벌 현금 관리 및 유동성 확보를 가능하게 한다. 시장이 문을 닫는 주말이나 공휴일에도 즉각적인 자금 이동이 가능하다는 점은 기업 고객에게 큰 가치를 제공한다. 씨티그룹의 핵심 차별점은 고객이 별도의 지갑이나 노드를 관리할 필요 없이, 기존의 씨티다이렉트 CitiDirect 시스템에 완벽하게 통합하여 서비스를 이용할 수 있다는 점이다.

BNY 멜론

BNY 멜론은 전통 금융과 디지털 금융을 잇는 수탁 기관의 역할을 추구하고 있다. 세계 최대의 수탁 은행으로서 디지털 자산 커스터디(초기에는 비트코인과 이더리움, 현재는 토큰화 자산으로 확장) 시장에 진출한 것은 시장 전체에 대한 강력한 신뢰의 신호로 작용했다. BNY 멜론의 전략은 골드만삭스(MMF 토큰화)나 오픈에덴OpenEden(토큰화 국채)과 같은 혁신가들과 파트너십을 맺는 것이다. 이를 통해 기관 투자자들이 요구하는 규제 준수 수탁 및 자산 관리 서비스를 제공하는 데 중점을 둔다.

블랙록(BUIDL)

세계 최대 자산운용사인 블랙록의 USD 기관 디지털 유동성 펀드BUIDL는 이더리움 기반의 토큰화된 MMF로, 출시 이후 시장의 호응을 얻으며 의미있는 성장을 이루어냈다. 운용자산AUM 기준으로 28억 달러에 이를 만큼 성장했다. BUIDL의 성공은 산물 자산RWA 토큰화 시장에 대한 성공 가능성을 현실화했다는 큰 의미가 있다. 온체인에서 수익을 창출하는 유동성 자산에 대한 기관 수요가 충분히 존재함을 보여주고있다.

써클(Circle)

세계에서 두 번째로 규모가 큰 달러 스테이블코인인 USDC를 발행 및 관리하는 회사이다. 써클은 이 USDC를 활용한 결제 시스템을 만들고, 기존 금융망과의 통합을 추진하고 있다. 이를 통해 기업들은 시간의 제약없이 24시간 언제나 어디서나 신속하게 자금을 이동하고 결제할 수 있게 되었다. 암호화폐 거래소, 카드사, 일반 소매 기업 등 셀 수 없이 많은 기업들과 협력하며 그 확장성을 키워나가고 있다.

CHAPTER
6

크립토 관련 미국 주식

코인묻은 미국 주식 따라잡기

금융 시장에서 새로운 투자 영토를 만들고 있는 크립토 섹터

변화의 시작은 늘 그렇듯 양극단이 아니라 가장 첨예하게 맞닿아 있는 곳부터 시작되는 법이다. 전통적인 투자 수단의 대표격인 주식 시장과 가장 새로운 투자 수단인 디지털 자산 사이의 경계가 허물어지고 있다. 이 변화를 이끄는 중심에는 주식시장에 상장되었거나 상장을 추진하고 있는 디지털 자산과 관련한 사업을 하고 있는 회사들이 있다. 크립토 관련 주식이라는 하이브리드적인 성격을 가진 기업들이 존재한다.

이런 기업에 투자하는 것을 통해 디지털 자산을 직접 소유하지 않아도 대안적 투자에 참여할 수 있게 해준다. 국내에도 이러한 성격의 기업들이 등장하고 있지만, 아직은 제도적인 미비 등으로 인해 한계가 있다. 미국 주식시장에는 이미 이러한 종목들이 크립토 섹터를 형성하며 다양한 사업 모델로 확장 및 성장 전략을 펼치고 있다.

이 책에서 소개하는 기업들과 관련된 모든 정보는 특정 종목이나 기업에 대한 투자 권유 또는 추천이 아님을 강조한다. 투자 결과의 책임은 전적으로 투자자 본인에게 있으며, 최종 의사결정에 앞서 각자의 신중한 판단과 전문가의 도움이 필요할 수 있다. 시장 환경의 변화와 정보의 갱신 속도에 유의하면서 크립토 관련 기업들에 대한 특징과 각 기업들의 전략 등에 대해 살펴보자.

순수 디지털 자산 기업

순수한 디지털 자산 기업들은 비즈니스 모델과 수익이 암호화폐 생태계의 성과와 가장 밀접하게 관련되어 있다. 암호화폐 채굴, 거래소(DEX, CEX), DeFi 등 디지털 자산 생태계 유지의 근간이 되는 플레이어들이 다수 포함되어 있다.

● **디지털 자산 경제의 기반 : 암호화폐 채굴(Mining) 기업**

암호화폐 채굴 기업들은 채굴Mining이라는 단어가 주는 이미지 때문에 단순히 코인을 생성하고, 매도하는 역할만 수행하는 것으로 그 역할이 축소되어 이해되는 경향이 있다. 하지만 실제 암호화폐 채굴 기업들은 블록체인이라는 생태계를 유지하는 데 있어서 에너지 및 데이터 인프라를 제공하는 것으로 이해하는 것이 맞다. 채굴 기업은 이 분야에서 성공하기 위해 연산 능력인 해시레이트를 확장하고, 채굴 효율성을 높이며, 마켓타이밍에 맞는 보유 암호화폐 매도 전략을 갖추는 것이 중요하다.

최근 암호화폐 채굴 산업은 기존의 채굴인프라와 고성능 컴퓨터, 인공지능이 융합되면서 진화하고 있다. 저비용의 에너지를 확보하고, 채굴 효율을 극대화하기 위해 고밀도 데이터센터를 확보하는 등의 전략을 취하고 있다. 평소에는 전력을 공급하다가 전력이 남는 시간대에만 집중적으로 채굴 전력으로 활용하는 디지털 에너지 기업을 추구하기도 한다. 또한 채굴된 암호화폐를 매도하지 않고 보유하면서 DAT(Digital Asset Treasury) 전략을 취하기도 한다. 이러한 다양한 전략들을 믹스하는 하이브리드 크립토 비즈니스를 만들어 가고 있다. 암호화폐 채굴 기업들은 다양한 형태의 크립토 인프라, 에너지 기업으로 성장해나가고 있다.

● **크립토 거래소(Crypto Exchanges)**

크립토 거래소는 디지털 자산 생태계의 심장 역할을 하며 투자자들이 암호화폐 등의 디지털 자산을 사고팔 수 있는 거래 기능을 제공하고 있다. 크립토 거래소의 미래는 단순한 디지털 자산의 거래 중개뿐 아니라 디지털 자산의 보관, 대출, 파생상품 거래 등 다양한 금융 서비스를 제공하는 방향으로 진화할 것이다. 이미 많은 발전이 이루어졌지만 법적·제도적 장치의 부족으로 투자자들이 이용하지 못하는 서비스가 많다는 것도 현실이다.

중앙화된 거래소(CEX)와 탈중앙화된 거래소(DEX) 간에는 현재 어느 정도의 경계가 있어 각기 다른 방식으로 시장의 인프라를 구조화하고 있다. 하지만 시간이 지나면서 이 부분도 점차 통합되는 흐름이 가속화될 수 있다. 이러한 변화는 여러가지 사회문화적 상황과 국가 간 크립토 수용 속도 등에 따라 많은 차이를 발생시킬 것이다. 이 차이가 지금은 미미할 수 있지만 시간이 지날수록 더 큰 차이를 가져올 수도 있을 것이다.

크립토 시장의 중앙화된 거래소는 디지털 자산에만 머물지는 않을 것이다.

점차 시간이 지날수록 전통 금융 시장의 많은 영역으로까지 그 점유 지분을 넓혀갈 것으로 예상하고 있다. 어쩌면 우리는 코인베이스같은 크립토 거래소가 JP모건과 같은 초대형 금융기관으로 성장할 수 있는 역사적인 순간에 서 있을지도 모른다.

이런 전략을 취하고 있는 각 기업들에 대해 조금 더 살펴보자.

마라톤 디지털 홀딩스(Marathon Digital Holdings, MARA) : 비트코인 채굴의 선두 기업

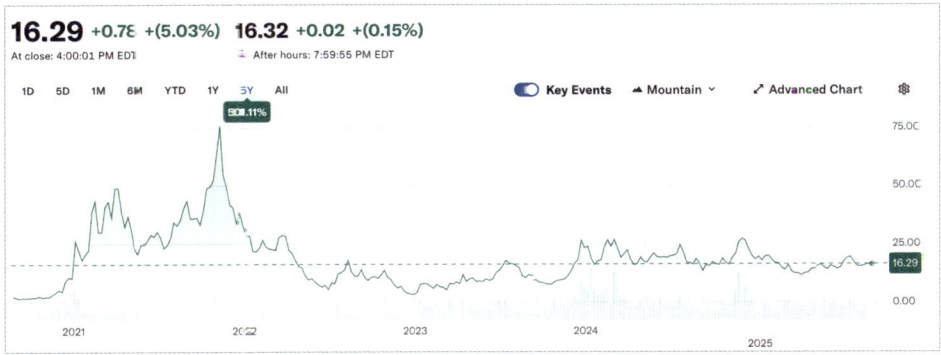

그림 6-1 · Marathon Digital Holdings(MARA) 주가 추이

• 기업 개요 •

마라톤 디지털 홀딩스MARA는 2010년 설립되어 미국 플로리다에 본사를 두고 있다. 블록체인 채굴 장비의 연산 능력인 해시 레이트, BTC 보유량 측면에서 현재 세계 최대 비트코인 채굴 기업 중 하나이다. 원래는 특허를 보유하고 관리하던 특허 지주회사인 마라톤 페이턴트 그룹Marathon Patent Group에서 시작하여 현재의 사업 모델로 전환하였다.

미국 여러 지역에 대규모 비트코인 채굴 시설을 운영하며 2025년 7월 현재 약 58.9EH/s(초당 58.9 × 10^{18}번의 해시 계산을 수행한다는 뜻)에 달하는 해시레이트를 보유하고 있는 것으로 알려져 있다. 특히 미국 텍사스에는 최고 수준의 채굴 규모를 갖춘 시설을 구축했다. 현재의 해시레이트를 75EH/s까지 확대한다는 계획도 발표하였기 때문에 공격적인 확장을 계속 시도할 것으로 보인다. 최근에는 프랑스 EDF 산하의 HPC(고성능컴퓨팅) 기업 지분을 인수하는 등 채굴인프라를 AI와 클라우딩 컴퓨팅 분야로 응용하려는 전략적인 의사 결정을 내렸다.

• 디지털 자산 전략 •

MARA는 막강한 컴퓨팅 파워를 통해 채굴된 비트코인의 큰 비중을 현금화하지 않고 보유하는 전략을 적용중이다. 스트래티지^{MSTR}처럼 비트코인의 보유를 늘리며 현재 비트코인 보유 기업 기준으로 스래티지에 이어 두 번째로 많은 53,250 BTC를 보유하고 있다. 주식발행과 채권을 통해 조달한 자금을 채굴장비 증설과 비트코인 매입에도 일부 투자하는 등 일반 크립토 채굴기업과는 차별화되는 전략을 구사하고 있다. 또한 자체 데이터센터를 고성능 연산에 활용하는 것을 통해 수익원을 다변화하고 비트코인 가격 변동에 대한 의존도를 낮추겠다는 목표도 가지고 있다.

• 기타 정보 •

MARA는 검열 논란이 있었던 실험을 한 적이 있다. 2021년 MARA는 미국 정부의 제재 대상 주소를 블록에서 필터링하는 OFAC$^{Office\ of\ Foreign\ Assets\ Control}$(미국 재무부 산하 기관으로, 대북·대이란 제재, 테러자금, 불법 활동 관련 주소를 특별제재지정자 리스트에 올려 관리) 준수 비트코인 채굴풀을 운영하겠다고 발표하였다. 비트코인 커뮤니티는 비트코인 네트워크의 가장 근본적인 가치인 검열저항성을 훼손한다며 강력하게 비판하였다. 이후 MARA는 한 달여 만에 정책 철회를 공식 발표했다.

2022년 몬태나주 석탄 발전소와 제휴한 채굴장 투자와 관련한 건으로 미국 증권거래위원회SEC로부터 조사를 받으며, 주가가 급락하는 등의 일을 겪기도 했다. 이후 탄소 중립적인 발전소 운영과 규제 준수를 강조하며 신뢰를 회복하였다.

라이엇 플랫폼즈(Riot Platforms, RIOT) :
비트코인 인프라의 선구자

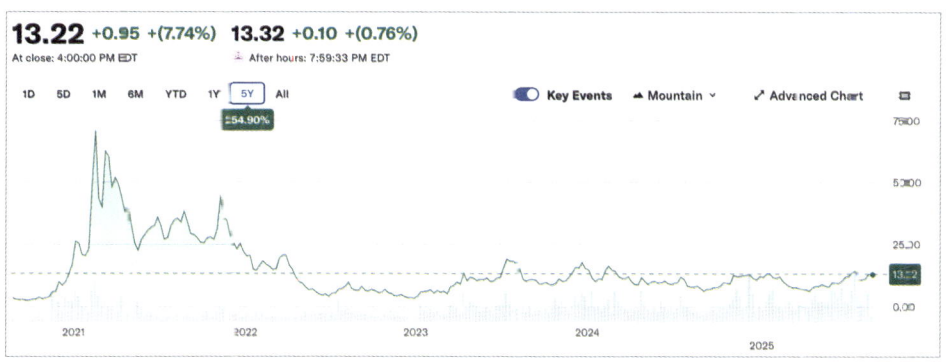

그림 6-2 · Riot Platforms(RIOT) 주가 추이

• 기업 개요 •

2000년에 설립되어 블록체인 기술을 구축하고 지원하는데 전념하고 있는 기업이다. 원래는 바이오테크 기업이었으나, 2017년 'Riot Blockchain'으로 사명을 바꾸고 암호화폐 채굴 기업으로 비즈니스 모델을 변경했다. 이후 현재의 사명으로 한 차례 더 이름을 변경했고, 현재 북미 최대 비트코인 시설을 운영하는 기업으로 성장하였다.

RIOT은 미국 텍사스에 위치한 세계 최대 규모의 비트코인 채굴 시설을 운영하고 있다. 자체 채굴과 함께 다른 채굴 주체에 대해서 시설을 임대하는 호스팅 서비스를 제공하고 있다. 전력 인프라 자회사인 ESS Metron을 통해 채굴시설에 필요한 전력 배분 장비를 직접 설계 및 제조하는 노하우를 기반으로 대형 채굴 시설의 전력 공급 솔루션 분야에서도 수익을 올리고 있다. MARA와 함께 북미 최상위권의 해시파워를 보유한 기업으로 성장했다.

• 디지털 자산 전략 •

RIOT은 수직 계열화와 사업 다각화 전략을 추구한다. 비트코인 채굴에만 사업 영역을 제한하지 않고, 채굴과 관련한 인프라인 전력공급 장치 개발 및 데이터센터를 운영하고 있다. 또한 가장 독특한 전략은 바로 '전력'을 통해 이루어 지고 있다. 텍사스 전력망ERCOT과 연계하여 전력 수요가 높은 시기에는 채굴을 일시 중단하고, 그 반대급부로 전력 크레딧Power Credits 형태의 보상을 받아 안정적인 현금 흐름을 창출하고 있다. RIOT은 비트코인 채굴, 에너지, 전력망을 아우르는 사업 영역을 확보하고 있다. 아울러 비트코인 보유전략도 사업모델로서 갖추고 있다.

• 기타 정보 •

2022년 미국 여름은 유난히 더워 폭염에 시달리고 있었다. 이에 RIOT은 채굴기를 대거 가동 중단하고 남는 전력을 텍사스 전력망에 되팔아 7월 한달 동안 채굴보다 더 많은 수익을 올리기도 했다. 이 결정으로 약 435BTC(당시 기준 $950만) 상당의 전력 크레딧을 획득하여, 채굴을 하지 않고도 돈을 버는 채굴회사라는 별명을 얻기도 했다. 현재는 19,000 BTC 이상을 보유하며 비트코인 보유 상위 10위 이내 기업에 리스트되어 있다.

사이퍼 마이닝(Cipher Mining, CIFR) : 월가의 지원을 받는 지속 가능 채굴 기업

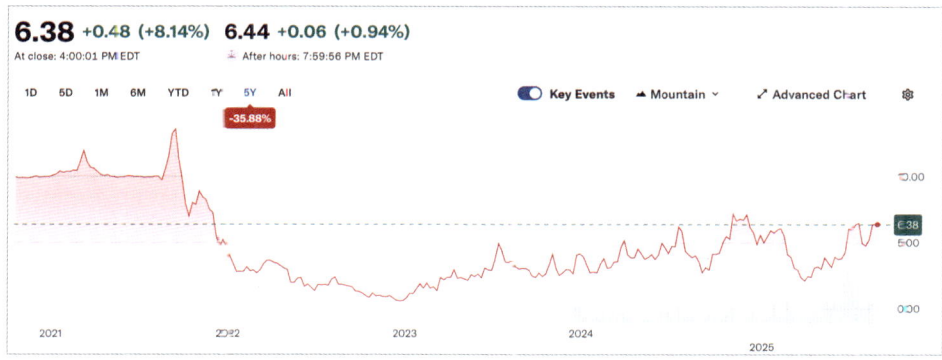

그림 6-3 · Cipher Mining(CIFR) 주가 추이

기업 개요

사이퍼 마이닝CIFR은 2021년에 설립된 미국 뉴욕 기반의 비트코인 채굴 기업으로 지속가능하고 효율적인 비트코인 생산에 중점을 둔 기업이다. 또한 데이터센터도 운영 중에 있다. 미국 텍사스주 등 풍부한 전력 공급이 가능한 지역에 최신 설비를 구축하고 있다. CEO인 타일러 페이지Tyler Page는 20년 이상 기관 금융 및 핀테크 경험을 보유한 월가 출신으로 사이퍼 마이닝의 성장을 이끌고 있다. 채굴업계에서는 비교적 신생기업이지만 비트코인 채굴에만 전념하며 내실을 다지고 있다. 현재 1,500 BTC 이상을 소유하고 있다.

디지털 자산 전략

사이퍼 마이닝은 규모의 경제와 최신 기술 도입을 통한 '비트코인 채굴'에 핵심 역량을 쏟아붓는 전략을 취하고 있다. 전기 요금이 저렴한 곳에 채굴시설을 확보하고, 자체 데이터센터를 건립하며, 고성능의 채굴기 도입과 자체 운영 소프트웨어 개발 등으로 채굴 효율 극대화를 시도하고 있다. 2025년에는 '소프트뱅크'로부터 5,000만 달러의 투자금을 유치해 AI 분야 고성능컴퓨팅^{HPC}으로 확장 가능성도 모색중이다.

• 기타 정보 •

2025년 7월 기준 13.4 EH/s의 해시레이트를 달성하며 중견 채굴사로 성장중에 있다. 해시레이트를 대폭 향상시키기 위해 텍사스주 윙클러 카운티에 있는 Black Pearl 데이터센터에 32,164대의 채굴기를 추가 설치하였다. 차세대 비트코인 채굴기인 Bitmain S21 XP 도입으로, 8.7 EH/s의 해시레이트를 추가한다는 계획이다.

클린스파크(CleanSpark, CLSK) : 에너지 기술과 채굴을 접목한 혁신 기업

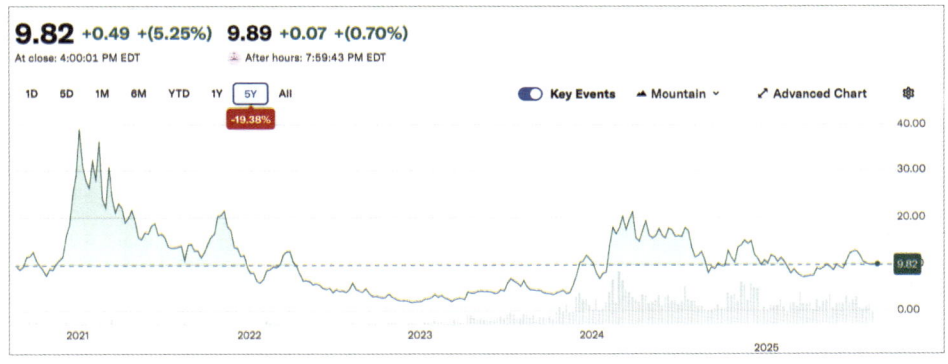

그림 6-4 · CleanSpark(CLSK) 주가 추이

• 기업 개요 •

클린스파크^{CLSK}는 1987년 설립되어 네바다주에 본사를 둔 기업으로 2020년부터 비트코인 채굴 분야에 진출하였다. 조지아주를 중심으로 저렴한 전력을 활

용할 수 있는 지역에 데이터센터를 집중적으로 운영한다. 지속 가능한 에너지를 활용한 친환경 비트코인 채굴을 지향하며 저비용, 고효율 채굴에 집중하고 있다. 2025년 6월에는 비트코인 채굴 기업 중 두 번째로 50EH/s의 해시레이트를 달성하며 북미 최상위권 채굴기업으로 발돋움하였다.

• 디지털 자산 전략 •

클린스파크는 암호화폐 시장이 침체기에 들어서면서 경쟁자들이 투자를 줄일 때 과감하게 채굴 장비와 시설을 인수하여 회사의 규모를 확장하는 경영전략으로 현재의 성장 발판을 마련하였다. 2022년 크립토윈터Crypto Winter(암호화폐시장의 침체기) 시기에 수천 대의 최신 채굴기를 할인된 가격에 공격적으로 매수하였다. 또한, 2024년에 조지아주의 채굴팩토리 여러 곳을 인수하며 해시레이트를 확보하였다. 채굴로 확보한 비트코인을 꾸준히 매각하여 현금흐름을 만들어내며 부채를 크게 일으키지 않는 성장 전략을 펴고 있다.

코어 사이언티픽(Core Scientific, CORZ) : 재기의 아이콘이자 디지털 인프라의 리더

그림 6-5 · Core Scientific(CORZ) 주가 추이

CHAPTER 6. 크립토 관련 미국 주식   231

기업 개요

코어 사이언티픽CORZ은 2017년 설립된 미국의 비트코인 채굴 기업으로, 한 때 전 세계에서 가장 많은 해시레이트를 보유했던 채굴 기업이다. 운영 사무소는 텍사스 오스틴에 위치해 있으며 조지아주, 노스다코타주, 켄터키주 등 미국 여러 지역에 1.3GW 이상의 전력 용량을 갖춘 거대 데이터센터를 운영해왔다.

2022년말 파산보호 신청 후 구조조정을 거쳐 2024년에 나스닥에 재상장되었다. 코어 사이언티픽은 대용량 채굴 데이터센터 운영과 채굴기 호스팅이 핵심 사업 영역이다. 약 156,000대의 채굴기를 기반으로, 이 중 7,000대 이상을 고객 호스팅 사업에 할당하고 있다. 이를 통해 업계 최대 규모의 채굴 기업 중 하나로 성장했다.

디지털 자산 전략

코어 사이언티픽은 규모의 경제와 운영 효율을 추구하는 전략을 펼쳐왔다. 전성기 시절 전기요금이 저렴한 지역에 거대 채굴 거점을 여러 곳에 구축하였다. 채굴 전용 소프트웨어를 자체 개발해 효율을 높였고, 채굴기 조립공장까지 직접 운영하며 비용을 절감했다.

기타 정보

2022년 셀시우스 파산의 여파로 파산 보호 신청을 했던 코어 사이언티픽은 2025년 7월 AI 데이터센터 기업인 코어위브CRWV가 인수를 발표하면서 기업가치가 90억 달러로 재평가되는 극적인 반전을 이뤄내게 된다. 아직 인수가 마무리된 것은 아니지만 드라마틱한 회사의 성장 스토리는 오랫동안 업계에 회자될 것으로 생각된다.

헛 8(Hut 8, HUT) : AI와 비트코인의 조화를 추구하는 기업

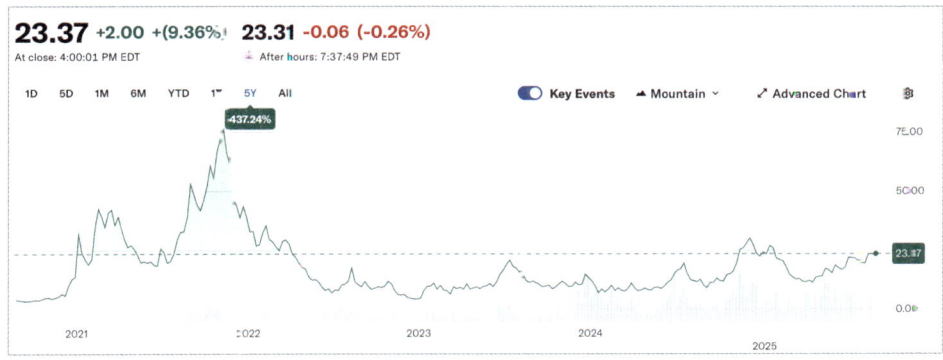

그림 6-6 · Hut 8(HUT) 주가 추이

기업 개요

헛 8^HUT은 2017년 캐나다에 설립된 비트코인 채굴 기업이다. 캐나다 앨버타주 등에 대형 채굴 시설을 보유하고 있으며 2021년 나스닥에 상장하여 글로벌 자본을 유치했다. 2023년 미국회사인 USBTC^US Bitcoin Corp와 합병하며 미국 플로리다로 본사를 이전했다. '헛 8'이라는 이름은 2차 세계대전 당시 앨런 튜링이 근무했던 암호 해독 기관인 'Hut 8'에서 따왔다고 한다.

캐나다 채굴 기업 중 최대 규모를 유지중에 있으며, 2022년 크립토윈터에서도 채굴한 비트코인을 팔지 않고 꾸준히 보유한 덕분에 보유 자산의 가치가 상승하였다. 2024년 이후 비트코인 가격 회복과 회계장부 반영 등으로 재무구조가 크게 개선되었다. 캐나다에 있는 앨버타주의 메디슨 햇^Medicine Hat에 대규모 채굴 시설을 운영 중이다. 이 시설은 천연가스 발전과 풍력 등의 에너지를 활용한 전기를 사용한다는 특징이 있다. 비트코인 채굴 외에도 고성능 컴퓨팅^HPC 서비스와 데이터센터 인프라를 활용한 클라우드 서비스 등의 사업도 영위하고 있다.

CHAPTER 6. 크립토 관련 미국 주식   233

• 디지털 자산 전략 •

채굴한 비트코인을 팔지 않는 이른바 HODL(호들HODL은 2013년 비트코인 포럼에 올라온 'I AM HODLING'에서 유래하였으며, 단기 가격변동에 흔들리지 않고 크립토자산을 보유한다는 의미로 쓰임) 전략을 취하는 기업 중 하나이다. 설립 이후 채굴한 비트코인을 지속적으로 누적 보유중이며, 현재 10,600개가 넘는 BTC를 보유하고 있다. 수익 극대화를 위해 비트코인 담보 대출 등을 활용한 자금으로 비트코인을 매각하지 않으면서 운영자금을 확보하는 전략을 구사하고 있다.

아이리스 에너지(Iris Energy, IREN) : 호주의 친환경 비트코인 채굴 기업

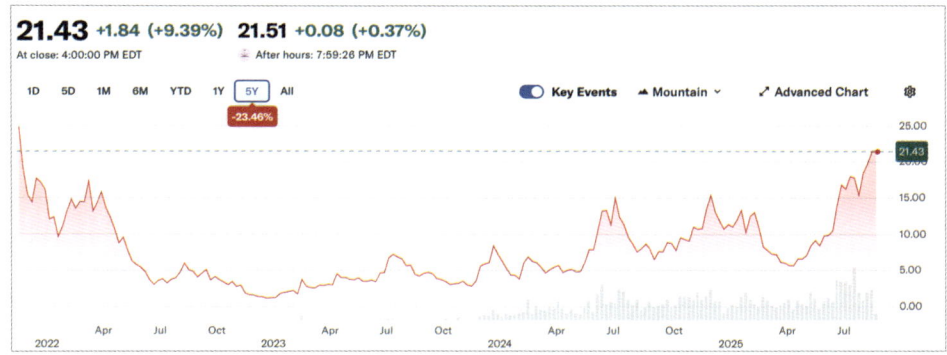

그림 6-7 · Iris Energy(IREN) 주가 추이

• 기업 개요 •

아이리스 에너지는 호주 시드니에 본사를 둔 비트코인 채굴 기업이다. 풍부한 재생에너지를 적극 활용한 채굴에 특화된 비트코인 채굴 기업이다. 2021년 나스닥에 상장하였고, 친환경에너지로 구동되는 데이터센터를 추구하며, 데이터센터 인프라 사업과 비트코인 채굴 사업을 영위하고 있다. 호주, 미국, 캐나다

등에 걸쳐 탄소 중립 전력을 활용한 채굴 설비를 운영중이다.

아이리스 에너지는 전력망에 직접적으로 연결된 대규모 채굴 데이터센터 시스템을 구축하고 있다. 특히 캐나다 브리티시컬럼비아주의 캐슬록과 매킨지에 위치한 시설들은 인근 수력발전소에서 생산된 전력을 사용한다. 2025년 7월 기준 실현 해시레이트는 50EH/s로 최상위권이다. 현재는 해시레이트 증설보다는 AI 클라우드 사업에 보다 집중하는 전략을 취하고 있다. 보유하고 있는 데이터센터의 전력과 공간을 적극 활용해 AI 연산용 클라우드 임대 등의 수익 다각화 전략을 활용하고 있다.

디지털 자산 전략

아이리스 에너지는 채굴한 비트코인을 日로 매도하여 현금화하는 정책을 운영중에 있다. 따라서 BTC 보유량이 0인 채굴 기업으로 유명하다. 비트코인 가격 변동에 따른 재무리스크를 최소화하기 위한 전략이며 수익은 시설 확장과 운영 자금으로 활용된다. 전력 측면에서는 저렴하고 친환경적인 수력, 풍력 중심으로 전력원을 확보하는 것이 핵심 전략이다. 장기 전력공급계약을 통해 안정적인 전력 비용을 달성하고 탄소배출권 확보를 통해 추가수익도 일부 얻고 있다.

기타 정보

2022년 '크립토윈터' 시기에 자회사들이 보유하고 있던 채굴장비 할부금에 대한 이자 지급을 중단했었다. 이 채무들은 모회사의 상환 책임이 담보되어 있지 않은 형태의 계약이었기 때문에 법적으로 이러한 결정이 아이리스 에너지에 미치는 영향은 크지 않았다. 채권자들은 담보로 잡힌 채굴기만 회수할 수 있었고, 아이리스 에너지는 위기를 모면할 수 있었다.

코인베이스(Coinbase, COIN) : 미국 최대 암호화폐 거래소이자 웹3의 강자

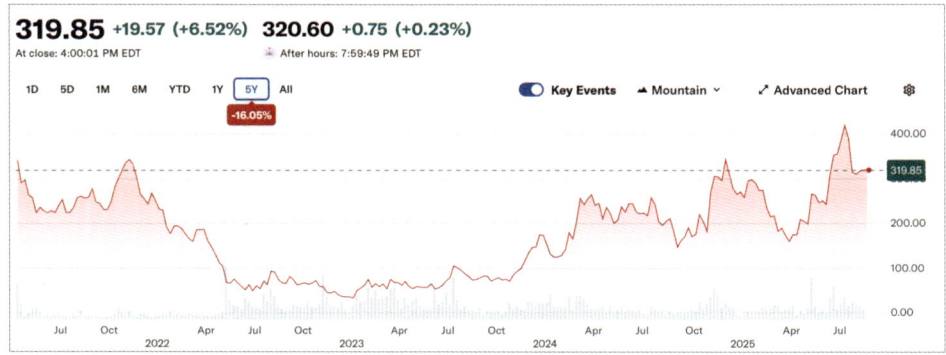

그림 6-8 · Coinbase(COIN) 주가 추이

기업 개요

코인베이스Coinbase는 2012년 설립된 미국 최대의 암호화폐 거래소이다. 2024년 기준 100개국 이상에서 서비스를 제공하고 있으며 1억 명이 넘는 리테일 고객과 10,000개 이상의 파트너를 보유하고 있다. 개인 투자자와 기관 투자자들에게 비트코인, 이더리움 등 수백 종류의 암호화폐 거래 서비스를 제공한다. 뿐만 아니라 커스터디(수탁)사업을 통해 대형 투자 기관의 디지털 자산을 안정적으로 보관하는 서비스를 제공하고 있다. 특히 비트코인 현물 ETF 시장의 핵심 수탁 파트너로서 금융기관의 크립토 시장 진입에 중요한 인프라 역할을 담당하고 있다.

디지털 자산 전략

코인베이스의 전략은 다양한 수익원 확보와 기술 인프라 구축으로 요약할 수 있다. 주요 수익원은 암호화폐 거래에서 발생되는 수수료이지만 향후 스테이킹 보상, 직불카드 거래 수수료, 기관 고객을 위한 프라임 서비스 등을 통해 수익원을 넓혀가고 있다.

특히 USDC$^{USD\,Coin}$ 스테이블코인 생태계의 한 축을 담당하는 기업으로 USDC 스테이킹 고객에게 이자지급 보상 프로그램을 제공하며 안정적인 자산을 유치하고 수익성을 높여가고 있다.

기술 및 인프라 측면에서 코인베이스는 온체인 금융 시스템을 구축하는데 많은 노력을 기울이고 있다. 회사 자체 레이어2 블록체인 네트워크인 베이스^{Base}체인을 런칭하기도 했다. 베이스 체인은 수수료가 저렴하고 거래 속도가 빠르다는 장점이 있다. 이를 통해 플랫폼 내 거래 효율을 극대화하고 온체인 금융 시스템 구축의 핵심으로 베이스 체인을 적극 활용할 것으로 보인다.

기타 정보

코인베이스의 공동 창업자인 브라이언 암스트롱은 에어비앤비에서 국제 결제 시스템 개발을 담당하며 기존 금융 시스템이 얼마나 비효율적이고 복잡한지 깨닫게 되었다. 국경 간 자금 이동과 송금 과정에서 느꼈던 비효율을 2010년 비트코인 백서를 접하며 현재의 코인베이스의 비전을 정립하는 계기를 얻게 된다. 이후 코인베이스는 사용자 중심의 친화적인 플랫폼으로 성장하게 된다.

로빈후드(Robinhood, HOOD) : 슈퍼앱을 꿈꾸는 거래소

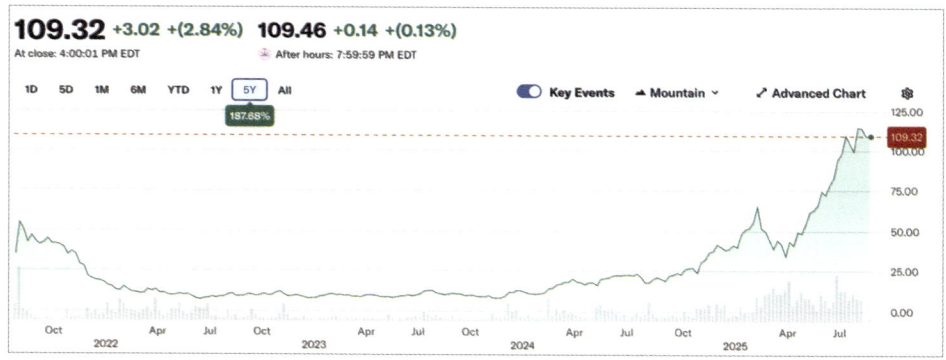

그림 6-9 · Robinhood(HOOD) 주가 추이

기업 개요

로빈후드^{HOOD}는 2013년 설립된 모바일 중심의 주식 및 암호화폐 거래 플랫폼 기업이다. 미국 캘리포니아에 본사가 위치하고 있으며 '금융민주화'라는 슬로건으로 수수료없는 거래 모델을 중심으로 밀레니얼 세대들의 호응을 얻으며 빠르게 성장할 수 있는 토대를 마련하였다.

로빈후드의 주요 수익은 거래 수수료와 함께 순이자 수익에서도 많이 발생한다. 이는 고객들이 투자하지 않고 계좌에 예치해 둔 현금을 회사가 이자 지급 계좌에 보관해 수익을 창출하는 구조이다. 또한 크립토 비즈니스를 적극적으로 확대하고 있다. 2025년에는 유럽의 거래소인 비트스탬프^{Bitstamp} 인수를 마무리하였다. 이후 유럽에서 Stock Token이라는 토큰화된 주식 서비스를 론칭하여 전통 금융자산인 주식을 블록체인화하여 거래할 수 있도록 하는 토큰화 이코노미를 시도하고 있다. 아직은 여러가지 잡음과 법률적인 문제들을 지적하는 목소리들이 많이 있지만, 점차 많은 사용자들이 유입된다면 선점 효과를 톡톡히 누릴 수 있을 것으로 예상한다.

• 디지털 자산 전략 •

로빈후드는 주식 중개 서비스에서 크립토 서비스로 확장을 빠르게 진행중에 있다. 자체 비수탁형 지갑인 Robinhood Wallet을 출시하여 사용자들에게 웹 3 서비스를 제공하고 있다. 로빈후드에서 크립토 비즈니스는 장기 전략의 핵심에 위치하고 있다. 2025년 2분기 암호화폐 거래 수익은 98% 성장한 1.6억 달러를 기록하며 전체 수익에서 의미있는 성과를 이루었다.

또한, 유럽 암호화폐 거래소인 비트스탬프를 인수하며 글로벌 크립토 시장으로의 진출을 가속화했다. 이는 크립토 인프라로서의 전략적 강화를 시도한 것으로 볼 수 있다. 이와 함께 주식, 예술품 등 전통 금융 자산 및 산물 자산을 토큰화하는 사업을 추진하고 있다. 토큰화를 통해 거래 수익을 다각화함은 물론 단순한 주식 중개 거래가 이루어지는 앱에서 모든 글로벌 자산을 거래가능하도록 하는 이른바 '슈퍼앱' 전략을 본격화하기 시작한 것으로 보인다.

• 기타 정보 •

로빈후드라는 회사명은 가난한 사람들에게 부자의 재산을 나눠준 전설 속 영웅 로빈후드에서 따온 것이다. 이는 수수료 없는 거래를 통한 기존 전통 금융의 상징인 월스트리트 기득권에 대한 전면적인 도전이었다. 그러나 게임스탑(게임스탑 주가 폭등 사태는 레딧 커뮤니티의 개인 투자자들이 공매도에 나선 헤지펀드에 맞서 조직적으로 주식을 매수하며 촉발된 사건) 사태를 거치건서 한 때 정체성의 혼란을 겪기도 했다.

DAT(Digital Asset Treasury) 전략으로
디지털 자산의 고래를 꿈꾸는 기업

디지털 자산을 채굴하고 중개하는 것을 넘어 이를 기업의 재무 전략에 통합하는 전략을 채택하는 기업들이 늘어나고 있다. 스트래티지^{MSTR}와 테슬라^{TSLA} 같은 초기 사례들이 단순히 디지털 자산을 매입한 후 보유하는 전략을 사용했다. 하지만 이제는 한 단계 더 나아가고 있다.

스트래티지를 중심으로 단순히 디지털 자산을 보유하는 것을 넘어 자본 시장을 적극 활용하여 다양한 수단으로 자금을 조달하는 금융 기법들이 활발하게 접목되고 있다. 이제는 비트코인뿐만 아니라 이더리움, 솔라나, 엑스알피를 비롯한 다양한 알트코인, 심지어 밈코인에도 디지털 자산 재무전략$^{Digital\ Asset\ Treasury}$을 활용하는 기업들이 증가하고 있다. 경우에 따라서는 암호화폐를 직접 보유하는 것보다 더 나은 대안을 제공해 줄 수도 있을 것이다.

💰 스트래티지(Strategy, MSTR):
DAT 전략의 끝판왕 비트코인 보유 1위 회사 스트래티지

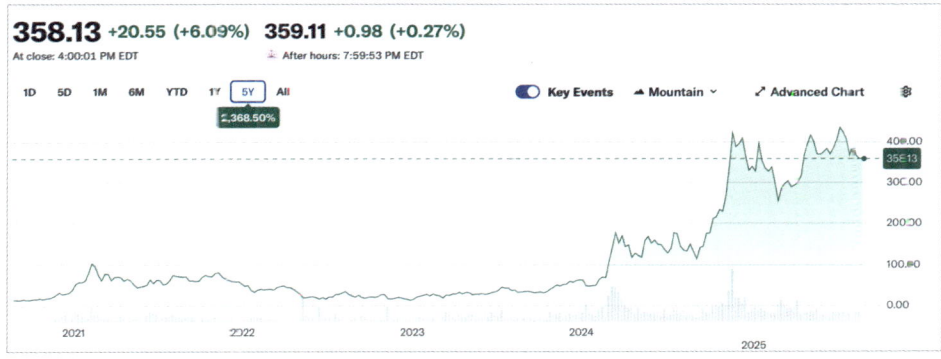

그림 6-10 · Strategy(MSTR) 주가 추이

기업 개요

스트래티지MSTR는 1989년 설립된 IT 기업으로 데이터 마이닝, 비즈니스 인텔리전스, 소프트웨어 개발 등의 사업을 영위하는 기업이다. 이 영역의 사업들은 회사의 핵심 역량 중 하나로 꾸준히 이어지고 있다. 하지만 지금은 세계 최대의 비트코인 보유 상장 회사로 더 잘 알려져 있다.

2020년 8월 11일 스트래티지는 21,454 BTC를 처음으로 매입한 이후 DAT Digital Asset Treasury 전략을 가장 적극적으로 도입한 회사이고, 64만 개가 넘는 비트코인을 보유하고 있다.

디지털 자산 전략

스트래티지의 전략은 매우 단순하다. 가능한 모든 방법을 동원해 비트코인을 최대한 많이 보유하는 것이다. 회사는 전환사채, 우선주, 비트코인 담보 대출 등 다양한 금융 조달 방법을 통해 자금을 조달하여 비트코인을 적극 매입하는 전략을 유지하고 있다. 그리고 이러한 내용을 숨김없이, 거의 실시간으로 공유하며 투자자들에게 투명한 DAT 전략을 공개하고 있다.

• 기타 정보 •

회사의 설립자이자 전 CEO인 마이클 세일러는 비트코인의 강력한 홀더HODLer로서 유명하다. 그는 비트코인의 가치에 대해 다양한 수단으로 사람들과 적극적으로 소통하며 자신이 개인적으로 보유한 비트코인은 시장에 영구히 사라지게 할 것이라고 공헌할 만큼 비트코인 생태계에 대해 진심을 보여주고 있는 인물이다.

셈러 사이언티픽(Semler Scientific, SMLR) : 의료기기 기업에서 비트코인 기업으로의 전환

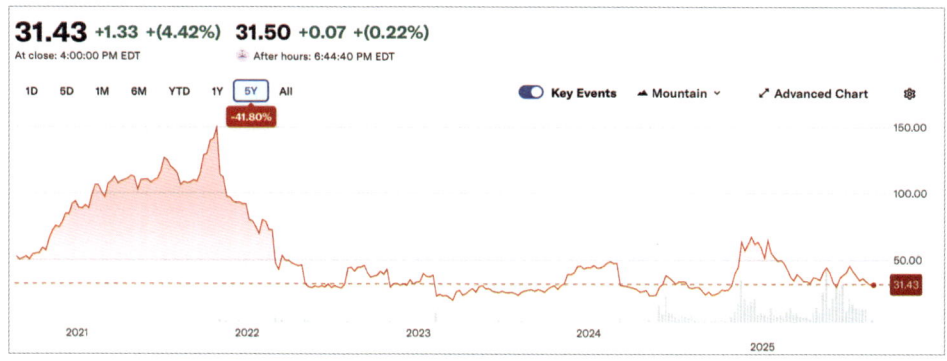

그림 6-11 · Semler Scientific(SMLR) 주가 추이

• 기업 개요 •

셈러 사이언티픽SMLR은 2007년 설립된 의료기기 및 헬스케어 IT 기업으로, 말초동맥질환 진단을 위한 측정 기기 개발 및 솔루션 등을 제공한다. 이 기업은 2024년 후반부터 비트코인 보유 전략을 채택하여 실행하고 있다. 본업인 의료

기기에서 발생하는 영업이익의 상당 비중을 BTC 매입 및 보유에 사용하는 하이브리드 전략을 채택하고 있다. 현재는 5,000개가 넘는 BTC를 보유 중이며 이는 BTC 보유 전략을 펼치고 있는 기업들 중 Top20 이내의 의미있는 수치이다.

• 디지털 자산 전략 •

2024년 비트코인을 주력 자산으로 전환하기 시작한 이후 기업활동을 통해 창출한 현금을 BTC의 축적에 주력하는 동안 비트코인의 보유 가치가 크게 증가하였고 이 전략을 현재까지도 꾸준히 추진중에 있다. 본업에서는 크게 부각받지 못하던 작은 회사가 비트코인 DAT 전략을 도입하면서 주주가치가 크게 제고되는 긍정적인 사례를 만들어낸 것이다. 또한 의료 분야와 크립토 분야를 동시에 투자하고 싶은 투자자들에게는 좋은 대안이 될 수 있다는 점도 셈러 사이언티픽이 가지고 있는 투자처로서의 매력이라고 할 수 있다.

샤프링크 게이밍(SharpLink Gaming, SBET) : 스포츠 베팅 기업과 이더리움의 만남

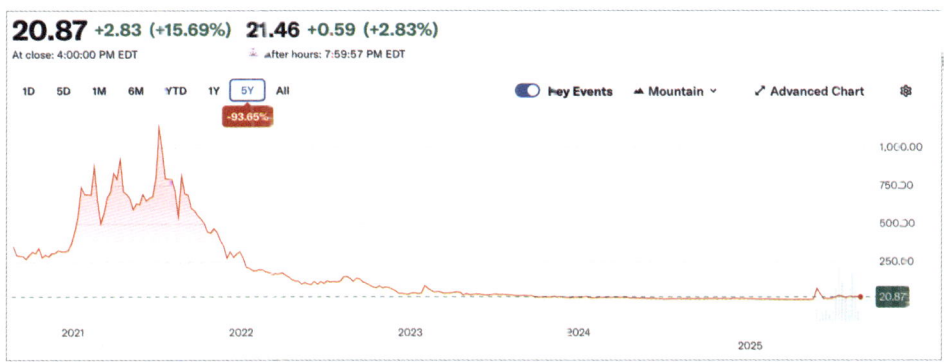

그림 6-12 · SharLink Gaming(SEET) 주가 추이

기업 개요

샤프링크 게이밍SBET은 미국 미네소타주 미니애폴리스에 본사를 두고 있는 스포츠 베팅 소프트웨어 기업이다. 과거에는 이스라엘 텔아비브에 위치하고 있었다. 데이터 분석과 블록체인 기술을 결합하여 온라인 게임 산업을 영위하고 있는 기업이다. 2025년 6월 이더리움을 전략자산으로 보유하겠다고 발표하며 대규모 매입을 시작하였다. 현재는 비트마인 이머전에 이어 두 번째로 이더리움을 많이 보유한 기업이 되었다. 현재 84만 개가 넘는 이더리움을 확보하고 있다.

이더리움 재단의 공동창업자인 조 루빈Joe Lubin을 회사 이사진으로 영입하였고, 보유 ETH를 스테이킹하여 추가적인 이자 수익을 확보하는 전략을 취하고 있다.

디지털 자산 전략

샤프링크 게이밍은 2025년 6월부터 ETH를 단일 전략 재무 자산으로 매입하기 시작한 이후 지속적으로 이더리움을 매입 및 스테이킹하는 구조를 만들어가고 있다. 이더리움 확보를 위한 자금 마련의 수단으로 공모주를 활용하거나, 사채조달을 이용하고 있다.

확보된 현금으로 이더리움을 추가 매입하고 이를 스테이킹하여 네트워크의 검증자로서 기여하고 있다. 이더리움의 매수를 통해 가격을 방어하고, 네트워크 자체의 검증과 유지를 위한 역할을 동시에 수행하는 전략을 펼치고 있다고 볼 수 있다.

현재는 본업인 스포츠베팅보다도 이더리움의 가격 변동에 회사의 가치가 더욱 민감하게 변동하는 특징을 가지고 있기 때문에 투자 관점에서는 리스크가 큰 투자대상이라고 할 수 있다.

비트마인 이머전 테크놀로지(BitMine Immersion Technologies, BMNR) : 이더리움의 스트래티지를 꿈꾸는 기업

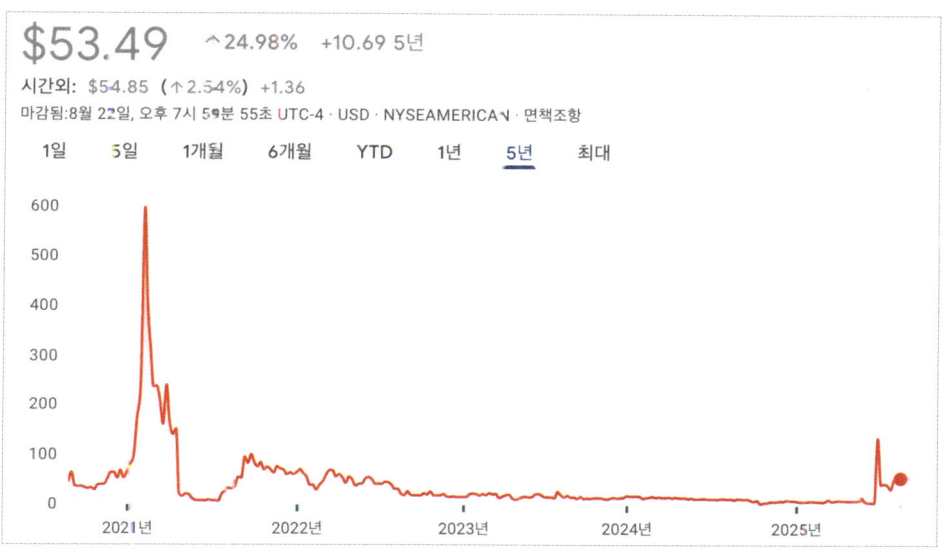

그림 6-13 · BitMine Immersion Technologies(BMNR) 주가 추이

기업 개요

비트마인 이머전 테크놀로지BMNR는 2019년 설립된 미국의 비트코인 채굴, 장비 판매, 호스팅 사업을 영위하고 있는 블록체인 기술 기업이다. 본사는 네바다주 라스베가스에 있으며 소수의 직원으로 운영되고 있다. 비트마인 이머전 테크놀로지는 채굴 장비를 공기 냉각 방식 대신 특수 오일에 담가 냉각하는 기술을 보유하고 있다. 이를 통해 채굴 장비의 성능을 향상시키고 에너지 효율성을 높일 수 있다. 탄소 중립을 목표로 에너지 절감과 지속 가능성에 중점을 두고 운영되고 있는 것으로 알려져 있다.

비트코인 채굴외에 다른 채굴장에 자본을 투자하거나 해시레이트를 직접 매매하는 사업도 병행하고 있다. 또한 침전 냉각 방식 적용을 통해 전력효율 지표를 나타내는 PUE(Power Usage Effectiveness는 데이터센터의 에너지 효율을 나타내는 지표로 데이터센터에 공급되는 총 전력과 서버 등의 IT 장비가 사용하는 전력량의 비율을 계산, PUE 값이 1에 가까워질수록 에너지 효율이 높음을 의미)를 1.05까지 낮추는 등 효율성을 극대화하고 있다. 또한 채굴 자문 서비스도 제공하고 있어 관련 산업 내에서 다양한 매출 수단을 확보해 나가는 전략을 취하고 있다.

• 디지털 자산 전략 •

비트마인 이머전 테크놀로지의 핵심 디지털 자산은 이더리움에 기반하고 있다. 이더리움의 확보와 스테이킹 전략을 통한 이더리움 추가 확보 그리고 이더리움 자체의 가격 상승이 맞물리는 플라이휠의 사업구조를 가지고 있다. 현재는 영업 이익으로부터의 현금과 추가 자금 조달로 확보한 현금으로 이더리움의 수량을 늘리는 것에 집중하고 있다.

• 기타 정보 •

비트마인 이머전 테크놀로지는 채굴기를 특수 오일에 담가 냉각하는 독특한 방식으로 화제가 됐다. 이 덕분에 컴퓨터 소음이 적고 먼지로부터 장비를 보호할 수 있어 채굴 장비의 수명을 연장하는 효과도 있는 것으로 알려져 있다. 또한 팔란티어의 공동 창업자인 피터틸이 비트마인의 주식을 대량 매입하였다. 최근에는 캐시우드가 이끌고 있는 아크인베스트의 펀드에서도 의미있는 지분을 매입하는 등 투자자들의 관심을 받고 있는 기업이다.

디파이 디벨롭먼트(DeFi Development Corp, DFDV) : 솔라나 생태계 투자 선봉 회사

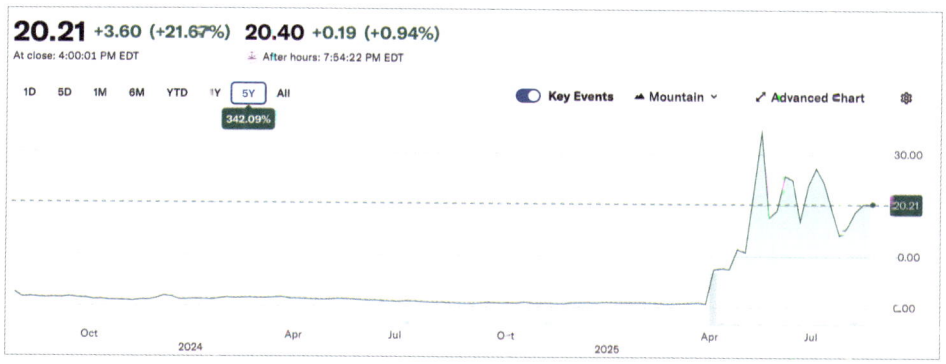

그림 6-14 · DeFi Development Corp(DFDV) 주가 추이

기업 개요

디파이 디벨롭먼트DFDV는 미국 플로리다주에 본사를 둔 기업이다. 원래는 상업용 부동산 데이터 플랫폼을 운영하였으나, 2025년 솔라나SOL 중심의 DAT 전략을 추가하였다. 상업용 부동산 분야 관련 데이터 및 소프트웨어를 제공하는 온라인 플랫폼으로서 연간 100만 명 이상의 유저를 확보하고 있다. 아울러 솔라나 블록체인 생태계에서 검증자 역할을 수행하고, 적극적으로 솔라나를 확보하는 전략을 활용하고 있다.

디지털 자산 전략

디파이 디벨롭먼트는 알트코인 중심 DAT 기업의 대표적인 사례로 솔라나SOL에 대한 축적 전략을 채택하였다. 비트코인이나 이더리움이 아닌 솔라나에 집중함으로써 투자자들에게 또 다른 투자의 대안을 제공하고 있다. 마치 이는 솔라나 ETF와도 유사한 역할을 DFDV가 수행하고 있는 것으로 볼 수 있다. 부동산 대출 플랫폼 사업 외에 블록체인 솔루션 사업 영역을 추가함으로써 부동산과 블록체인의 융합을 도모하고 있다. 현재는 영업 현금 흐름 등을 통해 확보된 자금으로 솔라나를 매입하는 데 집중하고 있다. 또한 보유한 솔라나를 스테이킹하여 수익을 확보함과 동시에 솔라나 블록체인 네트워크의 유지에 기여하고 있다. 향후에는 기존 솔라나 DAT 전략 외에도 Web 3 인프라 관련 사업 등으로 비즈니스 영역을 넓히려는 시도를 하고 있다.

트론 Inc(Tron Inc., TRON) : 엔터테인먼트 회사에서 트론 재무기업으로

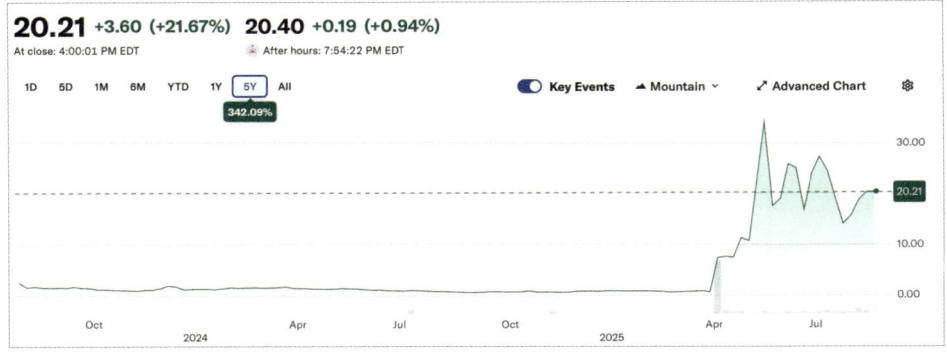

그림 6-15 · Tron Inc.(TRON) 주가 추이

기업 개요

선물, 장난감 등을 제조하는 SRM Entertainment가 2025년 7월 저스틴 선$^{Justin\ Sun}$의 트론 그룹과 역합병을 통해 Tron Inc.로 사명을 변경하여 현재의 트론이 되었다. 블록체인 플랫폼인 트론^{TRX}과 동일한 이름의 회사가 탄생한 것이다. 미국, 중국, 유럽 테마파크를 대상으로 기념품을 판매해왔고, 여기에 트론^{TRX} DAT 전략을 추가하였다.

합병 발표 후 주가가 급등하였다가 현재는 조정받는 중에 있다. 펀딩을 통해 조달된 자금으로 트론TRX를 매집하는 전략을 시작하는 출발선에 서 있는 기업이라고 볼 수 있다. 회사는 트론TRX 확보를 통해 '세계 최대의 트론TRX 보유 기업'을 추구하고 있다. 트론의 창립자인 저스틴 선이 적극적인 역할을 하며 이러한 전략을 이끌고 있는 것으로 보인다.

디지털 자산 전략

사명을 트론으로 변경하고 난 뒤 본격적으로 트론TRX 매집에 나섰으며, 미국 증권거래위원회 등시에 따르면 인수 직후 3억 6,000만 개 이상의 트론TRX을 확보한 것으로 알려졌다. 추가 조달을 통해 지속적인 매입을 추진중에 있다. 특히 TRX는 스테이블코인인 USDT의 거래가 많은 블록체인이기 때문에 안정적인 수익과 트래픽을 가지고 있는 레이어1 블록체인이라는 장점을 가지고 있다.

기타 정보

트럼프 대통령의 아들인 에릭 트럼프가 저스틴 선과 친분을 드러내며 시장에서 주목을 받기도 했다. 하지만 에릭 트럼프는 이 회사와 직접 관련이 없다고 밝히기도 했다.

크립토 섹터의 이노베이터 기업

　블록체인 기술이 전통 금융 및 실물 경제와 연결될 수 있도록 돕는 혁신 기업들도 점차 증가하고 있다. 디지털 자산을 보유하거나 거래를 중개하는 역할을 넘어, 크립토 산업과 블록체인 기술 혁신을 이어가고 있다. 기존 금융 시스템에 블록체인 기술을 더함으로써 거래의 신속성과 투명성을 확보하고 이전에 존재하지 않았던 다양한 비즈니스 모델들이 이들 기업으로부터 만들어지고 있다. 크립토 생태계의 성장을 이끄는 중추적인 역할을 하고 있는 혁신 기업들에 대해 살펴보자.

갤럭시 디지털 홀딩스(Galaxy Digital Holdings, GLXY) : 암호화폐의 '골드만삭스'

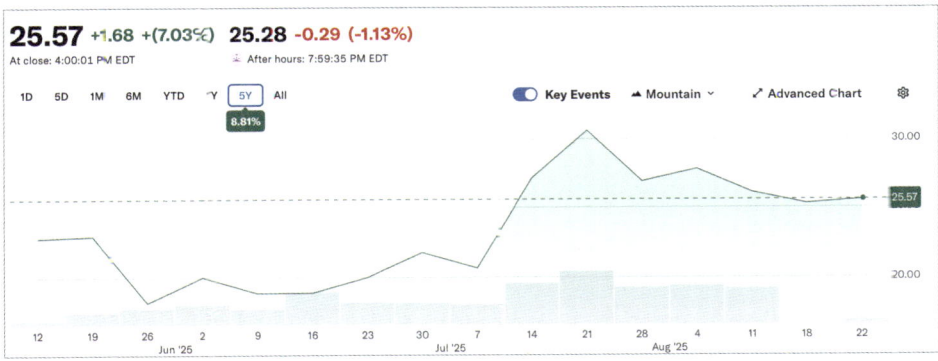

그림 6-16 · Galaxy Digital Holdings(GLXY) 주가 추이

기업 개요

갤럭시 디지털 홀딩스는 2018년 월스트리트의 경력을 가지고 있는 마이크 노보그라츠Mike Novogratz가 설립한 디지털 자산 금융 서비스 기업이다. 디지털 자산과 관련된 자산운용, 트레이딩, 투자자문, 벤처 투자 등 전통적인 금융 영역에서 제공하는 많은 서비스를 크립토 시장과 관련하여 적용하고 있다. 캐나다 토론토 주식시장에 상장되었고, 2025년 나스닥에도 상장되었다. 크립토 업계의 투자은행으로도 불리며 다양한 부문의 사업을 영위하고 있다.

디지털 자산 전략

갤럭시 디지털 홀딩스는 트레이딩(마켓메이킹), 자체 직접투자(벤처캐피탈), 자산운용(펀드매니징), 투자은행업무(자문 등)의 네 부분으로 이루어져 있다. 자체적으로 비트코인, 이더리움 관련 금융 상품을 개발하여 캐나다에 BTC ETF, ETH ETF를 출시했다. 뿐만 아니라 미국 시장에서도 피델리티와 같은 대형 금융 파트너들의 ETF 운용을 돕는 역할을 해왔다.

크립토 관련 커스터디 사업 확장을 위해 2023년 이스라엘의 커스터디 기업을 인수하였고, 채굴 인프라 기업 등에 벤처투자를 하는 등 크립토 산업 전반에 걸쳐 광범위한 사업 포트폴리오를 구축하고 있다. 창업자인 노보그라츠가 헤지펀드 매니저 출신답게 공격적인 행보를 취하고 있다. 또한 크립토 시장과 관련한 리포트를 발간하는 등의 오피니언 리더로서 활발히 활동하고 있다.

• 기타 정보 •

다양한 영역에서 크립토 관련 투자 활동 및 지원 시스템을 구축하여 기관투자자 및 거액자산가 고객들에게 원스톱으로 크립토 관련 서비스를 제공하고 있다. VC(벤처 캐피탈) 부문에서는 수많은 블록체인 스타트업에 투자 및 자금 공급을 통해 생태계 형성 및 확장에도 기여하고 있다. 현재와 같은 성장이 꾸준히 이어진다면 크립토 산업의 골드만삭스와 같이 성장할 수 있는 잠재력을 가지고 있는 기업으로 평가받는다.

어플라이드 디지털(Applied Digital, APLD) : AI 데이터센터 혁신 기업

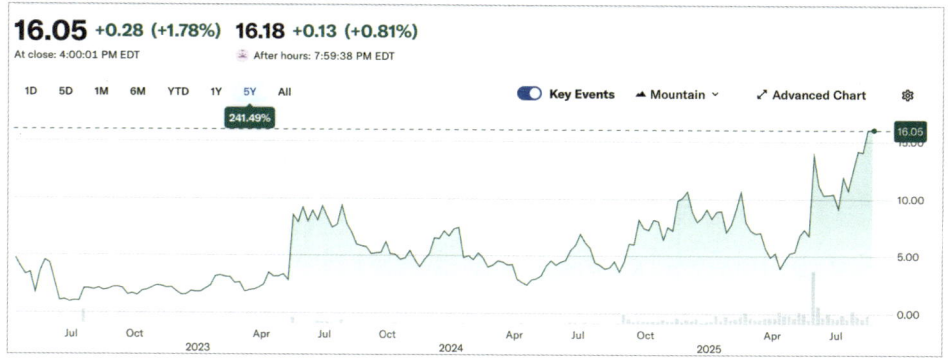

그림 6-17 · Applied Digital(APLD) 주가 추이

기업 개요

어플라이드 디지털APLD은 2001년 설립된 첨단 인프라 기업이다. 북미 지역에서 고성능 컴퓨팅과 인공지능 산업을 위해 맞춤형 데이터센터의 설계 및 구축 서비스를 제공한다. 회사 초기에는 대규모 GPU를 기반으로 암호화폐 채굴에 주력하다가 AI 산업의 본격적인 성장에 맞춰 데이터센터 설계 및 운영으로 비즈니스 영역을 확대했다. 현재는 북미 전역에서 280메가와트MW이상 규모의 AI 데이터센터를 운영하고 있다. 이 과정에서 엔비디아의 투자를 받아 데이터센터를 확장하고 AI, 고성능 컴퓨팅 고객을 중심으로 한 성장 전략을 취하고 있다.

2025년에는 코어위브CRWV와 15년간 7억 달러 규모의 계약을 체결해 100메가와트급의 신규 고성능 컴퓨팅 시설을 건설하고 있다.

디지털 자산 전략

어플라이드 디지털은 고출력 컴퓨팅 인프라와 암호화폐 채굴을 결합한 디지털 자산 전략을 활용하고 있다. 데이터센터 공급 계약을 통한 안정적 매출처 확보, 자체 설계 AI 데이터센터를 활용한 AI 연산, 암호화폐 채굴 등의 다양한 수익원을 보유하고 있다. 기술적으로는 액체 냉각, 재생에너지(주로 풍력)를 활용한 설비 이용, 저전력 설계를 통해 에너지 비용 절감 노력을 하고 있다.

기타 정보

어플라이드 디지털은 맥쿼리 자산운용으로부터 50억 달러의 대규모 투자를 유치했다. 이 자금은 데이터센터의 확장과 고성능 컴퓨팅 프로젝트에 투입될 예정이다.

백트 홀딩스(Bakkt Holdings, BKKT) : 강력한 모기업을 가진 B2B 크립토 인프라 제공업체

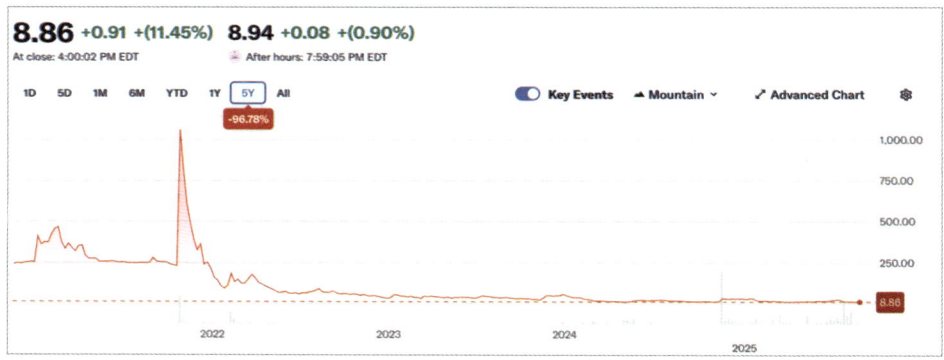

그림 6-18 · Bakkt Holdings(BKKT) 주가 추이

기업 개요

백트 홀딩스BKKT는 2018년 뉴욕증권거래소의 모회사인 ICE Intercontinental Exchange가 보스턴 컨설팅 그룹, 마이크로소프트, 스타벅스 등과 협력하여 설립한 프로젝트로 탄생했다. 미국 조지아주 알파레타와 뉴욕에 본사를 두고 있으며, 전 세계 금융기관과 기업에 디지털 자산 결제, 거래 솔루션 등을 제공하는 크립토 인프라 기업이다.

회사의 규모 자체는 크지 않지만 ICE가 55%의 지분을 보유하고 있어 금융권과 긴밀하게 업무적인 관계를 형성할 수 있는 유리한 위치에 있는 기업으로 평가받고 있다. 백트 홀딩스는 암호화폐 거래, 지갑, 결제 서비스를 제공하는 기업용 솔루션 플랫폼을 핵심 비즈니스로 하고 있다. 핀테크, 네오뱅크, 트레이딩 앱 등 다양한 파트너사들이 크립토 관련 서비스를 쉽게 통합할 수 있도록 지원하는 등의 업무를 하고 있다.

또한, 기관과 기업 고객이 디지털 자산을 사고팔거나 보관할 수 있는 기능을 제공하며 이에 따르는 거래 관련 비용과 결제 수수료 등이 회사 매출의 원천이 된다.

디지털 자산 전략

단순한 암호화폐 서비스 제공을 넘어, 기업의 확장과 성장을 위해 적극적인 디지털 자산 전략을 취하고 있다. 이러한 전략의 일환으로 2025년 하반기에는 비트코인을 매입하여 모으는 비트코인 DAT 전략을 사업에 추가하기도 했다. 또한 전략적인 인수합병도 꾸준히 시도하고 있다. 2019년 Digital Asset Custody Company(DACC)를 인수해 디지털 자산 관련 수탁 역량을 강화하였고, 2023년에는 암호화폐 거래 플랫폼인 Apex Crypto를 인수하여 B2B2C 영역으로 사업 포트폴리오를 확장하였다.

2025년 초에는 전 소프트뱅크 임원인 악샤이 나헤타(Akshay Naheta)를 CEO로 영입하여 스테이블 코인과 관련한 결제 플랫폼 쪽으로의 사업 역량 강화를 도모하고 있다.

써클(Circle, CRCL) : 스테이블코인의 왕을 꿈꾸는 USDC 발행사

그림 6-19 · Circle(CRCL) 주가 추이

기업 개요

써클CRCL은 2013년 제레미 알레어Jeremy Allaire와 션 네빌Sean Neville에 의해 설립되었다. 뉴욕에 거점을 두고 있는 세계에서 두 번째로 규모가 큰 스테이블코인인 USDC를 발행 및 관리하는 회사이다. 또한 기업과 개발자에게 크립토, 블록체인 애플리케이션 및 금융서비스 솔루션을 제공하는 인프라 플랫폼을 운영하는 회사이기도 하다. 뉴욕증권거래소에 2025년 6월 IPO를 성공적으로 마치며 주식시장에 입성하였고, 상장하자마자 기업가치가 급등하며 많은 투자자들의 관심을 받기도 했다.

써클의 핵심 사업은 스테이블코인인 USDC와 관련한 안정적인 수익 창출이다. USDC 발행으로 확보한 현금을 미국 단기국채, MMF, Repo 등 현금성 자산에 투자하여 발생하는 이자 수익이 회사의 주요 이익이다. 2024년 매출의 99%가 이자 수익일 만큼 절대적인 비중을 차지하고 있다. 이는 써클이 금리 환경에 상당히 예민한 사업구조를 가지고 있다는 것을 의미한다. 사업 영역 확대 및 비즈니스 파트너십을 통한 적극적인 업무 제휴로 수익원을 다양화할 필요가 있다.

디지털 자산 전략

써클은 USDC를 발행하고 관리하는 일과 더불어 은행 및 결제 기업을 위한 안정적인 디지털 네트워크를 개발 및 지원하고 있다. 기업과 개발자들이 스테이블코인 및 블록체인 기술을 결제, 상거래, 금융 앱에 쉽게 통합할 수 있도록 관련 기술에 대한 서비스를 제공하고 있다. 사업 다각화 측면에서 결제 네트워크 시스템인 Circle Payment Network CPN와 여러 블록체인을 연결하는 Circle Gateway를 선보이며 USDC 활성화를 도모하고 있다. 또한 USDC 기반 예치 상품인 수익형 토큰 USYC를 출시하여 디지털 자산 시장과 전통 자산 시장을 연결하려는 시도도 하고 있다.

엑소더스 무브먼트(Exodus Movement, EXOD) : 크립토 세계의 자기 주권을 지키기 위한 지갑 솔루션 기업

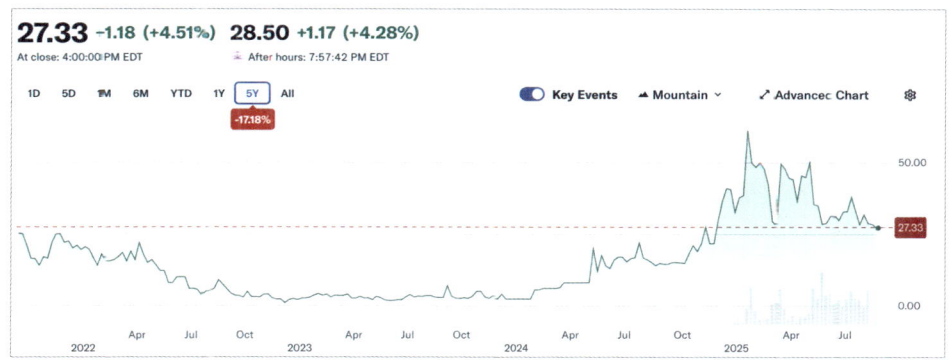

그림 6-20 · Exodus Movement(EXOD) 주가 추이

기업 개요

엑소더스 무브먼트EXOD는 2015년 JP 리차드슨과 다니엘 카스타뇰리가 공동으로 창업한 블록체인 소프트웨어 기업이다. 본사는 네브래스카주 오마하에 위치하고 있다. 사용자가 자체적으로 디지털 자산을 관리할 수 있는 암호화폐 지갑을 중심으로 사업 모델을 가져가고 있다.

회사의 대표 상품인 엑소더스 지갑은 다중 자산 지원, 단순하고 직관적인 UI, 다양한 블록체인 간 스왑 기능 등으로 유명하다. 엑소더스는 개인 및 기업 사용자를 위해 비호스팅(호스팅 서비스를 이용하지 않고 직접 자산의 서버나 컴퓨팅 환경을 운영하는 것을 의미) 암호화폐 지갑 플랫폼을 제공한다. 지갑 내에서 비트코인, 이더리움, 솔라나, 테더 등 다양한 디지털 자산을 직접 보관, 전송, 교환할 수 있다. 이 지갑은 실시간 시장 데이터를 확인할 수 있고 스테이킹, 대출 등 DeFi 서비스에 대한 통합 기능도 제공하여 사용자에게 보다 안전한 디지털 자산 관리 방안을 제공해주고 있다.

최근에는 B2B 솔루션 다각화를 위해 다양한 사업을 추진하고 있다. 특히 여러 탈중앙화 거래소를 묶어 최적의 경로로 스왑해주는 XO 스왑 등 첨단 기술을 통해 DeFi 접근성을 높이고 있다.

디지털 자산 전략

엑소더스의 전략은 탈중앙화 철학을 비즈니스에 적극 반영하는 셀프 커스터디Self-Custody 전략으로 디지털 자산의 접근성을 높이는 것에 집중하고 있다. XO 스왑을 핵심 기술로 하여 전 세계 2만여 거래쌍을 지원하고 있다. 지난 2025년에는 세계 최대의 탈중앙화 지갑인 메타마스크MetaMask와 제휴해 엑소더스의 스왑 기능을 메타마스크 인터페이스에 통합하였다. 이를 통해 전 세계 수백만 명의 크립토 지갑 사용자에게 안전하고 효율적인 온체인 크립토 스왑 기능을 제공한다.

크립토 자체 보유 재무 전략을 도입하였고, 2,000개 이상의 BTC와 ETH를 보유하며 크립토 재무 완충 능력을 확보하고 있으며 탈중앙화 금융 시장에 대한 확고한 신념을 보여주고 있다 할 수 있다.

최근에는 슈퍼스테이트Superstate(미국에서 실물 자산 기반 토큰 금융 상품을 개발하고 발행하는 기업, 이더리움 블록체인에서 미국채 등을 토큰화하기도 하였다)와 협력하여 이더리움, 솔라나 블록체인 상에서 엑소더스 주식 토큰 발행 계획을 발표했다. 실물 자산을 토큰화하려는 이러한 사업적 시도를 통해 디지털 자산과 실물 자산의 장벽을 낮추려는 혁신을 끊임없이 시도하고 있다.

기타 정보

엑소더스는 직원들에게 급여를 비트코인으로 지급하는 파격적인 급여 정책을 시행하고 있는 기업으로도 유명하다. 이는 회사가 추구하는 탈중앙화 및 비수탁형 금융의 선도회사라는 철학에 대한 신념을 보여주는 사례라고도 할 수 있다. 공동창업자 중 한명인 다니엘 카스타뇰리Daniel Castagnoli는 BMW, 애플, 디즈니, 루이뷔통 등에서 쌓은 디자인 경험을 바탕으로 감성적인 디자인을 엑소더스 지갑에 적용했다. 미학적으로 아름답고 직관적인 사용자 중심의 인터페이스를 제공한다는 호평을 받고 있다.

> 마치며

새로운 세상을 살아가야 하는
지혜로운 대응

지금 기준에서 우리가 당연하게 여기는 이 세상의 많은 도약은 당대의 상식을 초월하는 것에서부터 시작되었다. 양자역학이 고전물리학의 한계를 깨고 우리의 기술을 바꾸고 삶의 많은 부분에 영향을 미쳤듯이, 디지털 자산 역시 기존 금융 질서에 대한 본질적인 패러다임의 전환을 가져오고 있다. 현재 많은 이들에게 여전히 생소하거나 받아들이기 어려운 개념인 블록체인과 암호화폐 기술도 머지 않은 시일 내에 새로운 우리 삶의 한 축이 될 수 있는 충분한 잠재력을 가지고 있다. 이러한 흐름이 현실화된다면 기술의 진보를 넘어 우리가 알고 있던 가치와 신뢰를 정의하는 방식 자체가 새롭게 구축되는 사회 구조적 변화를 맞이할지도 모를 일이다.

물론 이런 변화가 아주 가까운 미래에 현실화되기 어려운 면도 존재하지만, 중요한 것은 이런 변화에 대해 맹목적인 믿음을 가지거나 무조건적인 거부가 아닌 올바른 이해와 현명한 대응이 필요하다는 것이다. 기술이나 패러다임의 전환 시기에 흔히 벌어지는 극단적인 열광과 냉소적인 비판 사이에서 우리는 균형 잡힌 시각을 유지해야 한다. 크립토 전반에 대해 무조건적으로 다가올 미래의 기술로 추종하는 것도 위험할 수 있다. 반대로 충분한 이해와 고민 그리고 학습 없이 단순히 개인의 의견에 기반해 무조건으로 배척하는 태도는 경계해야 할 자세이다. 변화가 시작된 것은 사실이고 이 변화의 바람이 미래에 어느 방향으로 진화될지 그리고 그 안에서 우리가 모르면 안되는 것들은 어떤 것이 있는지 파악해야 한다. 급변하는 현실 앞에서 우리는 보다 겸손해야 하며, 새로운 지식에 대한 열린 태도를 가져야 한다.

인류는 과거 수천 년 동안 빛을 얻기 위해 양초를 사용했다. 전기가 발견되고 전구가 발명되면서 양초는 더 이상 필요하지 않게 되었다. 양초의 많은 물리적인 한계와 전구가 제공하는 비교 불가능한 효율성과 편리성이 압도적이기 때문이다. 또한 인류는 오랜 세월동안 금과 같은 물리적인 자산이나 중앙은행 또는 정부가 발행하는 종이 신용 화폐에 의존한 경제활동을 이어왔다. 하지만 인터넷의 발명과 함께 물리적 금융 자산의 성질이 디지털화된 거래로 상당 부분 이동하게 되었다. 다음의 변화는 디지털 자산의 혁명이 될지 모른다. 예를 들어 비트코인의 경우 총 공급량이 2,100만 개로 제한되어 있고, 탈중앙화되어 있으며 법정화폐의 단점을 상당 부분 대체하는 편리성을 가지고 있다. 비트코인 이후의 수많은 알트코인들은 기술적으로 훨씬 뛰어난 성능과 구조를 가지고 있는 것들도 많이 존재하고, 더 많은 혁신들이 더욱 빠르게 일어나고 있다.

실제로 금융 시장은 디지털 자산에 대한 관점에 변화가 생기기 시작했다. 과거에는 기존 금융 업계에서 회의적인 시각이 지배적이었으나, 거대 금융기업들이 디지털 자산에 대한 도입에 적극적인 태도로 전환하고 있다. 다양한 프로젝트에 적극 참여하고 있으며, 블록체인 기업들과 협업을 통해 전통 금융과 크립토 산업의 융합을 활발히 이어가고 있다. 이러한 변화의 흐름은 세계 금융의 허브 역할을 하고 있는 미국의 규제와 법률 체계의 변화에서도 관찰되고 있다. 미국 정부는 디지털 금융 기술 분야의 리더십 강화를 위해 행정명령을 통해 디지털 자산을 새로운 자산군으로 명확하게 인식하고 관련 법률을 제정하고 있다. 가장 대표적인 것이 스테이블코인과 관련된 법안인 지니어스 법안GENIUS Act의 통과라 할 수 있다. 이 외에도 다양한 크립토 관련된 후속 법안들이 처리를 앞두고 있고, 새로운 법안과 규제안들도 계속 새롭게 등장하고 있다.

지금까지 논의를 통해 블록체인이라는 새로운 기술체계가 크립토 산업을 형성하는 과정을 간략하게 살펴보았다. 또한 우리는 이 새로운 것에 대한 이해를 위한 작은 시도를 해보았을 뿐이다. 이러한 시도가 거대한 변화의 흐름에 대한 탐구 여정의 시작 되기를 바란다.
Good Luck!

Special Thanks to :

이 책이 나오기까지 많은 배려와 자료 조사를 도와주었던 아내와 아빠의 첫 집필을 응원해주고 중간중간 피드백을 열심히 준 두 아들에게 특별히 고마움을 전한다.